# 河合隼雄
# 物語を生きる

大塚信一

トランスビュー
Transview

# はじめに

本書は、私の河合隼雄論の第二部に相当するものとして構想された。第一部は、『河合隼雄　心理療法家の誕生』（トランスビュー、二〇〇九年）である。

本書では、河合氏の自らの身心を賭けた壮大な試みについて、私の力の及ぶかぎり論じてみるつもりである。

その壮大な試みとは、西洋と日本（あるいは東洋）の異質な文化のありようと、それをどうすれば互いに深い次元から理解することができるようになるか、さらにその理解の上に、人間同士のより堅固な関係をいかに築くか、ということであった。

その際河合氏は、ユング派の心理療法家として、通常の分析的な方法を駆使するのみならず、実に大胆に、科学的アプローチの限界ぎりぎりのところでの挑戦を試みているのである。

換言すれば、それは既成の自然科学、社会科学、人文科学といった区別を越えて、二十一世紀にふさわしい新しい人間科学を構築しようとする試みであった、と言うことも可能であろう。

その試みは、まず、昔話の比較研究から始められた。それは同時に、二十世紀的な科学の方法に対する根源的な問い直しの出発を、意味するものでもあった。

次いで、宗教をはじめとする人間のさまざまな超越体験のありようを検討することを通して、河合氏は問題の本質に迫ろうと試みる。やがてその試みは、『明恵　夢を生きる』という著作となって結実した。そこでは、日本仏教史の中で特異な位置を占める明恵上人の生き方を通して、異性関係を含めた人間の根源的なあり方が、模索されたのであった。

そして、心理療法の核心でもある〝物語論〟（心理療法とは、クライエントが自らの〝物語〟をつくることを助ける営為に他ならない、という）の構築を続ける一方、日本文学史における数多くの物語が投げかける問題を徹底的に追究することによって、日本文化の特質のみならず、日本人の心性に対する新たな発見に到達することになる。

その発見が、河合氏の心理療法の、日本における定着と表裏をなすものであることは、言うまでもないであろう。それは同時に、両者の交差する地点に、河合氏が新しい人間科学を誕生させたことを意味するものであった。

私は本書において、河合氏のこの壮大な試みについて、その詳細を追体験したいと思う。もし十全に追体験することができれば、そこにおのずから、河合氏の意図した新しい人間科学の姿を見てとることができる、と信じるからに他ならない。

河合隼雄　物語を生きる＊目次

## 第二章 日本の昔話の特色 57

## 第三章 さまざまな知的冒険 138

## 第四章 仏教への関心 213

# 第五章　物語と人間の科学　311

装幀　高麗隆彦

# 物語を生きる

河合隼雄

＊本文中の『河合隼雄著作集』は第Ⅰ期を指す。

# 序章　新たな物語のはじまり

## 1　慎重な基礎作業

スイスのユング研究所で心理療法家の資格を取得した河合隼雄氏は、一九六五（昭和四十）年に帰国した。

前著『河合隼雄　心理療法家の誕生』（以下、前著と略記）で書いたように、河合氏は帰国以前より、日本に帰ったらスイスで学び体得したことを日本の文化の中でどのように活かしていくか、あれこれと考えをめぐらせていた。

それは、当時の日本の知的風土を考えれば、当然のことである。なぜなら、ユングの考え方やその心理療法の実態について、全く知られていなかったからだ。フロイトに関しては多少知られていたが、その流れを汲みつつも独自の思想を展開したユングについては、ほとんど正確な知識が存在していない状態だった。〝ユングは面白そうだが、ちょっと危ないのでは〟といった反応が見られるようになるのは、河合氏が一九六七年に『ユング心理学入門』（培風館）を書いて以後のことである。

河合氏が帰国した一九六〇年代半ばには、そもそも臨床心理学自体が学問として受け入れられていなかった。〝科学的〟な心理学こそが唯一の心理学だったのである。だから河合氏は、三十年後に当時をふり返って、「臨床心理学の分野では、ともかく他の人にわかってもらえる範囲で発言することと、自分が心理療法において体験した事実を少しずつ示してゆく、という方法をとることにした」（『河合隼雄著作集』第5巻、『昔話の世界』序説「心理学から昔話の世界へ」、岩波書店、一九九四年）と書いたのだった。

帰国した翌年、河合氏は園原太郎教授の勧めによって、京都大学文学部で「分析心理学入門」という十三回の講義を行ない、それを基に『ユング心理学入門』をまとめた。同年、懸案であったロールシャッハの研究をまとめて京都大学に博士論文として提出し、博士号を授与される。それは、一九六九年に『臨床場面におけるロールシャッハ法』（岩崎学術出版社）として刊行された。同時に、帰国後その定着と普及に努力した箱庭療法に関して、『箱庭療法入門』（誠信書房、一九六九年）をまとめる。

つまり河合氏は、帰国後わずか数年の間に、自分が学んできたロールシャッハ、箱庭療法そしてユング心理学についての、一応の総括を行なったのである。それは一応の総括ではあったが、こうした作業こそ、河合氏にとっては、新しい物語を展開するための基礎的な橋頭堡づくりに他ならぬものであった。

なぜなら、『未来への記憶――自伝の試み』上・下（岩波新書、二〇〇一年）の最後にあるように、

「……アメリカとヨーロッパで習ったことを持って帰ってきて日本で仕事をするときに、日本でどうしたらよいかということをつねに心のなかで考えていたわけですから、それこそ「ユングの勉強をしてきました、ユングはこうです」なんてことはぜんぜん言う必要がなかったのですね。／それよりも日本人はこれからどう生きていくかという問題のほうへ入って、それを考えるためにユングはどれだけ役に立つか、というふうに課題を設定することができた」のである。

そして「日本人はこれからどう生きていくかという問題」を追究するときに、河合氏が大きな手がかりとしたのが、日本神話であった。それはユング研究所の資格取得論文として、「日本神話における太陽の女神の像について」を書いたことからも明らかであろう。

この間の経緯については、前著で詳しく書いた。と同時に、河合氏が日本神話に言及することにはとりわけ慎重であり、帰国後十年間沈黙を守っていたことについても明らかにした。つまり、一九七五年五月号の『思想』（岩波書店）に発表された論文「自我・羞恥・恐怖——対人恐怖症の世界から」こそ、河合氏が最初にイニシエーションとかトリックスターといった概念を用いて、神話の問題に言及したものだったのである。

とは言え、この論文のタイトルには、神話という言葉が全く用いられていない。正面から日本神話を論じるためには、さらに五年という時間が必要だった。『文学』（岩波書店）一九八〇年四月号に、河合氏ははじめて、「『古事記』神話における中空構造」を発表した。ユング研究所で資格取得論文を書いてから、十五年後のことである。

## 2　昔話を講義する

ところで、神話、とくに日本神話について言及することには非常に慎重な河合氏であったが、神話とともに日本人の問題を考える上で大きな手がかりを与えてくれる昔話に関しては、より積極的かつ大胆に、その追究の方途を探っていた。

帰国後河合氏は、京都大学教育学部で非常勤講師として、精神分析の講義をした。その折に昔話について話をすると、学生が強い関心を示した。そういうこともあって、一九七二年にお茶の水女子大学の児童学科から非常勤講師として招かれたときに、「思い切って昔話について講義すると学生たちから相当な手応えが返ってきて、大分自信をもつことができた。それに力を得て、その翌年に浦島に関する論文を『思想』に発表した。それほど注目されたわけでもないが、ともかく強い批判や攻撃は返って来なかった。私としては、このような論を『思想』に掲載してもらったことで満足であった」（「心理学から昔話の世界へ」）。

それは「浦島と乙姫――分析心理学的考察」というタイトルで、一九七三年八月号に発表されたものである。

改めてこの論文を読んでみると、興味深いいくつかの事実が明らかになる。

第一に、河合氏はこの論文を発表するに当たって、いわゆる学問的に脇を固めて執筆している。そのことは、河合氏にしては珍しく、四十近い多数の注を付していることからも明らかであろう。

第二に、国文学、民俗学、神話学などについても目配りのよさを発揮し、昔話の持つ深い意味を明らかにしている。

第三に、グリムやフォン・フランツの研究などを援用しつつ、西洋と日本の昔話の比較検討を行ない、そこから日本の昔話の特質とでも言うべきものを引き出そうとしている。

第四に、必要と思われるところでは、さりげなく西洋や中国の神話の例を引きつつ、昔話の本質を浮き彫りするための一助としている。

このように見てくるならば、論文執筆当時の河合氏の思いを、私たちは知ることができる。それは次のようなものであったろう。

第一に、昔話の研究を発表するに当たって、相当の覚悟の下に行なっているということ。第二に、隣接の諸学問を可能な限り援用することによって、ユング心理学的解釈に妥当性を持たせようと努めていること。第三に、こうした慎重な配慮を行なう一方で、当時はほとんど存在していなかった、神話に対する読者の感受性を育成しようと試みていること。それは、折々にギリシア神話、中国の神話について触れていることからも分かる。ただし、日本神話についてはほとんど言及していない。『風土記』については語っているのだが。

つまり、河合氏は日本神話について語ることには、あくまでも慎重であったのだ。

このような状況のなかで河合氏は、福音館書店から当時刊行されていた『子どもの館』に、一九七五年五月から翌七六年四月にかけて「昔話の深層」を連載する。

しかし、その連載を終えた時点ですぐに単行本化することはなかった。福音館書店はそれを望んでいたのだが、河合氏はなかなか踏ん切りがつかなかったのである。

「心理学から昔話の世界へ」では、その間の事情について、次のように書いている。

まず、これに書いたこととの根本的なアイディアはすべて、フォン・フランツ女史より学んだことなので、私の書いたものよりも、フランツ女史の翻訳書を出版すべきではないか、と思ったこと。つぎに、連載中に感じたことではあるが、昔話の「解釈」めいたことを書いていると「しなくていいことをしている」という強い自己嫌悪にとらわれる。要は昔話そのものの魅力が大切で、「解釈」など余計なおせっかいと思われる。音楽や絵画などでも「解説」なんてものがつくのだから、と自ら慰めてみるが、なかなか心が収まらない。

このような河合氏の思いは、氏の最初の著作である『ユング心理学入門』の場合にも見られた。つまり河合氏は、この本がユングの“*Two Essays*”の受け売りだと言うのだ。実際にはそうでないことを、私は前著で書いた。今回もまた河合氏は、「昔話の深層」の連載がフォン・フランツを下敷にしていると悩んだ。実際に本を手に取ってみればただちに分かることだが、『昔話の深層』はフォン・フランツの単なる受け売りなどではない。河合氏自身が言うように、「昔話に関する本というだけではなく、人間の心の成長の過程をある程度、段階的に示すような構成をとっているので、そのような点からも関心をもつ人が多かったと思われる」(「心理学から昔話の世界へ」)。河合氏の逡巡にもかかわらず、結果として、この本は多くの読者に迎えられたのであった。

それにしても、河合氏の自著に対するこのような潔癖さは、ユング研究所に留学していた時の、〝多額の金をもらっているのだから勉強に専念し、アルバイトなどはしない〟という氏の生き方に通じるところがあって、まことに興味深い。

# 第一章　西洋の昔話の研究

## 1　グリム童話を素材に

あれこれと悩んだ河合氏であったが、『昔話の深層』は、一九七七年十月に福音館書店から刊行された。

河合氏自身が言うように、「『昔話の深層』は、一応ユング派の一般的な考え方を示すつもりで、フォン・フランツ女史の説を踏まえ、素材もグリムの昔話にとって論」(「心理学から昔話の世界へ」)が進められている。なおグリムの引用は、『子どもの館』連載時に、同時に掲載された矢川澄子氏の新訳が使われた。

よく知られたこの本の内容について、改めて詳しく紹介する必要はないかも知れない。ただ、同書執筆当時の河合氏の意図がどこにあったかを確認するために、各章からいくつかの文章を引用しながら、文脈を辿っていくことにしよう。

まず第一章「昔話と心の構造」について。河合氏は、自らの問題意識を次のように説明することから始める。

昔話の発生に関しては、いろいろな観点から考察することができる。しかし、ここで問題にしたいのは、その心理的基盤である。それを説明するために、河合氏を訪ねてくるクライエントの例をとりあげて説明することも試みる。「それは筆者の心のなかでは昔話の内容と現代人の心性とが強く結びついており、またそのためにこそ、心理療法という仕事を専門としながら、昔話に関心をもたざるを得ないのである」(以下、特に断りのない場合、引用は『昔話の深層』による)。

言葉を換えて言うなら、「現代の心理相談室に、白雪姫やヘンゼルとグレーテルや、それに人を喰うという魔法使いのお婆さんまでも、現われるといっても過言ではないのである。もちろん、彼らの外見は異なっている。しかし、一皮むけば、昔話の主人公たちとほとんど変わりはないのである」。

そして、ユング派の考え方について次のように説明する。

……、昔話の発生の心理的側面は次のように説明できる。つまり、ある個人が何らかの元型的な体験をしたとき、その経験をできるかぎり直接的に伝えようとしてできた話が昔話のはじまりであると思われる。そして、それが元型的であるということは、人間の心の普遍性につながるものとして、多くの人に受けいれられ、時代を越えて存在し続けることを意味している。

昔話を無意識の心的過程の表現としてみるとき、そこに元型の存在を明らかにしてゆくことになるが、その際の大きい問題は、元型を理解するためには、知的な理解だけでは不十分なことである。

ここで河合氏は、ユングが体験したエピソードを紹介する。東アフリカのエルゴン山中の住民たちは、日の出のときの太陽を崇拝していた。それでユングが〝太陽は神様なのか〟と質問すると、彼らは否定した。いろいろと言葉を変えて聞いても、納得のいく答えは返ってこない。ユングも住民たちも困り果ててしまうが、最後に老酋長が次のように言った。〝あの上にいる太陽が神様でないことは本当だ。しかし、太陽が昇るとき、それが神様だ〟(『ユング自伝』2「旅」、河合隼雄他訳、みすず書房)。

このエピソードについて、河合氏は次のように言う。「このような体験を把握することは、合理的思考法のみで固められたひとにとっては、まことに困難なことであろう。太陽は神であるか、神でないか、どちらかであるとか、太陽が神であるならば、常に神であらねばならぬとか考えるような人は、元型的な体験を把握できなくなる」。

また河合氏は、昔話を自己実現の過程として捉えるとして、次のように言う。「昔話のなかのこのような決定的な瞬間を取りあげてゆくのであるが、そこでユングのいう自己実現(あるいは個性化)の過程ということを柱として見てゆきたいと思っている。(中略)つまり、昔話を、人間の内的な成熟過程のある段階を描きだしたものとして見てゆこうとするのである」。

## 2　母性の二つの側面

第二章「グレートマザー（太母）——トルーデさん」を見よう。

この章で河合氏は、なぜ「トルーデさん」を選んだのかということから、説明を始める。それは、「まず昔話の凄まじさを知って欲しいと思ったから」だ。現代人は科学的な合理性や道徳性などで防衛されているので、恐れおののくことがほとんど無い。すべてのことは「わかって」いる。わからないことや恐ろしいことについては、うまく言いかえることによって防衛してしまう。このような態度がもっとも端的に表われているのが、現代人の死に対する在り方であろう。

ここで「トルーデさん」の内容を見ておこう。わがままでなまいきな娘が、両親のとめるのも聞かずにトルーデさんのところへ行く。しかしトルーデさんは恐ろしい魔女だった。魔女は娘を棒切れに変えて、火の中に投げこんでしまったのである。トルーデさんの物語は、人生における戦慄をあらためて体験させてくれる。

このような観点から昔話をみるならば、「それは人生における、実存条件の根本的変革の瞬間を見事にとらえているもの」ということができる。したがって昔話は、「その背後に存在する死の元型の力によって、凄まじいものとならざるを得ない」のだ。美しい姫が蛙を壁にたたきつけたり（「蛙の王様」）、助けてもらったお礼に、恩人である狐を打ち殺して四つ足をちょん切ってしまったりする（「黄金の鳥」）。

だから、このようなことを考えずに、話の言いかえによって死の恐怖を隠そうなどとするならば、それは昔話の本質をまったく見あやまらせることになるであろう。

トルーデさんは女である。一般に、神話や昔話に登場する女性には、慈悲深くやさしい母親像と、このトルーデさんのように恐ろしい魔女の姿をとるものと、二つの傾向がある。

換言すれば、「母性はその根源において、死と生の両面性をもっている。つまり産み育てる肯定的な面と、すべてを呑みこんで死に到らしめる否定的な面をもつのである」。母性の肯定的な面については、誰でもすぐ了解できる。一方、否定的な面に関しては、「子どもを抱きしめる力が強すぎるあまり、子どもの自立をさまたげ、結局は子どもを精神的な死に追いやっている状態」と言うことができる。

両者は、「包含する」という機能において共通しているが、これが生につながるときと、死につながる場合がある、という訳である。

河合氏は次のように言う。

ところで、人類に普遍的にこのような表象が存在することから、ユングは人間の心の深層にこのような表象を産出する可能性が存在すると仮定し、それを母なるものの元型と名づけた。あるいは、人間の個々の母親と区別し、人類に普遍的なイメージの源泉として、太母《グレートマザー》とも呼んでいる。このグレートマザーは人間の意識をはるかに超えた深層に存在している。

次に第三章「母からの自立——ヘンゼルとグレーテル」を見てみよう。
まず河合氏は、この物語の特徴のひとつとして、主人公がヘンゼルとグレーテルという二人の人物であることをあげる。一般に、昔話は主人公が一人であり、二人の場合は比較的少ないのだ。兄妹の主人公という取り合わせに関して、河合氏は、わが国の「安寿と厨子王」における姉弟の存在を指摘する。そして、こうした違いを含めて、この二つの物語は対比的に検討されるべきだと言う。

昔話を人間の心の内界の表現としてみるとき、その主人公は、人間の自我あるいは新しく自我として確立される可能性を示していると考えられる。ここに、主人公が二人であることは、とくにヘンゼルとグレーテルのように幼い兄妹で表わされるようなときは、男性とも女性ともいまだ分離して確立される以前の自我の状態を示すものと考えられる。まだ幼くて、その自我は男性性、女性性ということを、それほど判然と明確にしているのではない。

このように基本的な視点を明らかにした上で、河合氏はこの物語の分析に入っていく。つまり、父親の木こりは貧乏であり、そのうえ、大飢饉が襲ってきたことが、話の冒頭で明らかにされるのだ。

貧乏や飢饉という物質的な欠如性は、心の内部のこととして見れば、心的エネルギーの欠如を示すものと考えられる。人間の自我は、その活動にふさわしい心的エネルギーを必要とする。ところが、その心的エネルギーが自我から無意識へと流れ、自我が利用しうるエネルギーが少なくなるときがある。それを心的エネルギーの退行という。

このような退行状態におちいると、われわれは他人の親切をむやみにありがたく思ったり、少しでも冷たい仕打ちを受けると、極端に冷酷に感じたりする。「それは現実とずれたものであるが、観点をかえると、より真実を把握している――拡大した形で――とも言うことができる」。だから大飢饉という異常な状況では、家族の成員のあり方が拡大されて映しだされることになる。こうした状況のなかで、母親（原話では実母だったが、グリム兄弟がまま母に変えた）は子どもを捨てることを父親に提案し、母性の否定的側面を露呈してくる。

ここで救いになるのは、二人の子どものけなげさである。グレーテルは泣いてばかりいるが、ヘンゼルの機知によって、二人は難を逃れる。子どもたちが両親の会話を盗み聴きしていた事実は、大変示唆的である。つまり、両親の影を知った子どもは、両親の知らない世界を心の中にもちはじめているのだ。彼らは少しずつ、自立への道を歩み始める。

河合氏は次のように続ける。「一度、退行が開始され、それがある程度をこえると、われわれは無意識のより深い層に到る。物語の始めに語られるまま母のイメージは、否定的ではあっても、まだ人間的な感じを残しているが、次に現われる女性は、より普遍的な否定的母性像を示す。すなわち、人を食う魔法使いのお婆さんなのである。ところが、このお婆さんは子どもたちが狂喜するような、お菓子の家に住んでいるのだ」。

それは魔女が、子どもたちをおびきよせるために作っておいたものなのだが、「ここで、最初の家における飢饉の状態と、魔女の家における豊富な食物とが好対照をなしている。魔女の用意した甘くて豊富なお菓子は、母親の過保護を連想せしめる。過保護は子どもたちの自立をさまたげる。ヘンゼルとグレーテルは短期間のうちに、極端な拒否（森に捨てられる）と過保護とを体験させられている。いってみれば、この拒否も過保護も同種のものなのである」。

子どもは母の保護の下に育っていく。その間に母との濃密な接触を通して、「母なるものの元型についての体験」をもつ。それは子どものすべてを受け入れ、すべてを与えてくれる母の像だ。しかし成長するに伴い、子どもは「母なるものの否定的側面――すなわち自立を阻む力――を認識し、それと分離しなければならない。ここに、成長の一段階としての母親殺しの主題が生じる。これが、ヘンゼルとグレーテルの魔女退治なのである」。

しかし、このような自我の確立の過程に不可欠な母親殺しの主題は、あくまでも西洋に特徴的なものである。果たして東洋の場合にはどうか、と河合氏は問いを発し、「安寿と厨子王」や小川未明の「港に着いた黒んぼ」をとりあげる。そこでは、ヘンゼルとグレーテルの場合のように、魔女との戦いが主題ではなく、「あわれ」の感情こそが主題をなすものなのだ。

## 3 「怠け」の意味

次に、第四章「怠けと創造――ものぐさ三人むすこ」を見よう。

グリム童話には、多くの怠け者の話がある。「ものぐさ三人むすこ」「糸くり三人おんな」「なまけものの糸くり女」「ものぐさハインツ」などである。

その多くが、怠け者が成功する話である。それは、一般の民衆が絶えず過酷な労働を強いられていたであろうことを考えるならば、一種の願望充足の機能を果たすものとして、当然のことである。しかし、願望充足ということだけで説明するのは単純すぎる。「ものぐさハインツ」などは、むしろ「運命の享受」とでも言うべき、それなりに深い人間の知恵を表わしているのではないか。例えば、日本の「三年寝太郎」や『荘子』人間世篇《じんかんせい》の「無用の用」などを見るならば、東洋の思想においては、無為の、つまり怠けの意味が深く問われていると言える。

とすれば、何かを為すこと、効率をあげることの方に重点を置いてきた西洋の考え方の中に、「ものぐさハインツ」のような昔話が存在することには、大きな意味があるはずである。河合氏は言う。「これは、今までにも強調してきたように、昔話がその属する文化や社会の、公の考え方――ユングのいう普遍的意識――に対して、何らかの補償作用を有するということを裏書きしている」と。

「ものぐさ三人むすこ」は、王さまと三人のむすこの話である。そこに女性は登場しない。自らに対してふりかかってくる運命に対抗して積極的に戦っていくという、男性原理だけが支配している世界である。運命を受け容れる女性原理は、そこに見られない。

王さまは死に瀕しているが、それは「男性原理のみによって成立していたこの王国の規範性が、いまやひとつの危険に臨んでいることを示している。つまり、今までの最高の原理は崩され、新しいものが導入されることによってのみ、真の更新が行われることが明らかなのである」。

河合氏は、心理療法家を訪ねる多くの人が、これと同じ状態にあるという。その時、治療家ができるのは「無為」だ。そしてこれこそが「最上の方法」なのである。なぜなら、まったく行きづまってしまった患者は、この時、退行現象を体験しだす。「今まで、無意識の方から意識の方に流れていた心的エネルギーが、逆に意識から無意識へと流れはじめるのである」。

続けて河合氏は、次のように言う。

　これは今まで意識が依存してきた規範に頼れなくなったので、それに対立するものが無意識内に形成され、この対立のために心的エネルギーの流れが乱されて、むしろ逆流を生じたのである。このとき、この個人はまさに「怠け」の状態になる。あるいは行動するとしても極めて馬鹿げたことか、幼稚なことをするにすぎないだろう。心理療法家としては、このような退行現象に耐えていると、その頂点に達したと思われるころ、エネルギーの流れの反転が生じ、それは無意識内の心的内容を意識内へともたらし、そこに新しい創造的な生き方が開示されてくるのを見るのである。

精神分析が誕生した頃には、退行は病的なものとして捉えられていた。それに対してユングは、創造的な面もあることを認め、「退行には病的なものと創造的なものがある」と主張した。つまり、「退行が永続化し反転現象が生じないものは病的である。ところが創造的な場合は、無意識的な力に意識が全く負けてしまうのではなく、次に統合を生ぜしめるだけの自我の強さをもっていなくてはならない」。

このように見てくるならば、「ものぐさ三人むすこ」の中で王さまが、最もものぐさ者に王位を与えようとした理由も、明らかであろう。男性原理のみが支配している王国で、必要とされたのは女性原理であり、その女性原理は最大の不精者が体現する、と考えられたのである。

河合氏は結論的に次のように言う。「怠け者の昔話は民衆の単純な願望充足を反映するもの」であるとともに、さらには「人間の意識的な努力の評価に対するアンチテーゼとしての無為の思想を語る深さをもち、それはまた、意識が無意識と出会って新しい創造を為し遂げようとする自己実現への高い準備状態《レディネス》を描いているもの」でもある、と。

## 4　心の相補性

第五章「影の自覚——二人兄弟」を見よう。

われわれは周囲に、性格の相反するもの同士が仲の良い夫婦になっていたり、素晴らしいカップルをつくっていたりするのを、見ることがある。ユングは、このような現象を説明するのに、人間の心に働く相補性の原理を考えた。つまり、「相反するものが互いに補いあってひとつの全体性をつくりあげる傾向が、人間の心のなかに存在するというのである」。

人間の心の相補性は、まず一人の人間のなかで働く。「人間の意識的な態度が一面的になるとき、それを補うような傾向が無意識内に形成される」。それがもっとも劇的な形で生じるのが、二重人格という現象である。二重人格では、同一の個人に異なった二つの人格が交互に現われるのだが、両者の間には意識の連続性がない。

ユングはこのような現象に注目した。夢分析の中で、多くの人の夢には、当人が否定したり拒否したりしている傾向をもつ人物が現われるのだ。「そこで、ユングはこのようにある個人の自我が否定し、受け容れ難いとする傾向のすべてを、その人の「影」と名づけた。すべての人はそれ自身の影をもっている。それこそ、その人の黒い半面なのである」。

ユングはその影に、個人的な影と普遍的な影があると言う。ある個人にとっては、その性格と相反する傾向として個人的な影が存在する。それに比して、普遍的な影は、「万人に共通なものとして、すべての人の受け容れ難い悪と同義のことになってくる」。だから昔話などでは、普遍的な影は悪魔などの姿をとって現われることが多い。

ユングは、「生きた形態は、塑像として見えるためには深い影を必要とする。影がなくては、それは平板な幻影にすぎない」と言う。つまり、影は厄介なものであるが、それなくしては人間味に欠けるものになってしまうのだ。

とすれば、ユングの考え方の特徴は、「その当時、異常性の方が強調された二重人格などの現象を、目的論的見方をすることによって、自己実現のひとつの顕れとしてみようとした点にある」ということができるだろう。

このような観点から河合氏は、「二人兄弟」「実意《じつい》ありフェレナンドと実意なしフェレナンド」「旅あるきの二人の職人」などの話を分析する。同時にわが国の昔話における二人兄弟の話との異同を論じている。

そして結論的に、次のように言う。「われわれの心の中に現われる「もう一人の私」が、自己実現への歩みを促進する自己の像なのか、あるいは私を転落にさそう影の像なのか、見分けることは実際的にはほとんど不可能である」。この稿をまとめる上で、河合氏は M.-L. von Franz, *Shadow and Evil in Fairy Tales*, Spring Publications, 1974 を大いに参照したと注の中で言っているが、そのフォン・フランツは、別のところで次のように書いている。

暗い像がわれわれの夢に立ち現われ、何事かを欲するとき、それが、われわれのたんに影の部分を人格化したものか、あるいは自己の人格化か、その両者なのかわからないのである。その暗い同伴者が、われわれの克服すべき欠点を象徴しているのか、受け入れるべき意味のある生き方のひとつを象徴しているのかを前もって区別することは、われわれが個性化の過程において出会う最も困難な問題のひとつである。（「個性化の過程」、ユング編『人間と象徴』下巻、河合隼雄監訳、河出書房新社、一九七五年、所収）

## 5　いばら姫の眠り

第六章は「思春期――いばら姫」である。この話は、「眠りの森の美女」としてよく知られている。美しい姫が百年の眠りの後に、王子のキスによって目覚める、というロマンティックな物語は、多くの人の心をひきつけてきた。

話の始まりにおける人物構成は、王様と王妃である。しかし、そこには子どもがいなくて、二人は毎日のように「子どもがいたらいいのに」と言い暮らしている。

あるとき王妃が水浴びをしていると、一匹の蛙が現われて、お姫さまが授けられると予言する。そしてその予言は成就される。

グリム兄弟の「いばら姫」の初稿では、予言したのは蛙ではなく、蟹であった。蛙と蟹の共通点は、両者とも水陸両方に棲めることだ。「水と陸との間を往来するもののイメージは、意識と無意識をつなぐもの、あるいは無意識内より意識界へと出現してくるものを思わせる」。河合氏は、蛙のイメージが「無意識的な衝動で、意識化されるはっきりとした傾向をそなえたもの」を表わしていることを、グリム童話の「蛙の王さま」の分析を通して明らかにしている。

また、注目すべきは、ここで河合氏は初めて『古事記』に出てくるスクナビコナに言及していることである。オオクニヌシが出雲の海岸にいた時に、海から現われたスクナビコナのことを誰も知らなかった。ただ、ひきがえるだけが、かかしに聞くとよい、と言った。それでかかしに尋ねることによって、スクナビコナの素姓が明らかになる。河合氏はここで、スクナビコナについて詳述はできないがとしつつ、「出雲神話において、中心を占める大国主と相補的な役割をもち、その影の部分を背負っていることは明らかである。大国主という中心をもってある程度完成している文化に対して、新しい可能性をつけ加えるものとしての少名毘古那、それに到る道を知るものとして、ひきがえるが存在しているのである」と言っている。

日本神話について語ることにあくまでも慎重であった河合氏が、「いばら姫」に出てくる蛙をきっかけに、日本神話の中心部分についてではないにしても、私見を述べ始めたのは、興味深いことである。

それはともかく、蛙の予言によって、美しいお姫様が生まれる。蛙の醜さと姫の美しさは対照的だ。この蛙のもつ意味は、悪の化身のような仙女の登場を予兆しているかのようである。

お祝いの宴には十二人の仙女が招かれたが、一人だけ招待されなかった仙女がいた。「いばら姫」の類話では、招待されなかった仙女こそが欠くことのできない主題をなすのだが、招かれた仙女の数や招待しなかった理由については、様々に語られている。

招かれた仙女たちは、それぞれ善意の贈りものをする。「ひとりは徳を、もうひとりは美しさを、三ばんめは富を」といった具合に。贈物によって、現世の望みはすべて満たされるだろうと思えた時に、招かれざる仙女が進み出て、美しい姫に対して十五歳での死というプレゼントを贈る。

しかし幸いなことに、十二番目の仙女がそれを百年の眠りに変えてくれた。姫が十五歳という運命の時を迎えた日、両親はそれを百も承知のはずなのに、姫を残して出かけてしまう。このことについては、二様の解釈が成り立つ。第一に、「子どもの運命のおそろしさを知り不断の注意を怠らなかった両親も、あまりに注意を払いすぎるときは誰でも経験する、一種の注意のエア・ポケットのような現象におちいったのではないかと思われる」。

もう一つの解釈は、「両親の不在を内的な事象としてみる見方である。つまり、一五歳の少女にとって、両親がいかに注意深く傍らにつきそっていようとも、彼女は何時か「孤独」の日を迎え、それは危険なものにつながるという見方である」。

少女は成長するためには、必ず危険な孤独を体験しなければならないのだ。孤独は好奇心を刺激する。姫は好奇心にかられて塔に昇り、麻糸をつむいでいる老婆に会う。姫はそれとは知らずつむに触れてしまい、百年の眠りにつく。

このように、この話を女性の思春期の発達と関連させてみるならば、案外すべての女性の心理的発達過程を描いたものとして読むこともできる。「一五歳になったとき、すべての少女は一度死ぬと考えてもおかしくはあるまい。つまり、子どもの時代は終り、結婚の可能な乙女として変身する」のである。

しかしその後、少女はしばらく眠らなければならない。女性性が開花する「ある時」が来るまで、少女はいばらのとげによって守られるのだ。

百年たって、一人の王子が現われる。王子が近づくと、いばらの垣は左右に開き、かすり傷ひとつ負わずに王女のところへ到達できた。そして姫にキスし、目覚めさせる。

最後に河合氏は言う。「昔話には素晴らしい「時」の強調がみられる。（中略）われわれの人生においても、このような「時」は存在する。われわれは時計によって計測し得る時間としてのクロノスと、時計の針に関係なく、心のなかで成就される時としてのカイロスとを区別しなければならない。（中略）このように考えると、百年という表現も、計測し得るものとしてのクロノスとしての百年ではなく、カイロスの到るのを待つ内的な長さの表現であることが明らかであろう」。

## 6　トリックスター、ヨハネスの働き

第七章「トリックスターのはたらき――忠臣ヨハネス」を見ることにしよう。

年老いた王は、臨終の床に忠臣ヨハネスを呼び、残される息子の後見を依頼する。そして王は、奇妙な言いつけを残した。王子に城の中のどこを見せてもいい、ただし長廊下のどんづまりの部屋だけを除いて、と。

というのは、その部屋には黄金葺《こがねぶ》きの館の王女の絵姿がしまってあるからだった。それを王子が一目でも見るならば、王女に恋いこがれてしまうに違いない、と王は恐れたのだ。河合氏はこの状況を次のように分析する。

死んでゆく王の息子に対する期待にはジレンマがある。彼は意識的には自分の行ったと同様の規範と統合性を持って、彼の王国がそのままの形で永続することを願っている。一方、無意識的には、息子が彼の秘かな誘発に乗って禁を破り、彼の為し遂げられなかった仕事――つま

り、黄金葺きの館の王女を自分の国にもたらすこと——をやり抜いてくれることを期待しているのだ。ここに、忠臣としてのヨハネスも王のジレンマを背負うものとして、両極性を背負った行動をとらざるを得ない。

老王の死後、ヨハネスは若い王様を城中くまなく案内する。どんづまりの部屋だけは案内しなかったが、若い王はどうしても見たいと言う。ついに押し切られたヨハネスは扉を開けるが、なおかつ王女の絵姿を身をもって隠そうとした。しかし、「王さまは爪先立ちして、ヨハネスの肩ごしに絵を見てしまった」。

若い王は、黄金葺きの館の王女に烈しい恋心を抱く。「ユングは男性の夢の中に登場する女性像の持つ深い意義に気づき、それをこころ、あるいは魂の像であると考えて、それらの像の元型となるものを仮定し、アニマと名づけた。ユングの言う厳密な意味でのアニマは、無意識内に深く存在する元型としてわれわれは知ることができない。ただ、その元型がある文化や社会を背景とする個人の意識内にひとつのイメージとして刻印されるとき、われわれはそれをアニマ像として知ることができるだけである」。つまり若い王にとって、王女の絵姿はアニマ像だったのである。

老王と若い王の両者に対して忠実でありたいと願うヨハネスは、強い葛藤を体験せざるを得ない。彼は、禁じられた部屋の扉を開けつつも、自分の体で王女の絵姿を隠そうとした。若い王の意志に反するものとして、ヨハネスはその「影」であり、また老王の意志を体現する父親像としての意味も持つ。「しかし、青年は父親や影の肩ごしに背伸びして、アニマの姿を見てしまうものだ。息子は背伸びして父親を越えようとする。その力をよびおこすのがアニマである」。
ヨハネスは、若い王の希望を実現するために、一つの方法を考えた。王女が黄金を好むことに目をつけたヨハネスは、自分たちが黄金細工売りの商人に化け、王女を船で盗み出そうというのだ。そしてまんまと成功し、王女を盗み出す。はじめは、だまされたのを知って死んでしまおうとした王女であったが、相手が王であることを知り、喜んで王妃になることを約束する。
河合氏は、このヨハネスの働きについて、次のように言う。

まず彼は、老王と若王との二人の間のジレンマに悩まされる。これはけっきょくは老王の意識と無意識のジレンマと言ってよいかもしれず、古いものと新しいものの対比と言いかえることもできよう。彼は船によって、黄金葺きの館の王女の国へ乗り出してゆく、すなわち、こちらの国とあちらの国をつなぐものである。彼は自分の国の黄金をいろいろな細工物に変えさせる、変化の技もみせる。続いて、王とともに商人に変装し、王女をだまして盗み出すことによって、王と王女を結び合わすことになる。

これこそトリックスターの働きそのものである。忠臣ヨハネスの活躍は目覚ましいもので、王はただそれに従っているだけだ。「われわれも心のなかにトリックスターを持っている。われわれが新しい創造活動を遂げようとするとき、心の中でトリックスターのはたらきに身をゆだねることが大切である」。しかし問題は、トリックスターの破壊力が強い場合には、古い秩序ばかりか新しい建設の可能性まで壊しかねないことである。このトリックスターの両義性にどう立ち向かうかが、次の課題となる。

ヨハネスは烏《からす》の話を聞いて、王女をつれ帰るのがいかに大変かを悟る。烏は未来を予告するものとして、神話や昔話によく登場する。前著で、フォン・フランツによる口答試問の際の、烏にまつわるエピソードをいくつか紹介した。

そのような烏の話を聞いたヨハネスは、黙っていれば主人の不幸に、打ち明ければ自らの命を失うことになることを思い、大いに迷う。が、最終的には命を捨てても主人を救おうと決心する。ここでトリックスターは、英雄像に近いものになる。

ヨハネスがなすべき仕事は三つあった。㈠栗毛の馬に王様が乗るのをとめて、馬をピストルで撃ち殺すこと。㈡立派な花むこ用の下着を火中に投じて燃やしてしまうこと。㈢花よめの乳房から三滴の血を吸い取って吐き出すこと。

ヨハネスの働きによって、王も王女も危機から逃れることができた。その間、王はヨハネスに絶対の信頼を置いてきた。しかし、最後の段階になって、その信頼がゆらぎ、ヨハネスを石にしてしまう。

石化したヨハネスは、王と王妃の寝間にあり、二人はいつも心の痛みを新たにしなければならない。ヨハネスは王様に対して、二人の子どもの首をはね、その血を自分に塗ってくれれば、自分は生きかえると言う。王様は「ぞっとしてしまう」が、ヨハネスの忠義を思い出して、子どもたちの首を自ら切り落とし、その血を石像に塗ってやる。

ヨハネスは子どもを生きかえらせたが、それを隠して王は王妃の気持ちを確かめる。王妃も最終的には子どもを犠牲にすることを認めた。今まで、ヨハネスや王の意のままに動いてきたかに見えた王妃が自らの意志を明示し、それは王の意志と合致したのである。

河合氏は最後に次のように言う。「老王がこの王女の絵姿を手に入れたときから、アニマとの接触が始まったと考えるならば、ここに至るまでの年月はそうとうなものと言えるであろう。それにしても、忠臣ヨハネスというトリックスターのはたらきなくして、ただ年月を経るだけではアニマとの真の接触を得ることは不可能であったことだろう」。

## 7　王子のイニシエーション

第八章「父と息子——黄金の鳥」を見よう。グリム童話「黄金の鳥」は次のように始まる。王は城のうちに庭を持っていたが、そこには黄金のりんごのなる木があった。黄金のりんごの数はいつもチェックされていたが、ある時、一つ減っていることが分かった。王は息子たちに、見張りをするように命令した。しかし、第一の王子も、第二の王子も、役に立たない。そこで主人公である第三の王子が登場するのだが、王はこの息子にそんなに期待していなかった。類話の「白はと」では、末の子は「ばかさま」というあだ名がついていた、とも言われるくらいなのだ。

ところがこの三番目の息子は、黄金の鳥を見つけて矢を放った。そして一枚の黄金の羽を手に入れた。それは王国全体よりも価値のあるものであった。

ここで話の冒頭に立ち戻って考えてみよう。王の所有する黄金のりんご——これは王権の象徴である。りんごの数をたえずチェックするというのは、王国の権威とその規範性を守ることに他ならない。すでに見てきたように、母なるものがすべてを包容し、養い育てる機能をもっているのに対して、父なるものは権威と規範性を守るために、善と悪などを明確に分けなければならない。つまり、切断の機能を持つ。

ところで、りんごが毎晩一つずつ盗まれるというのは、規範に対する挑戦であり、王国の権威を守るために、規範は改善されなければならないことを表現している。あまり信頼されていなかった三番目の王子が黄金の鳥を発見したのは、もっとも劣った者が最高のものにつながるという、昔話のお得意のテーマでもある。「これを個人のこととして見れば、自分にとって不得意の、劣等な機能が、自分の人格を変えてゆくためにもっとも役立つことを示しているとも考えられる」。

また、三番目の王子が、王国全体よりも価値のある羽を得たという話は、「王の支配する国を、個人の心のなかに存在する意識の領域と見なすならば、このことは無意識の領域に意識界の価値をはるかに越えるものが存在することを意味している。三番目の王子が射おとした一枚の羽は、その無意識界の内容の片鱗である。黄金のりんごが盗まれるという事実は、意識界の心的エネルギーが無意識に向かって少しずつ流れ始めていることを意味する。これを病的な退行に到らしめず、創造的なものとするためには、無意識界に深くはいり込んでいって、その中にある宝を獲得しなければならぬ」。

王様は「ぜひともその鳥をまるまる手に入れたいものじゃ」と言う。王は息子たちに、旅に出るように命令する。その時、もの言う狐という強力な援助者が現われるのだが、第一の王子も第二の王子も、狐の忠告を聞こうとしない。三番目の王子だけが狐の忠告を素直に聞き、黄金の鳥を手に入れることができた。

さて、手に入れた黄金の鳥をどうやって持ち帰るかが、次の課題として王子に課せられる。狐は木のかごに入れるように忠告するが、王子は立派な黄金のかごに入れるべきだと考えた。このような選択の問題は、その後も繰り返される。黄金の馬の場合でも、王子はそれに黄金の鞍がふさわしいと思う。さらに、王女が両親に別れを告げたいという願いに対して、王子はそれを禁止することができない。

そんな困難が次々と現われるが、結局王子は黄金の城の王女を得ることができた。この物語が王と三人の息子という、男性ばかりの構成で始まっているので、三番目の王子が王女をかち得て帰国し、結婚して新しい王になるというのが最終の目標と考えられる。

王子が王女を得て結婚するということは、内界の問題として見れば、アニマとの結合だと言える。「それをやり遂げることは、人間にとってひとつの境界を乗り越えることであり、それにふさわしい存在であることを立証するためには、与えられた仕事をやり抜かねばならない。このときに社会にきめられた規範として、その仕事を与え、もしそれができないときには死を与えようとするほどの厳しさを体現しているのが、この物語に現われる王たちなのである」。それは、文化人類学では通過儀礼《イニシエーション》として考えられているものだ。人間が子どもから成人になるとき、伝統的社会では、さまざまな試練が課せられた。それが右の引用にある「仕事」である。

「昔話は自己実現の過程を反映するものだけに、そのなかにいろいろなイニシエーションの段階と、それに伴う試錬について描かれていることが多い。そして、アニマを求めて自己実現の道を歩むとき、アニマ像としての娘の父親が、しばしば試錬を与える父なるものの顕現として感じられる」、と河合氏は言う。

そして、ここでも日本神話の例を、そっと挿入する。それは、オオクニヌシが根《ね》の堅洲《かたす》国《くに》にスサノヲを訪ねて行ったとき、スセリヒメと会い、結婚しようとすると、スサノヲが次から次へと試錬を課す、というエピソードである（その後の展開を含めて、詳しくは前著の第五章を見ていただきたい）。

狐の助けによって万事がうまく成就したときに、狐は王子に思ってもみなかった恩返しを要求する。「あたしをうちころして、首と手足をちょんぎってほしい」。王子はこの要求に応えることができずに、再び新たな試錬に直面しなければならなかった。今度は、兄たちからの攻撃にさらされたのである。

その試錬も何とか乗り越えた王子は、ぼろをまとった姿で帰国し、王女と結婚し、王様の跡をつぐことになる。ただ、狐の要求だけは応えられずにいた。再三の狐の要求に屈して、ついに王が狐をうち殺し、首と手足をちょんぎった。すると狐は人間の姿になり、実は自分は王女の兄で魔法にかけられていたのだ、と告げる。河合氏は、「この狐の救済は石化したヨハネスの救済に通じるものがあ」ると言う。

そして最後に次のようにまとめる。「この物語においては、主人公が狐の忠告に従うときと、自分の判断に従うときと、いうならば自我と自己との対決を通じてのバランスの在り方がみごとに示されている。（中略）／このような相互作用のなかで狐は人間に変化し、自己は人格化された形態をあらわす」。

ここで注目すべきは、グリム童話ではこのような結末になるが、日本の「花咲爺」などでは、人間を助ける動物が最後には植物に変化してしまうことだ。「わが国においては、自己のイメージは人格化されるよりも「自然」に投影されることが多いことを示しているものであろうか」、と河合氏は問いを発する。

## 8　「なぞかけ姫」と「なぞ解き姫」

第九章「男性の心の中の女性――なぞ」を見てみよう。

人間にとっては、外界の事象はすべて〝なぞ〟であるとも言える。人間はこの〝なぞ〟を解き明かすべく努めてきた。その答えの集積こそが人間の文化というものである。とすれば、神話や昔話になぞの話が多く見られるのも当然のことであろう。

ところで、もっともよく知られたなぞ解きの話といえば、エディプスが解いたスフィンクスのなぞであろう。スフィンクスはテーバイの国の境で旅人になぞを仕かけ、解けないものの命を奪った。エディプスはこのなぞを解き、スフィンクスを死滅させた。答えは、言うまでもなく、〝人間〟であった。

この話からも明らかなように、人間にとってのなぞは、外界の事象ばかりでなく、人間そのものもそうであると言える。つまり、なぞは外界からも内界からも発せられるのだ。「自分の心の奥にはいったい何があるのか。魂は存在するのか。これらのことは確かに人間にとっての永遠のなぞである」。こうしたことから「なぞ解き姫」や「なぞかけ姫」の主題が生じてくるのであろう。換言すれば、「これらの姫たちは男性の心の奥に存在する女性たちであり、男性の魂の形象化されたものと見なされる」のである。

マックス・リューティは『昔話の本質』（野村泫訳、福音館書店、一九七四年）のなかで、多くの「なぞかけ姫」の例をあげている。もっとも有名なのは、ペルシャのトゥランドット姫の話だろう。この話をもとに、多くの戯曲やオペラがつくられた。

結婚を欲しないトゥランドット姫は、求婚者になぞを出し、それが解けない者を次々に殺した。ついにカーラフ王子が現われて、姫の出す三つのなぞを解いてしまうのだが、彼女は最後のなぞを出すときに、ヴェールをあげて輝かしいばかりに美しいその顔を王子に見せた。ここで河合氏は、「このような輝くばかりの美しさと、求婚者を死地に追いやるところとは、わが国のかぐや姫の像を想起せしめるものがある」と言う。

わが国の昔話のなかに「なぞかけ姫」の主題をもつものを探すと、「播磨糸長」という話がある。大山の麓の色粉屋に一人の手代がいた。西の方からきれいな娘がやってきて、色粉を二両も買った。手代が娘の住所を聞くと「処はふさんの麓」と答え、家の名をたずねると「はるば屋」と言い、「名前は四月生えに五月禿げ」と答えて帰ってしまった。手代はいくら考えても分からないので、山寺の和尚さんのところへ行く。将棋をさしながら、「ふさんの麓」と言って駒を打ちこんだ。すると和尚は「草津の町に」と応じた。次に「はるば屋」というと「あめがた屋」、「四月生えに五月禿げ」というと「お竹さんの事よ」と応じた。そこで手代は、草津の町のあめがた屋のお竹さんをたずねて行く。この後もなぞかけの話が続くのだが、結局彼はお竹と結婚することになる。

一方、リューティは、「なぞ解き姫」の例もあげている。賢い百姓娘という話が多くあり、いずれも貧しい百姓の娘がなぞを解くという話である。金持ちの百姓と貧乏な百姓が争いをして、裁判官はそれを解決するためになぞをかけ、それを解いた方を勝ちにする、というのだ。貧しい百姓の方には賢い娘がいて、すべてのなぞを解いてしまう。リューティはここで、「賢い百姓娘を実際の人間とばかり考える必要はない。貧しい百姓の魂と見なすこともできる」と述べている。

このような男性の魂と見なされる女性像とは、どのようなものか。すでに第七章の「忠臣ヨハネス」で見たように、ユングのアニマについての考え方によれば、「男性の夢を分析すると、夢のなかに典型的な未知の女性が現われ、その夢を見た人を未知の世界へと導く役割をもつことが明らかにされてきた」、「自己実現の過程において、アニマとの関係は非常に重要視される」ということになる。

アニマについて、フォン・フランツは次のように要約する。「アニマは、男性の心のすべての女性的心理傾向が人格化されたもので、それは漠然とした感じやムード、予見的な勘、非合理なものへの感受性、個人に対する愛の能力、自然物への感情、そして——最後に、といっても重要でないわけではないが——無意識との関係などである」(「個性化の過程」)。

このように無意識内において重要性をもつ女性像については、すでに「忠臣ヨハネス」や「黄金の鳥」の物語で見てきた。ここで忘れてならないのは、男性を未知の世界へと誘うアニマが否定的な面をもつことである。

事実、これから見る「なぞ」の物語に登場する女性は危険性に満ちている。最初に会ったのは「うらわかい、きれいな娘」だった。そこに泊めてもらおうとする王子に対して、娘はやめた方がいいと忠告する。なぜなら彼女の義母が魔女だからだ。義母は「赤目」をしていて、王子をじろりと見る。つまり、アニマの背後にいるグレートマザーである。「そのような「うらわかい娘」はしばしば母親と結びついていて、そのために案外、困難なことが生じやすいのである」。

主人公は賢明にも、「うらわかい娘」と結婚することなく、家来とともに出発しようとする。ところが王子は出発したのに、家来は「馬の鞍を締めるのに手間どって、ひとり遅れてのこって」しまう。この家来が王子の影であることは明らかである。「われわれの自我は出発を決定しても、影の方がぐずぐずとしていてトラブルをつくり出すのである。とはいうものの、この影の居残りによって生じたトラブルが、今後の成功に役立ってゆくのだから、影というものは真に逆説的な存在といわねばならない」。

王子と家来は旅を続ける。そして「きれいだけれど高慢なおひめさま」のいる都にやってきた。この姫は、自分が解けないようななぞを出す者がいたら結婚する、しかし解いてしまった場合にはその者を殺す、と言う。今までに九人もの男性が殺されていた。ところが王子は、この危険な賭けに挑戦することになる。「アニマは男性の未知の領域への導き手として、必ず何らかの危険性を伴うものである」。だから「アニマに挑戦するものは身のほどをよく弁《わきま》えておかねばならない」のだ。

さて、王子は次のようななぞを出した。「あるひとが一人も殺さずに一二人殺した、さあ、なんだ？」このなぞには、さすがの姫も困ってしまった。どう考えても、さっぱり分からない。それで姫は、「小間使いという影に命じて秘密を探らせようとする。ところが王子の家来もさるもので主人の身代りになるので、結局は影と影とが相対することになってくる」。

ようやっと三度目に、姫は王子と直接に会うことができた。二人だけで向き合って、初めて姫はなぞの心を知ることができる。そして王子は姫のマントを脱がす。それは、彼女も自分の姿を隠さずに示したものと考えることができるだろう。姫はなぞが解けたと喜ぶが、結局このマントが証拠となって、裁判官は王子の勝ちを宣言する。そして次のように言った。「このマントに金糸銀糸の縫取《ぬいと》りをなさいませ。さすればご婚礼のマントになりますでしょう」。

ここで河合氏は言う。「一度王子によってマントをはぎとられた王女はよそおいを新たにすることによって花嫁となるのである。ここに示された「衣装」は、ユングのいうペルソナを表わしている。われわれ人間は社会から期待されている仮面《ペルソナ》をつけて生活しなければならない。男は男らしく、女は女らしくと言われているような一般的な期待傾向がそれぞれの社会には存在している。それに応えるペルソナを身につけることによって、われわれは社会のなかに自分の地位を占めているが、男性のなかの女性的な傾向はペルソナのなかに取り入れられないので、アニマとして無意識のなかにひそんでいる。これは女性の場合も同様である」。「ペルソナとアニマあるいはアニムスとの相剋は、人間が自己実現の過程で深刻に体験させられる葛藤である。ペルソナを重視することの愚かさは有名な「裸の王様」の物語にみごとに示されているが、さりとて裸の真実に直面することは命を失う危険性をもつことも忘れてはならない」。

ところで、このなぞの心とは、主人公の旅行中に生じた現実の事件そのものだったのである。このことは、次のように言い換えることもできるだろう。「なぞの答えは実際に生じたこと、外的な現実である。アニマは男性の内界に存在し、それは魂の領域に属している」。「魂の世界にすむ彼女にとって、外界の現実はすなわちなぞであり、解くことはできないのである。これは外界の現実にのみとらわれた人間にとって、彼女が永遠のなぞであるのと同様である」。

最後に、数年後に刊行される『昔話と日本人の心』を予兆するものとして、河合氏の次の発言を引いておこう。

以前に取りあげたアニマ像は肯定的な面が前面に出ていたが、これらのアニマ像は否定的な恐ろしさがよく描かれていて興味深い。わが国のかぐや姫などは、残酷さということを表面に感じさせないが、すべての求婚者に不可能な難題を与え不幸におとしいれて、自分は結婚することなく月の世界に帰ってゆくのだから、真にクールなアニマ像といわねばならない。西洋の「高慢な」姫たちが一時的には残酷さを発揮しながらヒーローに対しては従順に結婚してゆくのと好対照をなしている。日本人の心の中のかぐや姫像は非常に強烈であり、異性との結合の否定という犠牲の上に立って、「あはれ」の感情を洗練させてゆこうとする態度は、日本人の美意識を支えるひとつの柱となってきたと思われる。

## 9 女性の心の中のアニムス

第一〇章「女性の心の中の男性――つぐみの髯の王さま」を見よう。

グリム童話の「つぐみの髯の王さま」は、グリム兄弟によって、二つの物語を一つにまとめられたものだという。この物語はさまざまなことを考えさせるが、特にアニムスを見事に描き出している。河合氏は、フォン・フランツが一九七〇年に出した *An Introduction to the Psychology of Fairy Tales*（『昔話の心理学入門』）（Spring Publication）によりながら、その点を明らかにする。

物語の初めに登場するのは、父なる王と「気位が高くていばりんぼ」の美しい一人娘である。彼女は言い寄ってくる求婚者をかたっぱしから断ってしまう。王はそのような娘に対して、肉親としての愛情の他に不可解なプラスXを感じる。彼女は王である父親のアニマとなったのだ。また娘は父親にアニムス像の原型を見ることになる。「しかし、ある時が来たとき娘は父を離れてゆかねばならない。娘が父親に代る新しいアニムス像を見出したとき、父親の愛はそれを喜びとして迎え入れる。そのときに生じる父親の喜びと悲しみのアンビバレンスが、須佐之男の絶叫のなかに見事に示されていることは、先に触れておいた（第八章）」。

王は、姫にそのような時が近づきつつあることを知り、姫のために宴会を開く。しかし姫は、集まってきた男たちを寄せつけない。それどころか彼女は、一人一人に「酒樽さん！」とか「のっぽでふらふら腰くだけ」などと、辛辣な批判を始める始末。父親はと言えば、そのような娘の言動を見て怒りを覚えると同時に、心の中ではその辛辣で当を得た批評にほくそ笑んでいたのかも知れない。

しかし、娘がすべての求婚者を拒否してしまうと、王は怒り心頭に発して、乞食を婿にすると誓ってしまう。そして実際に娘を乞食に手渡してしまうのだ。「王は怒りにまかせて娘を乞食に渡してしまった。人間が感情にまかせて無茶な行動をするときでも、そこには無意識の願いが案外こめられているものだ。そして、無意識はその本人さえ気づかないもっと深い意味をもって作用している。すなわち、この場合は姫は父のもとに逃げ帰るどころか、彼女のアニムスの発展のため、もっともふさわしい人を夫として迎えていたのである」。

ところで、姫の立場からするとどういうことになるのだろうか。姫はすべての求婚者を切り捨ててしまうのだが、このように強い切断の力を、彼女はどうして身につけることができたのか。彼女は父である王によって、そのアニムスを形づくった。女性はいわゆる女性らしい特性を身につけてゆく一方で、アニムスは女性の無意識の中で次第に力を持ちはじめ、彼女の自我に影響を与えるときもある。

ユングは「アニマは男性にムードをかもしださせ、アニムスは女性に意見を主張させる」と述べている。アニムスが力を得てくると、女性は突如として自らの意見を主張しはじめる。アニムスの切断する力はまことに強く、したがって姫は求婚者のすべてを切り捨ててしまう。その結果、彼女は人から切り離される孤独を味わわなければならない。しかし、このような体験こそ、女性が自我をつくりあげていく過程で、多かれ少なかれ経験しなければならないものだ。そしてこのようなアニムスは、何でも包み込んでしまう母性と敵対することになる。すでに「トルーデさん」のところ（一三頁—）で見たように、娘は両親の制止をふり切ってトルーデさんに会いに行く。その結果、彼女は一瞬にしてグレートマザーに葬り去られてしまうのだが、そこには未成熟なアニムスが働いていることが分かる。「アニムスとグレートマザーの戦いは命をかけた戦いである。しかし、その苦しみを正面から受けとめて苦しみ抜いたとき、アニムスとグレートマザーの和解が生じる」。

このような苦難の過程を思うならば、女性はアニムスを見ない方が幸福だ、と言えるかも知れない。しかし、一度アニムスを見た女性は、その苦難の道を歩まなければならないし、途中でそれを放棄することはできないのである。河合氏は言う。「結局、アニムスは女性を、苦難を通じて、より高い自我へと引きあげる。アニムスが肯定的に働くとき、女性はより創造的に生きることができる。アニムスとの戦いによって、彼女の母性は磨かれ、盲目的な同一化を求めるものではなく、知恵をそなえた愛へと高められてゆく。アニムスに取りつかれるのでもなく、アニムスをだれかに投影するのでもなく、アニムスを自分の心の中に存在するものとして、それと対話を続けることによって、女性の自己実現がなされるわけである。そのような過程を、「つぐみの髯の王さま」の話は語っている」。

さて、王の命令によって乞食と結婚させられた姫は、家を出て行く。「アニムスの思考は極端から極端に走る。それは all or nothing の愛好者であり、その論理に中間項がない。王か乞食かの二者択一なのである」。当然、彼女は自分の行為を嘆く破目に陥る。しかし、姫は、その段階に止まることはなかった。アニムスは姫に、火をおこしたり料理をするように要求する。彼女はアニムスの命じるままに母性的な仕事に手を出してみるのだが、全く役に立たない。彼女は深い屈辱を味わうことになる。「アニムスと真の対話を続ける人は、自分の無能さを嫌ほど思い知らされる。アニムスにいかれている人には他人の無能さが嫌ほど目に見える」。

それで姫には、他の仕事が与えられることになる。市場で壺や小鉢を売る仕事だ。夫は品物を仕入れ、彼女がそれを売りさばく。「このようなとき、彼女のアニムスは建設的に機能している。ここで彼女の夫の働きを彼女自身の内的なアニムスの働きとしてみると、彼女は男性に伍して知的な仕事や企画などをやり抜く人となったと考えられる。しかし、その補償作用として彼女は市場の角っ鼻にすわり、まわりに品物をならべたてるということをしなければならない。彼女の商品である壺は女性の象徴として非常に普遍性が高い。彼女は自らの女性性を安売りしなければならない」。

しかし、突然に馬に乗った驃騎兵が現われ、市場にかけこみ、壺を踏みつぶしてしまう。この驃騎兵の姿は、まさにアニムスの侵入の凄まじさを具現化している。そのように恐ろしいのがアニムスであるが、同時に姫を慰め、叱り、次の仕事を見つけるのもアニムスなのだ。

姫はついに、台所女中にまでおち込んでしまう。しかし彼女が最後の過程を昇りつめるためには、さらにもう一度、痛烈な卑小感を味わうことが必要だった。華やかな宴会の席で、彼女は残飯をぶちまけてしまい、嘲笑の渦にまき込まれる。それは、かつて姫が求婚者たちをあざ笑ったことと重なる。「穴があったら千丈も下までもぐりこみたいくらい」恥ずかしい思いをした彼女は、それを契機に、乞食の妻から王妃へと反転していく。つぐみの髯の王さまが、すべてを明らかにしたのである。

物語は、つぐみ髯の王さまと姫のめでたい結婚によって終わる。考えてみれば、これは二度目の結婚式である。乞食の姿をした王と姫は、すでに一度結婚しているのだ。「こうしてようやくほんものの喜びがはじまったのでした」と物語は言う。とするならば、結婚のほんとうの喜びを知るためには、式を二回あげなければならない人もいるのではないか、とも考えられる。

わが国の昔話にも、「炭焼長者」のように、再婚をあつかった話がある。この話でも主人公は、二度目の結婚によって幸せをつかむのだ。さらに興味深いのは、この話でも男性を示す題がついているのにもかかわらず、「つぐみの髯の王さま」の場合と同様に、主人公はむしろ女性と考えられることである。

フォン・フランツは、「つぐみの髯の王さま」の登場人物の背後に、北欧神話の主神オーディンの姿をみることができる、と言っている。このことに関わって、河合氏は次のように言う。「グリム兄弟は二つの話を結合して、ここにひとつの話を作ったとのことである。そのとき、彼らの無意識内に存在するオーディンが、この話に巧妙なアレンジをほどこしたのか、あるいはグリム兄弟が意図的にオーディンの姿をなぞろうとしたのか、筆者は知らない。それにしても、この話を読んでだれしも疑問に感じるのは、姫の父親である王が、怒りにまかせて姫を乞食にやると言ったとき、父はつぐみの髯の王さまと打ち合わせをしていたのだろうか。それとも、つぐみの髯の王さまが単独に仕組んだことなのかという点である。これについて詮索するよりも、これらの王の背後に北欧の最高の神オーディンを置いて考えてみると、話の流れのすべては人間を超えた知恵によって仕組まれていたのだとさえ感じられるのである」。

〝誰が仕組んだのか〟という問いについては、前著でも書いた。河合氏は、人間がどのように生きるかということについて、生涯を通して考え続けていたように思える。

河合氏は「つぐみの髯の王さま」について、最後に次のように言う。「このような物語は、人間の結婚ということの難しさ、あるいは男性性と女性性の結合ということの難しさを描いているのであろう。それは一度に為し遂げられるものではなく、長い過程のなかで、離別と結合を繰り返しつつ成就されることを意味している。人間の成長に死と再生のプロセスが必要であるように、結婚生活の発展のためには離婚と再婚が——同一人に対して行なわれるのではあるが——必要であることを物語っているのではないだろうか。あるいは、アニマ・アニムスの問題は、それを外界に投影して生きて後、それを実際に自分の内界のこととして知る第二の段階が必要であることを物語っているとも考えられる。ともかく、対立物の合一という仕事は一筋縄では成就され難いのである」。

## 10　個性化の過程は一般化できない

さてここで、最後の第一一章「自己実現の過程——三枚の鳥の羽」を検討することにしよう。河合氏が最後にこの物語を取り上げるのは、これがグリム童話によく生じる典型的な主題を多く持っているので、これまで述べてきたことをまとめて論じるために好都合であるからだという。

まず、王と三人の息子という構成があり、三番目の息子がでくのぼうであるという設定がある。そして、王の衰えと王位継承の問題。それを決めるために、息子たちは旅に出なければならない。

旅の方向を決定するのは、鳥の羽である。王は自らの意志や息子の意志によって旅の方向を決めるのではなく、羽の動きにそれを委ねたのである。「自我による決定を超えるものは、しばしば偶然という形をとって現われる。このことを積極的に受けとめようとするとき、人は鳥の導きや羽の導きに頼ることに思い到る」。

この物語では、三枚目の羽は、「まっすぐにとびあがったものの、遠くへは行かずにそのまま地面におちてしまいました」。兄たちは、東へ西へと出発したが、でくのぼうの三番目の息子は、その場に釘づけになってしまう。すでにわれわれには理解できるが、それは、「自己に到る道」への入り口にこの息子が立っていることを、如実に示しているのだ。「愚かな者、無為の人は自己への最短距離にいる」。

しばらくその場に坐りこんでいたでくのぼうは、羽のそばに上げ蓋があるのに気づく。彼はそれを持ち上げて、地下に到る階段を降りて行った。「意識の世界を確実に基礎づけるためには、われわれは無意識の世界に降りてゆかねばならない」のだ。無意識の世界はいつも地下とは限らず、ヘンゼルとグレーテルの場合は深い森であることは、すでに見たとおりである。

地下の世界で主人公は、「大きなふとった蟇《ひきがえる》が一匹、まわりに小さな蟇をうじゃうじゃ従えて」坐りこんでいるのに出会う。蛙については、「無意識的な衝動で、意識化されるはっきりとした傾向をそなえたもの」を表わすことを、すでに見た。フォン・フランツは、前節であげた本(『昔話の心理学入門』)の中で、神話のなかでは蛙が男性的要素を表わし、蟇は女性的要素を示すことが多い、と言っている。この物語では、王と三人の息子という男性のみの構成で語られてきたことを考えても、無意識の世界の蟇は女性的要素をもって補償的に存在しているのではないかと思われる。とするならば、「主人公の役割は、そこに存在する女性性をいかにして地上にもたらすかということにある」。

でくのぼうの息子が与えられた最初の仕事は、立派な絨毯《じゅうたん》を探し出すことであった。フォン・フランツは絨毯について、次のように言う。遊牧民であるアラビア人がそれを重要視するのは、それが大地の連続性を示すからだ。彼らは遊牧してあちこちと移動するが、夜営のテントを張るときそこに絨毯を敷くことで、そこが彼らの土地であることを示す。毎日違った場所に移動するとしても、絨毯が大地の連続性を保証してくれる。それは、あたかも母性との結合を示すかのようでもある。「地上の王国にあって男性のみによる構成が存在するとき、その王が母性の象徴としての絨毯を望んだことは当を得ているというべきである」。

主人公が取り組まねばならない第二の課題は、指輪を取ってくることであった。フォン・フランツは、「指輪はその円環性によって自己の象徴であり得ると共に、統合と拘束とを表わす」と言っている。結婚指輪の風習を見れば、それはよく諒解できることだ。大地に根ざした母性的なものを獲得した後に、結合を象徴する指輪を、主人公は手に入れなければならなかった。

第三の課題は「いちばん美しいおよめさんをつれ帰る」ことであった。またもや主人公は、蟇のところへ助けを求めに行くのだが、今回はそう簡単に事は運ばなかった。蟇は、「黄色いかぶのくり抜いたのを小さなはつかねずみ六ぴきにひかせてよこ」す。がっかりしたでくのぼうは、それでも大きい蟇の言いつけで、小さい蟇をねずみのひく車に乗せてやる。とたんに蟇とねずみは、六頭立ての馬車に乗った美しい姫に変身する。でくのぼうは喜んで、姫を地上の世界へ連れ帰る。

さて、主人公に与えられた最後の課題は、「広間のまんなかに輪をぶらさげ、その輪をとびぬけられるおよめさんをつれてくる」というものだった。二人の兄たちは、がっちりした体格の百姓女をつれてきた。末弟のつれてきたかよわいお姫さまでは、とても輪をとびぬけることはできないだろう、と考えたのだ。二人の百姓女は輪をとびぬけた。しかし、固いからだのために手足を折ってしまう。お姫さまの方はと言えば、「牝鹿のようにいともかるがるととびぬけ」てしまう。結局、でくのぼうの末弟が王冠を手に入れることになった。

考えてみれば、この物語もまた変身譚であった。蟇が姫に変身したのだ。われわれは、姫の「素姓」が蟇であることを知っている。しかし、「あの姫も結局は蟇に過ぎ、な、い、の、だ」とは、けっして言わない。「美しい姫を結局は蟇に過ぎないと考えるのではなく、姫がいかに美しくあろうとも、それは蟇でもあり得るし、蟇がいかに醜くてもそれは姫に変身し得る可能性をもったものとして、全体を見ることが必要なのである。問題を姫か蟇かという形態で把えること自体がまちがっているのであり、真実は簡単に計り知ることのできない第三の道として存在している」のである。

大切なのはあれかこれかという二者択一の問題ではなく、それらの中間に存在していることを、この物語は如実に示している。高すぎもせず、低すぎもしない、広間のまんなかに吊るされた輪をくぐり抜けるのが、最後の課題であったのだから。「あれかこれかという断定は既存の何らかの価値判断に従うかぎり決められるものである。しかし、第三の道はその人個人の個性を必要とし、既存のものに頼らない創造的行為となる。このような意味で、ユングは自己実現の道を個性化（Individuation）の過程として把えている」。

ここまで十一章にわたって見てきたことも、意識と無意識との相互作用のなかで、いかに「個人」がつくられていくかを、各段階ごとに明らかにしたものだ、とも言えるだろう。しかもその過程において、主人公たちは様々な危険にあい、厳しい意志決定を迫られてきた。それらは、いずれも簡単に一般法則化できることではなかった。「このように一般化を許さぬことにこそ人生の特徴があり、それ故にこそ個性化と呼ぶべきなのであろう。ここで注目すべきことは、あくまでそれは個性化の過程として把えられており、自己実現の成就という考え方をしないことである。昔話はすべて結末をもち、しばしば主人公の願いは成就されるのであるが、それらはあくまで自己実現の一コマとしての意味をもつものであって、ひとつの段階の成就の次にはまた次の段階が待っているのである」。

## 11　日本人の意識構造

「昔話の深層」の連載は一九七六年四月に終わった。その直後の六月に、河合氏は『昔話』（三弥井書店）第五号に「夢と昔話」を発表している。河合氏自身が分析した、二十歳代の若いヨーロッパ人の女性の夢を示し、それが昔話的な特徴を持っていることを明らかにしたものである。同時に、この女性の夢はユングの言う「初回夢」に当たるもので、「初回夢のときには、多くの人が劇的な夢を見、そこには昔話的な主題がよく出現する」と言っている。

それはともかく、河合氏がユング研究所に留学している時に分析したと思われるこの若い女性の夢と、ごく日常的に体験される夢の例を比較しながら、後者の夢の場合でも、昔話的要素を持っていることが明らかにされる。しかし、まだ一九七六年の段階なので、河合氏の論の進め方は、あくまでも慎重である。とは言え、この時点ですでに、物語の持つ意味について、「それを語る人間の内的真実の方に重みづけがなされた伝達法である」として、次のように言っているのは、さすがとしか言いようがない。

> 内的な真実を物語るものとしての話は、あるときある人の自我を自分の内界に対して定位することに役立つ。そして、その話がその人の内界の深層と関係するものであればあるほど、それは他人に対しても普遍性をもってくる。普遍性をもったものほど時間・空間を超えた存在意義をもつ。かくて、その話は「昔々あるところに……」という時間・空間による定位を拒否した表現形式にすっぽりとはまりこみ、時代の波にもまれても消え去ることなく存在しつづけるのではないだろうか。それは、単に意識に対する補償などということを超えて、われわれ人間の自我がより深い普遍的無意識というものに根づいて、いかにその存在を確かめ得るかという体験を物語るものなのである。

さて、『昔話の深層』は、河合氏の杞憂にもかかわらず、多くの人に驚きと好感をもって迎えられた。この本をきっかけに、谷川俊太郎氏をはじめ、多くの人々と知り合いになった河合氏であったが、中でも小澤俊夫氏からは、その著『世界の民話――ひとと動物との婚姻譚』（中公新書、一九七九年、のち講談社学術文庫）や同氏編『日本人と民話』（ぎょうせい、一九七六年）などを通し、あるいは直接に、多くの啓発を受けた。「子ども心にも日本の昔話に比して、西洋の昔話の方がどうして結婚によるハッピー・エンドが多いのだろう、と疑問に思ったことが、今あらたにその心理学的意味を問うという形で、私の心のなかに再現されてきたのを感じたのである。それに関して、小澤さんが、キリスト教文化圏、および、パプア・ニューギニアなどの自然に密着した文化圏との中間に日本を位置づけて論じていることが、私にとって大いに参考になった」（「心理学から昔話の世界へ」）。

一九七九年には、角川書店の刊行した『日本昔話大成』（一九七八―一九八〇年）の第一巻に「昔話の心理学的研究」を発表する。この『大成』は『日本昔話集成』の改訂版であるが、河合氏は『集成』を事あるごとに参照し、昔話の研究を進めてきたので、寄稿を求められたことを嬉しく思い、自分が進めてきた昔話の心理学的研究が公に認知されたように感じたのであった。

この論文で河合氏は、「赤頭巾」の話を例にとって、さまざまな学派の考え方を紹介している。フロイト派のベッテルハイム、ネオ・フロイト派のエーリッヒ・フロム、それにユング派として河合氏自身の考え方である。その上で、深層心理学の立場で日本の昔話を見るとどうなるかを考察する。

まず、先に述べた小澤俊夫編『日本人と民話』をとり上げ、その中の小澤氏の次の言葉を引用する。「日本の場合には民話を現実と離れた、純粋なおとぎの世界として考えにくくて、現実の世界

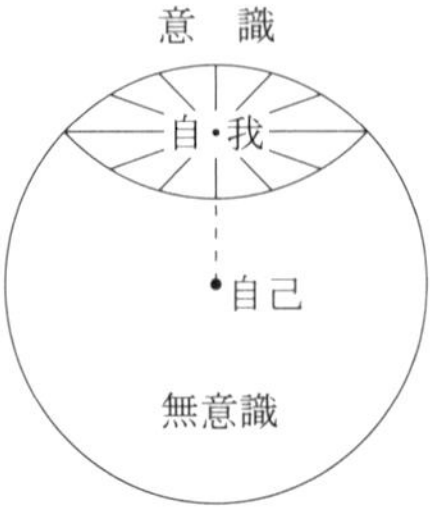


**西洋人の意識**

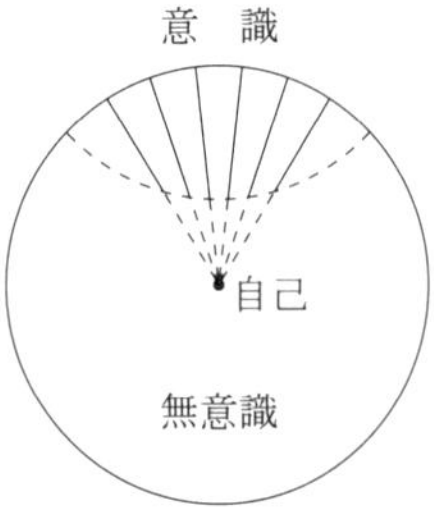


**日本人の意識**

とおとぎの世界との境目が溶けちゃっている」。つまり、日本人の心性における意識と無意識の境界は不鮮明だということだ。

日本人の意識構造について、河合氏はすでに最初の著作『ユング心理学入門』（一九六七年）で述べており、後に上記のような図式化を行なっている。西洋人の場合には、意識と無意識ははっきりと区別されていて、意識の中心に確立した自我を持っている。それに比して日本人の場合には、意識と無意識の境界は明確ではなく、意識も自我によって統合されている訳ではない。むしろ、漠然とした全体性を志向する、心の全体的存在としての自己に重きを置いているのではないか。それは西洋的立場からすれば、しばしば日本人が主体性に欠けていたり、無責任であったりするように見えることにもつながる。だから河合氏は次のように言うのだ。「西洋人の場合は判然とした意識にとって、無意識の世界は「おとぎの国」として明確に区別される。それに対して、日本では現実と非現実、意識と無意識が交錯し、「おとぎの国」は容易に「この世」と結合して、話は伝説的となってくるのである」。

そしてこの論文の最後で、河合氏はいくつかの問題提起を行なう。まず、自然に対する態度、次に死についての見方、そして最後に結婚の問題、である。これらについての日本人と西洋人の違いを明らかにしようというのだ。結婚の問題については、すでに本書の序章で見た論文「浦島と乙姫」で、日本と西洋の違いを論じた河合氏であったが、これらの問題意識は、一九八一年一月に発表された「日本昔話の心理学的解明――「蛇婿入り」と「蛇女房」を中心に」（『図書』、岩波書店）で、さらに展開されることになる。

この論稿では、河合氏は異類婚が日本昔話を解明する鍵を提供すると考え、「蛇婿入り」と「蛇女房」を取りあげる。

「蛇婿入り」には、おだまき型と水乞《みずごい》型の二つがある。おだまき型では、夜な夜な男が女のところにしのび込んでくる。男の素姓を確かめるために、女は糸のついた針をさしておいた。糸をつけて行くと、蛇のところへ着く。蛇は頭に針を刺されて苦しんでいる。蛇は自分は死んでしまうだろうが、女が自分の子を宿しているので、その子が生まれて仇をとってくれるだろうと言う。それを聞いた親の蛇は、しかし、五月の節句に菖蒲湯に女が入ると、子どもはすべて死んでしまう、と答えた。それを立ち聞きした女は菖蒲湯に入り、蛇の子をおろしてしまう。以後、五月には菖蒲湯に入るようになったという。

一方、水乞型では、お百姓さんが田を見に行くと水がなくなっている。困ったお百姓さんは、もし田に水を入れてくれればうちの娘をやると言った。それを聞いた蛇が田に水を入れて、娘をくれと言う。三人の娘のうち、一番上の娘も二番目の娘もいやだと断ったが、三番目の娘だけは、お父さんを助けてくれたのだから、私はお嫁に行くと答える。娘は嫁ぐときに、父親に頼んで瓢簞《ひょうたん》と針を持っていく。娘はたくさんの瓢簞に針をつけて水に浮かべ、蛇にこれを沈めてくれと言う。蛇は必死になって沈めようとして針に刺され、死んでしまう。それでめでたしめでたし、という話である。

それでは、「蛇女房」の方はどういう話なのだろうか。とても美しい女性があらわれて、男に結婚してくれと言う。男は喜んで結婚する。やがて妊娠した女は、自分が子どもを産むところは決して見ないように、と夫に頼む。禁止のタブーを与えられた夫は、好奇心に負けて、外出したふりをして、女房の部屋を覗いた。するとそこには、部屋いっぱいに寝ころんだ大蛇がいた、という話である。似たような話として、有名な「鶴女房」があるが、この場合のタブーは、〝機《はた》を織っているところを決して見てはいけない〟というものだった。

ここで河合氏は、西洋の話との比較を試みようとする。「蛇婿入り」の水乞型と、西洋の「美女と野獣」との比較である。通常の「美女と野獣」の話では、ある城で父親が、娘の欲しがるバラの花をとる。すると獣が出てきて、このバラをとったからには、お前を殺すか、さもなくば娘をよこせと言う。父親には三人の娘がいるが、獣のところへ嫁に行ってくれと頼んでも、一番目の娘も二番目の娘もいやだと断る。三番目の娘がお嫁に行くと答えた。

ここまでは「蛇婿入り」と同じである。しかし、ここから日本の昔話と西洋のそれとは、決定的に違った展開を見せることになる。西洋の話では、娘は獣のところへ嫁に行き、いろいろな過程を経た上で、彼女の愛によって獣は王子様に変身する。つまりこの場合、魔法によって獣にされているのを、娘の愛が魔法を解いて人間に戻す訳である。日本の話では、蛇は蛇で、結局殺されてしまう。

ところで日本の場合でも、もともとは「蛇婿入り」の蛇にしても神様に近い神聖なものであった、というような柳田國男の考え方がある。また『平家物語』にも出てくる緒方三郎伝説では、蛇の子を宿し、蛇は死んでしまうが、子どもは英雄になる。つまり、日本でも、蛇は恐ろしいものとして殺してしまうだけではなかった、とも言えるのだ。

言葉を換えて言うなら、こうした話は、「女性が男性的なものをどこまで受けいれるかという問題に関連づけられる」のではないか。さらに興味深いのは、『日本昔話大成』によれば、「異類女房」として分類されているのは、蛇女房からはじめて、蛙、蛤、魚、鶴、狐、猫、天人、笛吹女房、等々である。そしてこれらの話のほとんどが、最後は男女の別れになっていることである。この点については、次章でも触れることになるであろう。

そこで河合氏は、「日本人というのは、男性と女性の結合による完成よりは、完成するはずのものが別れて立ち去っていくところに美しさを見出そうとしたのではないか」、それが日本人の美意識に結びつくのでは、と言う。さらに、昔話における異類婚の象徴的意味について、人間が蛇や獣と結婚するということは、男と女はすごく違うという認識の上に立って、なおかつ結婚するところに意義があると言う。

ところで、先の小澤俊夫氏の研究では、片やヨーロッパ的な魔法と変身があり、片やパプア・ニューギニア的な動物と人間が平気で結婚するという考え方があり、その中間に日本的な蛇は蛇として殺してしまうという行き方がある。日本は中間的で、非常に珍しい、と小澤氏は言う。

そうした議論を踏まえた上で、河合氏は次のように言うのだ。「そうすると日本の文化は、そういう男性的なものをまったく拒否したのではない。大切にしてはいるのだけれど、どこを拒否したかというと、女と男というレベルにおける男性は拒否した。ところが、父と娘とか、母と息子というふうなタテに並んでいるほうの面では、男性性を受けいれるのではないか。こんなふうな言い方もできるのではないかと私は思うのです」。

このように河合氏は、『昔話の深層』の刊行後、いくつかの論稿で日本の昔話についての試論を展開してきた。特に「日本昔話の心理学的解明」では、それらの成果の上に、相当大胆に自説を語っている。そして一九八二年に、いよいよ『昔話と日本人の心』を出版することになる。

# 第二章　日本の昔話の特色

## 1　日本の昔話に挑む

前著『河合隼雄　心理療法家の誕生』に書いたように、河合氏はまずアメリカのUCLA（カリフォルニア大学ロサンゼルス校）に留学し、少し時間を置いて次にスイスはチューリヒのユング研究所で学び、分析家の資格を取得した。その間、アメリカにおいても、スイスでも、大きなカルチャーショックを受けた。

軍国主義下の少年時代には、日本社会の非合理、非論理に腹を立てた河合氏であったが、専門学校で電気を、大学で数学を学んだ結果、西洋近代に誕生した科学的思考法こそが、唯一の正しい学問的方法だと確信するに至った。だから、自分は西洋のことはよく理解できるはずだし、自身西洋化されているとも考えていた。

しかし、アメリカとスイスでの生活体験を通して、河合氏は彼我の違いを嫌というほど味わわなければならなかった。そして、自分はやはり良くも悪くも、日本人であることを考えずにはいられなかった。その結果、彼我の違いの拠って来たるところが何であるのか、深刻に考えさせられることになる。

すでにロサンゼルスにいた頃、自分の分析家であるシュピーゲルマンに〝甘え〟について説明しなければならず、大いに悩んだことがあった。河合氏はそれを、E・ノイマンの言う〝グレートマザー〟を引き合いに出すことによって、何とか説明できたという体験を持っていた（前著、第三章参照）。つまり、日本人の場合には母性原理の方が強く、西洋人では父性原理が優位であるように思われたのであった。

スイスに留学中に、同じノイマンの『意識の起源史』を読んだ河合氏は、西洋における〝近代的自我の確立〟に大きな衝撃を受けた。ノイマン的立場からすれば、日本人は全体として、まだまだ〝自我〟を確立しているとは考えられなかったのである。この点からすれば、日本人は〝遅れている〟と言わざるを得ない。

しかし、若き河合氏は、〝近代的自我の確立〟が人類にとって極めて重要であるにしても、それだけが唯一無二のものとは考えられなかった。ユング研究所での三年間は、ユング派心理療法家の資格を取得するために必要なさまざまな知識を取得するための期間であったが、同時に分析を受けつつ、このような彼我の違いについて思いを巡らす機会でもあった。資格取得論文のテーマに日本神話を選んだことは、河合氏のこうした思索の結果でもあったのである。

そして、その日本神話の研究こそが、河合氏のライフワークであり、資格取得論文の執筆後四十年の熟成を待ってまとめられたのが、『神話と日本人の心』であることは、前著で詳述した。同時に、日本神話を書くのに、河合氏がいかに慎重であったかも。

とは言え、前章で書いたグリムの昔話の分析である『昔話の深層』にしても、スイスから帰国して以来十年後のことであったことも、改めて確認しておく必要がある。つまり、その内容を日本の読者に伝えることが非常に難しいと、河合氏は思い続けていたのだ。同時に、河合氏は、後に『昔話の深層』としてまとめられる連載原稿を執筆しながら、グリムの昔話を素材として語ることに、少なからずひっかかりを感じていた。「自分が日本人であり、日本にたくさんの昔話のあることを知りながら、グリムを素材として書くのは、何と言っても不自然だと思ったが、他方、「ユング心理学」の考えによって昔話を論じるなら、グリムの方がはるかに使いやすいのも事実である。したがって、まず第一歩としては、理解しやすい形で、グリムを使って書こう、そして、つぎは日本の昔話に挑戦しようと考えたのである」（『河合隼雄著作集』第8巻、『日本人の心』序説「国際化の時代と日本人の心」、岩波書店、一九九四年）。

河合氏がこのように考えていた一方、私は『昔話の深層』を読んで、「今度は日本の昔話の研究だと思い、氏に提案したところ、すぐ同意してもらうことができた。氏にとって、ユング研究所の卒業論文（?）が日本神話についての分析だったので、いずれ神話に本格的に取り組むにしても、その前段階として、よく知られた昔話を対象にすることは十二分に意味があることだろう、とかってに推測したわけである」（拙著『理想の出版を求めて――一編集者の回想1963‐2003』、トランスビュー、二〇〇六年）。

『昔話の深層』の刊行後、日本の昔話について一本をまとめるために、河合氏は着々と足場を固めてきた。「ところが、いざ、日本の昔話について書こうとすると、仕事は容易ではなく、相当な年月を必要とした。ずっと考え続けながら、『昔話と日本人の心』を出版したのは、前著の出版後五年経過した後であった。この間は、なかなか考えがまとまらずに苦労した。グリムで行ったことを日本の昔話に当てはめるなどというのとは、まったく異なる困難さを体験した」(「国際化の時代と日本人の心」)。

そこには、次に述べるような本質的な困難さがあったのである。河合氏の述懐を聞いてみよう(同)。

日本の昔話を何度も読み返しているうちに、私は単に日本の昔話について考えているというのではなく、西洋近代の自我と異なる路線が存在することを明らかにする、という仕事をしようとしているのに気がついた。これは難しいはずである。西洋近代の自我は、「論文」を書くための強力な武器である。概念を明確に規定し、その概念相互間の関係を明らかにして論理的に整合する体系を提示することに努力を続けてきた。したがって、日本人でも「論文」を書くときは、借りものの西洋の「自我」のはたらきに頼ることになる。私は何とかして、それと異なることをしたいのだ。しかし、西洋流の自我と異なる自我について、筋をとおしたり、矛盾を排除したりして書けるだろうか。

思えば幕末・明治維新以来、西洋に追いつき追い越せという合言葉の下に、日本人は西洋の文明と思想の吸収に努めてきた。時折り、漱石のように、そうした趨勢に疑義を呈する知識人が出てこないわけではなかった。あるいは、〝和魂洋才〟という方法で、その矛盾を糊塗しようという試みがなされた。

しかし、右の引用に見たような、深い次元での西洋との対し方が、かつて為されたことがあっただろうか。それは、換言すれば、借りものの西洋流の自我ではなく、日本独自の自我のありようを探ることに他ならない。それが本質的な困難を伴うことは、容易に見てとれることだ。にもかかわらず河合氏は、この困難に敢然と立ち向かったのである。

そして、河合氏のこの困難な挑戦にとって、大胆な展開の契機となったのが、〝女性の意識〟についての新たな認識であった。以下、河合氏がどのような過程においてそれを発見するようになったのか、『昔話と日本人の心』に即して、具体的に見ていくことにしよう。

## 2　あわれの感情

『昔話と日本人の心』は、一九八二年二月に岩波書店から刊行された。単行本は二〇〇八年までに三十四刷と版を重ね、その後は岩波現代文庫として読み継がれている（現在十刷）ので、世代を越えて相当多くの読者に迎えられたことになる。

第1章「見るなの座敷」は、「うぐいすの里」という民話の分析である。主人公の若い樵夫《きこり》は、野中の森で、今まで見たことのない立派な館を見つけた。そこで主人公は、美しい女性に出会う。

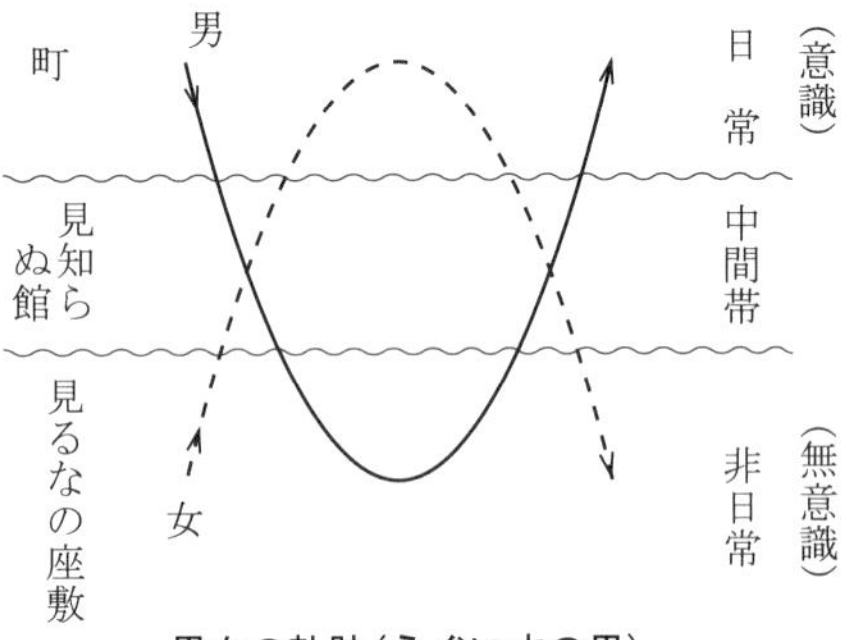


男女の軌跡（うぐいすの里）

女は町へ出かけるので、樵夫に留守を頼んだ。そして外出するに当たって、「つぎの座敷をのぞいてくれるな」（以下、引用は特に断りがない限り、『昔話と日本人の心』による）と言い残す。

一人になった樵夫はつぎの部屋が気になってならない。ついに禁を犯して座敷に侵入してしまう。最初の座敷では三人の美しい娘が掃除をしていた。樵夫は次々とのぞいていく。七番目の座敷には小鳥の巣があって、小さな卵が三つ入っていた。樵夫は卵を手にとって見たが、あやまって落としてしまい、三つとも割れてしまった。それらの卵から小鳥がかえって、「ほほほけきょ」と鳴いて飛んで行ってしまう。

帰ってきた女性はさめざめと泣いて、あなたはわたしとの約束を破り、三人の娘を殺してしまったと言い、「娘が恋しい、ほほほけきょ」と鳴き、鶯になって飛んで行ってしまった。

このように、日常的な空間からやってきた男性が、非日常的な空間で美女と出会うというパターンは、日本のみならず全世界の昔話や伝説に存在している。河合氏は、「うぐいすの里」の類話を十八ばかり表にしている。また西洋の話では、最も有名なものとして「白鳥の湖」をあげることができるであろう。

これらの話が興味深いのは、これらが現実の多層性を示すと同時に、人間の意識の多次元性を示しているからである。「見るなの座敷」は、まさに人間の心の深層構造を表わしているのだ。河合氏はここで「うぐいすの里」の話を、前頁のように図式化する。「日常と非日常の世界の中間帯で出会った男女は、すぐに別れてしまい、女性が町で買い物をしているとき、男性は「見るなの座敷」に侵入している。最後に彼らが再会するときはすでに破局に到っていて、男性も女性もそれぞれもとの日常、非日常の世界へもどってゆく。これは抛物線を描いて運動する二つの彗星のように、二度の瞬時の遭遇の後には、永遠に会うことがない」。

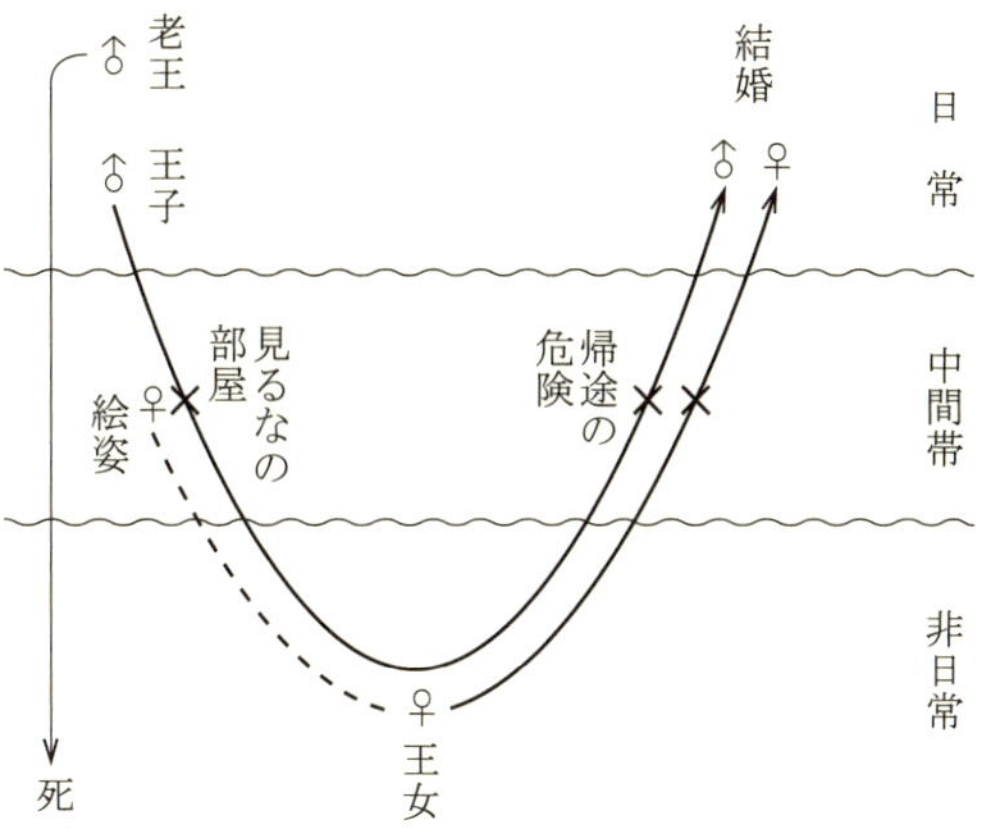


**忠臣ヨハネス**

さて、昔話は世界共通の普遍性と、所属する文化個有の特徴的側面を合わせ持っている。「見るなの座敷」のモチーフは高い普遍性を持っているが、その具体的現われには大きな文化差がある。それを実際に見るために、ここでは第一章で見た「忠臣ヨハネス」（二六頁）を取りあげることにしよう。

「忠臣ヨハネス」も、男性が禁を犯す話である。この昔話を「うぐいすの里」の図式にならって示すと、上の如くになる。

最初は老王と王子だけの、男性原理が支配する世界である。しかし老王の死が迫り、男性原理はゆるぎ始める。王子は父親の禁止を犯し、「見るなの部屋」に入って、「黄金葺《こがね》きの館の王女」の絵を見てしまう。「見るなの部屋」は老王の心理的なジレンマを表わしているが、その点については前に書いた。王子は絵姿に魅せられてしまい、王女に恋心を抱く。そして忠臣ヨハネスの助けによって、多くの困難をのりこえ、王女と結婚することができた。

この話はE・ノイマンの説と完全に合致するものではない。「しかしながら、男性原理の支配する文化における、自我の確立過程を示しているものと考えられる。つまり、……男性の主人公として登場した王子は、自我を象徴しており、父親の禁止を破り、危険を克服して、女性を獲得することになる。このことを、もう少し一般化して文化的に見ると、男性原理が強く支配するヨーロッパ文化圏において、女性性をいかに獲得し、補償するかという動きを示しているものとも考えられる。男性と女性、日常と非日常の統合によって、以前よりは高次の統合が完成するのである」。

このように、西洋の「見るなの座敷」は明確な意味を持っている。ところが、日本の昔話では、美人に会いはしたものの、最後には「すべてを失った無の状態に至る」（マックス・リューティ「日本の昔話にはさまざまの特徴がある」小澤俊夫編『日本人と民話』所収）のである。これは、ノイマン的な観点からすれば、自我確立の極めて低い段階にある話だとか、ウロボロス状態への退行だとか、言うことができるかも知れない。

しかしここで、見方を変えるならば、そこに深い意味を見出すことができる、と河合氏は言う。つまり、わが国の「見るなの座敷」で何が起こったかを問うのではなくて、そこでは何も起こらなかった、と考えてみてはどうか、と言うのである。英語では、Nothing has happened という表現があるが、このように「無」が生じたと考えるのだ。リューティが「無の状態に至る」結果を否定

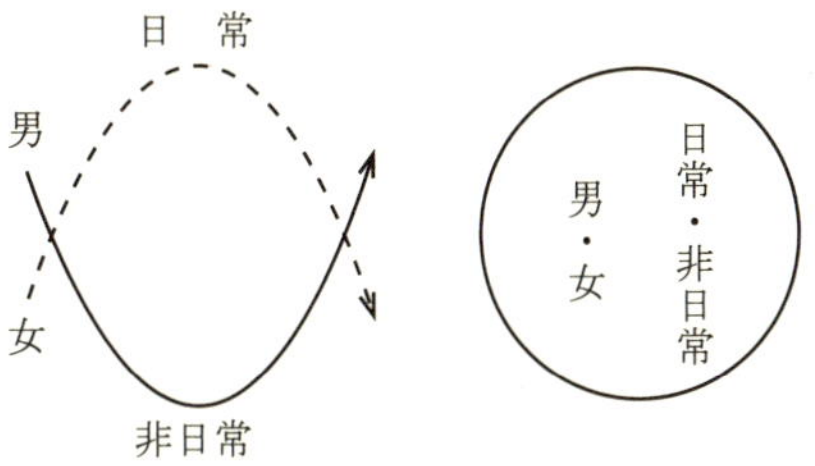


一円相への収斂

的に捉えているのを、肯定的に解釈してみるならば、どうなるか。ここでまた河合氏は、面白い図式化を行なう（左図）。

「無」とは、肯定も否定も超えた存在である。とすれば、六二頁の図に示した二点で交わる二本の放物線は、左図の如く一円相に収斂してくる、と言えないだろうか。それは男・女、日常・非日常などの区別を超えて、一切を包含しているのだ。それは無でもあり、有でもある。

もちろん、このような「無」の直接体験は、言語化し得ない。禅の問答は、このようなことから生じたのだろう。とすれば、昔話もこうした言語化し得ない「無」についてのひとつの解釈として、長い時間をかけてつくられたのではないか。河合氏は言う。「うぐいすの里」の話は、「根源的な無に対する民衆の与えたひとつの解釈なのである」。その「最初のシーンと最後のシーンは不変である。要するに何事も起こらなかったのだ。あるいは、もしそこに運動があったとしても、出発点と終結点は同一地点であり、それがどこの地点でもあり得るという、円周なのである。円の中は空であり無である」。

さてその上で、「うぐいすの里」と「忠臣ヨハネス」を読み比べてみよう。西洋の話は見事な完結性を持っていて、その完結性にわれわれは心を打たれる。それに比して、日本の昔話は完結していない、あるいは何も起こらないように見える。が、もしその話によって聞き手の心に生じる感情を考慮するならば、そこにはじめてひとつの完成をみることになる。「つまり、日本人であるかぎり、黙って消え去ってゆく女性像に対して感じる「あわれ」の感情を抜きにして、この話の全体を論じることはできないのである。西洋の物語は、それのみを対象として分析、解釈し得る完結した構造をもっている。これに対して、日本の物語は、物語のみを対象と考えるならば、それは既に明らかにしたように、分析を拒否する構造をもっているのである」。

この「あわれ」の感情とは、「完結に至る寸前における、プロセスの突然の停止によって引き起こされる美的感情である」。つまり、この美意識が完成するためには、女性は消え去らなければならないのだ。そしてこれが、日本文化の持つ宿命とも言えるものに他ならない。日本の神話・伝説・昔話では、何と多くの消え去っていった女性たちの姿が見られることか。それらの多くの話では、「禁を犯して見る罪よりも、見られることによる恥の方に強調点がおかれている」のである。

さらに、この「あわれ」の美を裏打ちするものとして、「うらみ」の美意識が存在している。あわれは、前述のように、プロセスの突然の停止、そして消え去るものに対して生じる。それに比してうらみは、プロセスの永続を望みかつ消え去ることに対する抵抗として、生じる。「うぐいすの里」でも、消え去っていく女性は、あなたは約束を破り、わたしの三人の娘を殺してしまった、「娘が恋しい、ほほほけきょ」とうらみ言を残す。

このように残された「うらみ」こそ、ある意味では、「わが国の民衆の活力を示している」のではないかと、河合氏は言う。そして次のように続ける。「昔話は民衆の無意識のはたらきをもっともよく顕在させるものとして、うらみをそれほど簡単には消してしまわない。むしろ、われわれはこの消え去った女性が、もう一度力を得て日常の世界に再帰することさえ、昔話のなかでは期待してよいのではなかろうか。そのような女性像こそ、古来からのわが国の文化の在り方に対して、新しい何ものかをもたらそうとするはたらきを象徴するものになると考えられる。従って、これからの本論の展開は、最初にあわれにも消え去っていった女性が、再帰してくる過程を追い求めてゆくことにもなろう」。

その上で、日本の昔話について、「男性の目」ではなく、「女性の目」でみると、全貌が見える、と河合氏は言う。ただし、「男性の目」「女性の目」という明確な二分法も、男性的であり、女性の目からすれば、違った分類の仕方が可能になるかも知れないのだ。また「女性の目」で見るというのは、「日本人の自我は女性像によって示す方が、より適切ではないか」ということでもある。

最後に、河合氏は次のように続けた。「日本の社会制度としての強い父権制は、このような心理的事実にできるかぎり目を閉じさせるはたらきをしてきたように思われる。しかしながら、一般的、公的なものを裏から補償する機能をもつ昔話においては、女性の英雄たちが自由に活躍できたのである。従って、以後に取りあげる昔話には、女性が多く現われることになる。しかしながら、これは今まで述べた点から解るように、女性の心理をこれによって語ろうとするのではなく、男女を通じて日本人全体のことについて語ろうとしているのである」。

## 3 山姥の両面性

第2章は「飯くわぬ女」である。ここでは、「うぐいすの里」のはかなく消え去ってゆく女性像とは対照的な、山姥《やまんば》が取り上げられる。日本全国に分布している山姥の話は、後述するように、詳しく見れば様々な要素を持っている。しかし、人間をも食ってしまう恐ろしい女性であることは共通している。柳田國男の『遠野物語』でも「ヤマハハ」として取り上げられているが、山母、山女、山姫などとも呼ばれる。

『日本昔話大成』では、「食わず女房」として分類されているこの昔話には、類話が極めて多い。「飯くわぬ女」の話を具体的に見ることから始めよう。

主人公の男はいつまでも独身であった。友人が嫁をもらうようにすすめても、「物を食わない嫁があったら、世話してくれ」と答える仕末。ところがこの男のところに、ある日の夕方きれいな女がやってきて、一夜の宿を求めた。男は「うちには食べるものがないよ」と断ったが、女は「わたしはなんにも食べません」と言うので、泊めてやった。女はいろいろ用事をしてくれるので、男はいつまでも留めておくことになる。

こんなにいい女房はないと自慢する男に、親しい友人が忠告した。どこかに出かけるふりをして、天井から女房を見てみろ、と。女は一人になると、飯をたき始めた。女は頭のまん中の口に、にぎり飯を三十三、鯖のあぶったのを三匹入れて、ペロリと食べてしまった。肝をつぶした男は、友人のところへ逃げていき、相談する。とりあえず家に帰った男は、女が頭が痛いと寝ているのを見て、友人を祈禱師に仕たててつれてくる。友人が「何のたたりだあ。三升飯のたたりだあ。鯖三匹のたたりだあ」と言うと、女は飛びかかって頭から食ってしまった。

男が逃げようとすると、女はとらえて子猫のようにぶらさげて頭の上にのせる。そして山の方へ逃げて行く。男は、森の中で、つき出た木の枝にぶらさがって、難を逃れた。よもぎとしょうぶのくさむらに隠れる。戻ってきた女は、よもぎとしょうぶの毒で死んでしまう。

類話では、時に鬼と同一視される山姥であるが、その第一の特性は、何でも食べてしまうという、呑みこむ力の凄まじさである。また類話では、くもに変身する例が相当あるというが、くもも昔話の中では、人を深淵に引きずり込む恐ろしい存在として描かれる。またくもの糸は、織物と結びつく。とすれば、山姥が機織りと関連深いのは当然であろう。機織りと女性性の関係については、前著でも述べた（二九七―二九八頁）。

ところで興味深いのは、類話の中には、山姥を恐ろしいものとしてではなく、時には親切な存在として描いているものもあることだ。例えば「姥皮」では、道に迷った娘が泊めてくれと山姥の家へ行くと、断られるが、それを身につけると老人にも子供にもなるという蓑《みの》をくれた。それで娘は幸福になった、という話である。金太郎伝説でも、金太郎は足柄山の山姥に育てられたことになっている。また折口信夫は「翁の発生」という論稿で、山姥のことを、「最初は、神を抱き守りする役で、其が、後には、其の神の妻ともなるものをいふのです」と述べている。

つまり、山姥は両面性を持っているのである。これは、ノイマンの言う太母《グレートマザー》に似ている。太母の像が、肯定的な側面と否定的な側面を持っていることは、すでに見た通りである。

しかし一般的に、日本の昔話で、山姥が否定的なものとして描かれることが多いのは、なぜだろうか。河合氏は次のように説明する。「これはおそらく、わが国においては、母性というものが極めて大切にされてきたので、それを補償する機能をもっていたのではないかと思われる。子どもを産み育てる母親の尊さは常に子どもに教えられ、母親をないがしろにしたり、非難したりすることはタブーと言ってよいほどのものであったろう。それに対して、昔話の世界では、母性的な呑み込む力というものが、どれほど恐ろしいものであるかが生き生きと語られていたのである」。

これは、太母と食物の関係の密接さを表わすものでもあろう。食物は、それをとる以前には人間にとって全くの他者である。しかし摂取すると、それは自分の一部になる。だから「食物摂取の元型的な様相には、一体化、あるいは、同化などのはたらきがこめられてくる」。

さらに、食物が自らの血や肉に変化することは、一体化や同化と異なり、「変容」のはたらきである。特に母性との関連における変容は、妊娠や出産といったことを考えると、身体性と切っても切れぬ関係を持っている。「飯くわぬ女」の話で、女が頭の毛を「ばらばらほどい」て、「頭のまん中の大きな口の中ににぎり飯やら、あぶった鯖やらどんどん投げこんで」食ってしまったことを考えてみても、「太母を知ろうとする者は、身体性を通じて知ろうとしないと駄目であるし、女性の心の変容には常に身体性がつきまとうのである」。

では、飯を食わぬということには、どんな意味があるのだろうか。それは、思春期拒食症に典型的に見られるように、変容の拒否である。ところが拒食症の人が、ある時に一転して過食になることも、よく知られた事実である。とすれば、「何も食べない女性が、あるときにぎり飯を三三個食べるという話は、非現実的でも笑話でもなく、極めて現実的な悲劇に直結している話であり、広い普遍性をもつ話なのである」。

この恐ろしい山姥に対して、日本人はどのように対処してきたのか。「飯くわぬ女」では、男がよもぎとしょうぶの草むらに逃げ込み、草を投げつけると、「さすがの鬼も毒にかかって死んでしもうたそうです」となっている。しかし類話では、山姥がよもぎとしょうぶに閉口して逃げ去った、という場合が多い。つまり退治するよりも、追い払うことが重要なのだ。わが国で多く見られる、鬼祓い、厄祓いなどが、それに相当すると言えるだろう。悪を根絶するのは難しいが、何とかそれから逃れようとする考え方である。このような考えは、「山姥との和解共存のテーマにも関連するものであるが、ヨーロッパの昔話と比較するとき、やはり日本の昔話の特徴としてあげられるものであろう」。

もちろん、山姥を殺してしまう話もある。類話の中には、山姥がくもになって出てくるのを殺したというものも多い。また、山姥を殺してみると、実は狸だった、むじなだった、蛇だった、というような動物が正体を現わすものもある。「山姥が殺されるときは、太母の否定的な側面が動物で示されるような、相当に本能的な段階へと退行した状態にあるのであろう。あまりにも低い次元にまで退行した母性には、日本人でも許容し難いことを示しているものと思われる」。

「山姥と石餅」という話のモチーフは、山姥に石を食べさせるものだが、その類話には、山姥に石を食べさせたり、焼いた石を投げつけたりして、殺してしまうものが多い。太母的な呑みこむ力の強い存在に、石を食べさせて退治する話と言えば、グリムの「狼と七匹の子山羊」や「赤頭巾」が有名である。いずれも狼が腹の中に石を入れられて、殺される話だ。このように石が用いられるのは、なぜだろう。

それは、石女《うまずめ》との関連からであろう。日本では石女という字自体、石と不妊を結びつけるものだが、西洋でも石は不妊を表わすといわれている。「母性の否定的な面があまりにも強調されると、それは、死の方にのみ片より再生への可能性が消え去ってしまう。それは何も産み出さないのである。生産性を失った太母的存在は、石を腹の中に入れて殺されるわけである」。

一方、日本の昔話では、このように山姥を葬り去ることに対して、ある種の迷いがあることを、確認しておく必要がある。石を食わされた山姥が死ぬときに、正月の餅を石にしてやると言ったので、その家の餅は全部石になってしまったとか、それ以後は祟りを恐れて正月の餅つきは止めた、といった類話は、そうした感情を示している。また、山姥の死による祟りを恐れて、社《やしろ》を建てて産《うぶ》土神《すながみ》として祭るという類話さえある。これは、いかにも日本的な特徴を示しているといえるだろう。

さらに興味深いのは、「山姥の仲人」すら存在することだ。新潟県古志郡で採集された「鬼婆さの仲人」という話を見てみよう。婆さんとあんにゃが居たが、貧乏なので嫁が来ない。ある晩に、どこかの婆さんが入ってきて、あんにゃに嫁を世話してやる、と言って去った。ある夜、大きな音がして何か落ちてきたようなので見に行くと、家の前に籠があり、中にはお姫様が倒れている。介抱していると、自分は大坂の鴻池《こうのいけ》の娘で、嫁にいく途中さらわれたと言った。あくる晩に例の婆さんが現われ、自分が仲人をしてお前を嫁にしたのだから、逃げれば食べてしまうと言う。仕方なく姫はこの家の嫁になる。

一方、大坂の鴻池では大さわぎになって、番頭が娘をさがしに出る。ついに番頭は娘を探し当てた。しかし娘は、ここのあんにゃがいいと言うので、その通りに報告する。両親は、それなら越後で暮らすといい、家も倉も建ててやろうと言い、娘は安楽に暮らすことになった。

理由の分からぬ山姥の仲人、誘拐されたのにもかかわらず〝ここのあんにゃがいい〟と言う娘、あっさりとそれを認めてしまう両親――このいかにも日本的な昔話について、河合氏は次のように書く。

これがヨーロッパの昔話であれば、たとい結末は幸福になるにしろ、それまでに一仕事も二仕事もしなくてはならないであろう。物語の山場を盛りあげる葛藤が存在せず、無葛藤の調和的解決が生じるところに、日本の昔話らしさがあるように思われる。葛藤の存在は意識化の前提である。葛藤を解釈しようとして、われわれは無意識的な内容に直面し、それを意識化することになる。葛藤を経過しない解決は、意識・無意識の区別があいまいなままで、全体として調和した状態にあることを示している。このように考えると、これは前章に述べた「無」の状態のやや安定した様相を描いているとも考えられる。二人の若者の幸福な結婚が語られているが、これはノイマンが自我発達の最終段階として記述している結婚とは、次元を異にするものである。

さて、このように山姥の両面性を知るにつけ、「飯くわぬ女」に登場する山姥は男を食うためだけに、美しい娘に化けてやってきたと考えるのが妥当なのだろうか。馬場あき子氏は『鬼の研究』（三一書房、一九七一年）の中で、「おそらくは人との交わりを求めて飯をくわぬという苛酷な条件に堪えて嫁いで来たのではなかろうか。頭頂に口があったという荒唐無稽な発想は、民話的ニュアンスのなかで、山母が常人との交わりの叶わぬ世界の人であることをにおわせたものであろう。むしろ山母が常人との交わりを求めるためにはたした努力のあとが語られていて哀れである」と書いている。

ここで河合氏は、連想の輪をさらに広げる。つまり、「この世とのつながりを求めようとした「うぐいすの里」の女は、樵夫に「見るなの座敷」を見られることによって、あの世へと立ち去っていった。それでも「常人との交わり」への望みを棄て切れぬ彼女は、飯を食わぬという条件に堪えてでも、この世とのつながりをもとうとしてやってきた。しかしながら、男性の「のぞき見」によって、彼女はこの世の人でないことを見破られてしまった。「うぐいすの里」以来の彼女の怨念は頂点に達した。再度にわたる危害――見られることは彼女にとって最大の傷である――を受け、彼女は相手を食い殺すより仕方なくなる。しかしながら、常人の知恵に負けて彼女は再びこの世から立ち去らねばならなかった」。

ここでも連想の輪の行きつくところ、話はあわれの感情へと収斂していくのである。

## 4　鬼の笑いとは何だったのか

第3章は「鬼が笑う」である。まず、この昔話の内容を見ることから始めよう。

しんしょ（＝身上）のよい旦那の一人娘が、遠くの村へ嫁入りすることになった。ところが途中、突然黒い雲が降りてきて、花嫁をさらって行ってしまう。母親は気も狂わんばかりに、野や山を探し回った。日が暮れて、小さなお堂に行きあう。そこには庵女（尼）さまがいて、中に入れてくれた。そして母親に次のように言った。〃あなたの探している娘さんは、川向こうの鬼屋敷にさらわれてきている。川にはおお犬とこま犬が番をしている。しかし、昼のうちは居眠りしているので、そのすきに渡れないこともない。橋はそろばん橋といって、珠《たま》がたくさんついているので、それを踏まないように。踏みはずすと、あなたの生まれ里へ落ちてしまうから〃。

翌朝目覚めた母親は、一面の葭野《よしの》が原の中にいて、お堂もなければ庵女さまもいない。一本の石塔があるばかり。庵女さまに教えられた通りに川に来ると、おお犬とこま犬が居眠りしている。橋の珠を踏まないように川を渡った。すると聞き覚えのある機の音がする。そこで母と娘は出会い、大喜びする。

娘は母親に夕飯を食べさせ、母親を石の櫃《ひつ》にかくした。鬼が帰って来て、人間くさいという。そして庭の花を見に行く。その不思議な花は、家の中にいる人間の数だけ咲くのだ。今日は三つ咲いている。鬼は娘を問いつめる。困った娘は、ふと思いついて、私が妊娠したので花が三つになったのだろう、と答えた。鬼は大喜びで、〝酒を持ってこい、太鼓を持ってこい、川の番犬を殺してしまえ〟と大騒ぎ。

やがて鬼たちは酔いつぶれた。大将の鬼が〝ねむくなったので木の櫃へ案内しろ〟と娘に言うので、娘は鬼を木の櫃に入れて、七枚の蓋をして鍵をかけてしまう。娘は母親をつれ出し、乗り物のある蔵の前で何に乗って逃げようか相談していると、そこに庵女さまが出てきて、舟に乗って逃げるのがよいと言った。

木の櫃に寝ていた鬼は七枚の蓋をうち破って出てきて、娘がいないので、家来たちをたたき起こした。乗り物蔵へ行くと舟がない。川に出てみると、母子の舟はもうはるか遠く。鬼は家来どもに〝川の水を呑みほしてしまえ〟と命令する。鬼たちががぶがぶと水を呑み始めると、みるみる川の水は減って、舟は逆戻りしてくる。母子はもうこれまでと思っていると、そこにまた庵女さまが現われて、〝お前さんたち、早く大事なところを鬼に見せてやりなさい〟といい、自ら着物のすそをまくった。

それを見た鬼どもは、げらげら笑って、その拍子に呑んだ水を全部はき出してしまった。それで舟は鬼から遠く離れ、母子は助かった。庵女さまにお礼を言うと、〝私は野中の石塔だが、毎年石塔を一本立ててほしい〟と答え、消えてしまった。母子は以後、いつまでも毎年一本、石塔を立てた。

この話では、聟のことが出てこない。最初から母＝娘の軸を中心に回転している。庵女さまは、母を超えた母とでもいうべき存在である。また、この話でも女性が機を織っている。女性―機―山姥の結びつきについては、すでに見た通り。鬼は男性であるが、川の水を呑み込んでしまうほどの凄い呑みこむ力を持っている。それは母なるものの属性を思わしめる。ちなみに、『日本昔話大成』がこの話の西洋の類話としているのは、「ヘンゼルとグレーテル」であり、この話の鬼に対応するのは魔女であった。「つまり、西洋の昔話では女性として出現してきているような存在が、ここでは男性として出現しているのである」。

庵女さまは、ここぞという大切な時に出現し、母と娘を救ってくれる。鬼たちが川の水を呑みほそうとした時に、庵女さまが母と娘に指示したのは、思いもかけぬことであった。「早よ大事なところを鬼に見せてやりなさい」と言って、庵女さま自身も着物のすそをまくったのだ。

多くの類話では、性器を露出するのではなく、滑稽な仕ぐさをする場合、例えば尻をまくってへらで叩く、といったものが多いようだ。屁をひる、というのもある。

鬼にさらわれた娘は、庵女さまの助けで救い出される。類話の中には、娘の救出の際に鬼を殺してしまうものもあるが、多くは殺すことはないようだ。つまり、鬼はあちらの世界、人間はこちらという「棲み分け」が行なわれ、平衡状態が回復されて、話は終わるのである。しかし時に、その「棲み分け」を破るかの如く、さらわれた女が、鬼との間にできた子どもを生む場合がある。その子は、「片子」とか「片」、あるいは「小綱」とか呼ばれる。この鬼と人との間の子は、人間に対して好意的で、庵女さまのように人間の救出に尽力する。

ところが、「その後の話の展開が印象的で、子どもは半鬼半人の存在であるため、人間世界におれず、消え去ったり、人間界では暮らせないので父のところに帰ったり、人が食べたくなってきた

| | 日本昔話 | 日本神話 | ギリシア神話 |
|---|---|---|---|
| 侵入者 | 鬼 | スサノオ(馬) | ハーデース<br>ポセイドーン(馬) |
| 侵される者 | 娘 | アマテラス<br>ワカヒルメ | ペルセポネー(娘)<br>デーメーテール(母) |
| 探しだす人 | 母 | 神々 | デーメーテール(母) |
| 笑わせる人<br>(性器の露出) | 母・娘・庵女 | アメノウズメ | バウボー(イアムベー) |
| 笑う人 | 鬼の家来ども | 神々 | デーメーテール |

**日本の昔話・日本神話・ギリシア神話の比較**

ので頼んで殺してもらったりする。小綱の場合は成長して人間が食いたくなり、小屋をつくって入り自ら焼け死んでいる。これらのことは、因果応報の考えからすると、不可解なことである。人間を救った子どもが後に不幸になるのである」。そして続けて河合氏は次のように書いた。「これをいかに解釈するかはなかなか難しい問題であるが、後に取りあげて論じることにしよう」。

女性性器の露出と言えば、誰でも日本神話の天《あま》の石屋戸《いわやと》のエピソードを思い出すであろう。若き河合氏がユング研究所の資格取得論文でこの問題を論じていることは、前著で見た。さらに河合氏は、ギリシアのデーメーテール神話との類似性についても述べるのだが、ここでは省略し、結論的な文章だけを引いておくことにしよう。それは以下の通りである。「ギリシア神話と日本神話――従って、われわれの昔話――との類似は、単にひとつのモチーフの共通性ということではなく、実はその根本的な構造において一致点をもっている。それは、男性神の暴行によって、大女神が怒って身を隠し、そのため世界は実りを失って困りはてるが、神々がさまざまの手段によって大女神の心を和らげ、それによって世界の状態が正常に復す、という根本構造において一致するのである」。

すでに、この根本構造の一致については、前著の第五章でも述べているので、詳細は省略することにする。ただ、このテーマに関わって、河合氏がここで、日本の昔話、神話、それとギリシア神話の違いを表にしているので、それを掲げておきたい（前頁）。

この表を見ていると、様々なことを考えさせられる。まず、侵入者として、いずれも男性があげられている。とりわけスサノオ（ヲ）とハーデース＝ポセイドーンの類似がある。そして両者ともそこに馬が介在しているのは興味深い。次に、昔話の母＝娘関係とギリシア神話のペルセポネー＝デーメーテールの関係は極めて近い、ということがある。ノイマンはこのような母＝娘関係を原初的関係と呼ぶが、それはむしろ、一体性と言った方が妥当かも知れない。そしてこの母＝娘結合を破るものとして、右の男性たちが侵入者として立ち現われるのである。とは言え、三者とも母性的な要素を持っている。鬼はその呑みこむ力の凄まじさにおいて、スサノオはアマテラスとの深い結びつきにおいて。ハーデースはもともと地底の国の王であり、土は母なるものの象徴である。つまり、「母＝娘結合を破るものは、ハーデース、スサノオ、鬼いずれも共通して、父性と母性の両方をプリミティヴな形で共にもちつつも、なお、父性の方に重点がおかれている存在」なのだ。

この昔話に出てくる鬼は、すでに見たウロボロス的な父性の体現者と言えるだろう。「それは父性というものの背後に存在する母性を常に感じさせるものである」。そして、ウロボロス的父性の侵入によって分離された母と娘は、すぐに元の状態に戻ろうとする。ある意味では、「男性の侵入を無に帰する」働きと言うことも可能だ。実際、この昔話で、鬼は鬼たちの、女は女たちの世界に立ち返り、あたかも何事も生じなかったかの如くである。本章第1節で見た「無に帰るはたらき」

の強さを思わずにはいられない。

さて、最後に鬼の笑いについて。河合氏の、笑いの本質に関する議論については、すでに前著で触れているが、ここでは柳田國男の論稿「笑の文学の起源」における次の言葉を紹介しておこう。「笑は一つの攻撃方法である。人を相手とした或積極的の行為（手は使はぬが）である。寧ろ追撃方法と名づけた方が当つて居るかも知れぬ。弱くて既に不利な地位に在る者になほ働きかけるもので、言はば勝ちかかつた者の特権である」。「鬼が笑う」という昔話では、鬼の人間に対する優越は明白である。にもかかわらず、女たちの性器の露出によって、鬼たちは笑い転げ、優者と劣者の地位は逆転してしまう。

とするならば、この「鬼の笑い」とは何だったのか。『地獄草子』の、人間たちを痛めつけながらの哄笑とも、西洋の物語における悪魔の高笑いとも違っている。むしろそれは、神の笑いに通じるものではないか。河合氏はここで、先の表にあるギリシア神話のデーメーテールの笑いを分析するのであるが、それは省略し、日本神話の天の岩屋戸の話についての興味深い発言を聞いておくことにしよう。

> 天の岩戸の前で笑ったのは神々であったが、彼らがどうして笑っているのかといぶかしがるアマテラスに対して、「汝命《いましみこと》に益《ま》して貴き神坐《いま》す。故《かれ》、歓喜《よろこ》び咲《わら》ひ楽《あそ》ぶぞ」と答えているのは極めて示唆的である。象徴的に言えば、神々は「笑わぬ神」が「笑う神」に変化したこと、より「笑う神」の方が「益《ま》して貴き神」であることを述べていると考えられるのである。つまり、

笑わぬ最高神としての女神は、笑うことによって神々の側に、もっと極論すれば人間の側に近よってくることによって、より貴き神に変化するという逆説がここに含まれているのである。

それはまさに、高橋英夫氏の言う「笑いは存在の人間化である」（「神の笑いについて」、『起源からの光—神話・中世・現代—』、小沢書店、一九八五年、所収）ことに他ならない。そして笑いは「開け」と関係していることも、これまで見てきたところから明らかであろう。神と人との差が絶対的であるユダヤ＝キリスト教の場合と異なり、ギリシアや日本では最高神といえども、他の神々といわば水平的な関係を保つ。つまり「日本の鬼（神）の笑いは水平方向の「開け」を示すのである」。さらに河合氏は、ギリシアの最高神が男性であり、日本のそれが女性であることを確かめつつ、次のように言うのである。「このため、ギリシアではゼウスという最高神の存在のもとにおいて、デーメーテール＝ペルセポネーの母＝娘結合の世界に対する「開示」というよりは侵襲ともいうべき事象が生じ、デーメーテールの笑いは、その「開け」を受け容れるものとして生じたのであるが、日本においては、そのような過程を、最高神のアマテラス自身が体験しなくてはならなかったのである。したがって、相対化のはたらきは日本において著しく、「鬼が笑う」昔話においては、それが極端にまで押しすすめられているのである」。

## 5　きょうだいの結合

第4章は「姉の死」である。ここでは沖永良部島《おきのえらぶ》で採集された「白鳥《しらとり》の姉」という昔話の分析が行なわれる。まず、昔話の論郭を辿ることから始めよう。

さしゅの国の殿さまが、女の子（玉のちゅ）一人、男の子（かにはる）一人が生まれたところで、奥方を失ってしまった。奥方の死後十年経って、殿さまは後妻をもらう。後妻は娘を一人つれて嫁入りした。そのうちに、玉のちゅが、さがの殿さまの嫁にもらわれることになる。継母は明日が嫁入りという日に、大鍋にわかした湯の中に玉のちゅを投げこんで殺してしまう。

継母は自分の娘かなを玉のちゅの身替わりに仕立て、かにはるを従者として、さがの殿さまのところに送り込む。かなは翌日から、かにはるを山へ薪を取りに行かせる。彼は玉のちゅの死体を埋めてある杉の山へ行く。姉の屍を埋めたところから姉である白鳥《しらとり》が飛び出してきて、弟をあれこれと助ける。ある晩、殿さまは、姉がつくってくれた衣裳を着たかにはるを見つけて、問いただした結果、事の真相を知ることになる。

かにはると殿さまは、翌日杉の山へ行く。そこで姉の白鳥に会う。殿さまは「人間にもどれぬか」ときいたところ、白鳥は、家に帰って二つの門柱の上に擂鉢《すりばち》を一つずつすえて、その中に水を入れておくように言う。殿さまが白鳥をつかまえようとすると、蠅が三匹手の中に残った。

殿さまは家に帰って、門柱の上に擂鉢をすえた。そこへ白い鳥が飛んできて、擂鉢の水をつかって飛び出し、庭の築山《つきやま》に行った。殿さまがそこへ行ってみると、信じがたいほどの美女が立っていた。

悪い妻（かな）は殿さまに斬り殺される。母親は自分の娘の首を土産にもらって帰ったが、途中で気づき、驚きのあまり死んでしまった。

殿さまは、改めて玉のちゅと祝言をあげた。かにはると共に三人でさしゅの殿さまを見舞いに行くと、父は皆が無事なので喜び、病気も治った。「かにはるもまもなくよい妻を迎えて親を安心させ、姉弟たがいに助けあい、いまがいままでよい暮しをしているそうであります」。

この昔話では、珍しく「結婚」や「救済」が語られている。その点で、また類話も少ないので、わが国本来のものではなく、伝播によるのではないかとの説もある。しかし、この話にみられる姉の甲斐甲斐しさやあわれさは、日本的な印象を強く与える。彼女の姿に、「安寿と厨子王」の安寿を重ねることも、可能であろう。

奥方を失ってから十年後に、殿さまは後妻をもらう。後妻は連れ子を伴ってくる。これは多くの昔話のおなじみのパターンである。母は継子につらくあたり、自分の子を大切にする。このパターンはシンデレラの話で有名だが、グリム童話の「ヘンゼルとグレーテル」や「白雪姫」も同じであり、すでに『昔話の深層』で見た。継母も類話では実母であることもあり、それは母なるものの二面性を表わしている。

その二面性のうち、通常は肯定的な側面が母性の本質と考えられる傾向が強いので、否定的な面は無意識内へ追い込まれてしまう。その結果、「社会によって一般に承認される意識的な見方に立つと、母親は絶対に肯定的なものとされ、その否定的な面は、もっぱら継母というイメージに集約されるのである。このため、昔話に出てくる継母は実際のそれよりも、はるかに悪いイメージを背負わされることになる」。

前章で見たように、母＝娘結合の一体性を破るためには、強力な男性の侵入が必要であった。ところが、継母＝娘の関係では、その結合は以前の如く一体ではなく、娘は母親の否定的な面を意識しているのだ。それは人間が他との一体性を破り自立しようとする時に、まず相手の否定面を意識する必要があるからである。思春期の多くの女性が、母親に対して急に批判的になったり、時には嫌ったりする現象も、このことに起因している。このような過程を経て、女性は母親から自立することが可能になる。

この話で特徴的なのは、娘の結婚話が生じるまで、継母による娘の迫害が全く語られていないことだ。シンデレラの場合に典型的に見られるように、継母＝継娘の関係では、継母による迫害が必ず語られる。ところが「白鳥の姉」では、結婚の取り決めまでは実にすんなりと話が進んでしまう。これは、この話の主眼点が、その後に語られる姉と弟の関係にあるからであろう。「従って、この話に結婚は生じるが、物語の焦点は男性と女性の結合ではなく、姉と弟との結合におかれている」。それは話の結末が、結婚生活が幸福であったというのではなく、「姉弟たがいに助けあい、いままでよい暮しをしているそうであります」となっていることからも明らかである。

ところが、結婚式の直前になって、継母は継娘を大鍋にわかした湯の中に投じて殺してしまう。類話でも大釜とか風呂とか、要するに大きな容器に投げこまれて死ぬ。「これはおそらく、女性の成女式においては大切なこととされる胎内復帰を示しているものと思われる。娘の殺され方が、その他の方法ではなく、大きい器にいれられる方法である点が、それを裏づけている。女性は乙女から妻へと変化するとき、死の体験をしなくてはならない」。

継母に言われるままに、かにはるは義姉の婚家にまでついて行く。しかも、姉の殺害に対して抗弁しないだけでなく、そのような継母の非道を他の人に知らせることもない。かにはるの受動性は、この話を日本的な特徴を持つものにしている。つまり、ヨーロッパの物語に比して、日本の昔話では、姉＝弟の結合について語られることが多いのだ。考えてみるならば、「このような受動的な男性性、他人の言いなりに動く男性像を通じてこそ、姉のちゅは夫としての殿様との絆を深めることができた」のであった。

殿さまが真相を知った後、日本の昔話では珍しい〝救済〟のモチーフが生じる。とはいえ、さわるなという姉の要請に反して殿さまがさわると、「蠅が三匹ばかり手の中に残」ることになる。本来、ここでこの話は終わっていたのかも知れない。

しかしこの後、日本の昔話にはほとんど見られぬハッピー・エンドを迎える。姉である白鳥が、播鉢の水をあびて救済されるのは、水中への浸礼を意味し、これは先の大鍋の湯に投げこまれることと対応している。それらは、イニシエーションの儀式における死と再生を表わすものであろう。再生した女性は、改めて殿さまと結婚することになる。悪い妻は殺され、その母親も死ぬ。主人公の玉のちゅは、ここに至って母＝娘結合の心性と完全に訣別し、弟を通して関係を得た男性と、めでたく結ばれた。めでたし、めでたしであるが、それで終わらず、結末では姉弟の幸せが語られるのである。

ここできょうだいの結合の意味を考えてみよう。その前に親子関係について考える必要があるが、原初の時代には、父と子の関係は血の関係としては意識されなかったであろう。それ故、母＝娘結合こそ原初の血による関係として存在するのだ。そしてその次に、きょうだいの関係、とくに異性のきょうだいの関係が問題となる。血による結合に対して、性による結合として、結婚というものが存在する。先に見たように、ヨーロッパ型の自我確立の過程は、母子一体の結合状態を脱して、異性との結合関係を確立しようとするものであった。それは、血の関係から性の関係へというより、契約関係への移行であったとも言える。

ところで、きょうだい関係は、血の関係と性の関係の中間に位するものである。そこできょうだい婚という形態については、一方で中間段階を示すものだという見方と、他方で血と性の両方の関係をもつ、極めて強度な結合であるという見方が可能になってくる。ちなみに、後者の例として古代エジプトの場合をあげることができる。王と王妃はきょうだいでなければならなかった。それは聖なる結婚を意味した。

とすれば、世界の神話に見られる数多くのきょうだい婚の話は、右に述べた二つの観点から説明することができるはずである。それは、世界のはじまりにふさわしい聖なる結合として生じるときもあるし、母＝娘一体の結合に男性的なものが侵入して、父性的な文化ができるその中間の物語として生じることもあるのだ。日本神話におけるイザナキ、イザナミのきょうだい婚は、世界のはじまりとしての意味が強い。それに対して、アマテラス、スサノヲのきょうだい婚は、母＝娘結合の段階を超えようとする意味が強い。
柳田國男がその著『妹《いも》の力』において、太古以来日本では、姉妹（あるいは女性一般）が霊的な力を持ち重要な役割を果たしたことを述べているのは、周知のことである。柳田は、沖縄のオナリ神、アイヌ神話の兄と妹という一組の神の重要性を指摘した。この柳田の指摘はわが国における事例に関してであるが、女性の持つ重要な役割は世界中で見られ、それらは姉妹の登場する数多くの昔話にも反映されている。

姉妹が兄弟にとって救済者になる例も多い。また妹が活躍する話、姉が活躍する話もそれぞれ数多く見られる。河合氏はその例をいくつもあげているが、ここでは省略し、その例を通して得られた次のような結論だけを引用しておこう。「妹がそのような力をもち、兄妹の絆が強すぎるときは、前に母＝娘結合を論じたのと同様に、人間の心の発達は兄＝妹結合の段階に固着してしまう。母＝娘結合を破るために、強烈な男性の侵入を必要としたように、この結合を破るためには、兄にとっては他の女性が、妹にとっては他の男性が、兄妹以上の魅力をそなえたものとして立ち現われねばならない。兄妹関係は、血のつながりから性のつながりへの移行段階であると述べたが、血の結合を破るに値する魅力ある異性——それは昔話の話法で言えば、魔法の力を身につけた異性ということになるが——が出現することによって、それはより高い段階へと発展するのである」。

ここで河合氏は、兄妹関係が異性関係へと発展する典型的な昔話として、ユングが「転移の心理学」（"Psychology of the Transference", in The Practice of Psychotherapy, C. W. of C. G. Jung vol. 16）でとり上げている、ロシアの昔話を紹介する。それは「ダニラ・ゴボリラ王子」である。

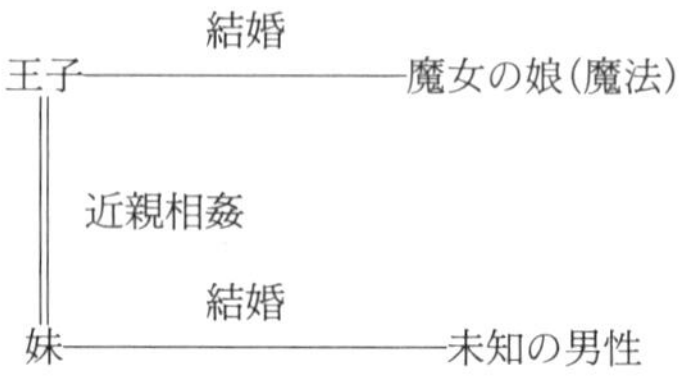

ロシアの昔話の人間関係

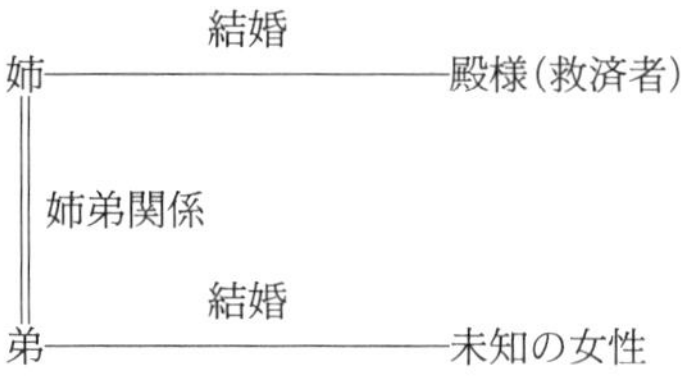

「白鳥の姉」の人間関係

河合氏の要約は以下の通り。「ある一人の王子が魔女から魔法の指輪を授かった。その指輪がぴったりと指にはまる女性と結婚するときにのみその指輪は力を発揮するという。王子は多くの女性に指輪をこころみさせたが誰にもぴったりしなかった。ところが、彼の妹の指にそれが完全におさまることを知り、彼は妹に求婚した。妹はそれを罪深いことと思い悩んだが、そこに現われた乞食の助言によって、四つの人形をつくり、寝室の四隅においた。兄弟が結婚式の後で寝室にくると、人形の魔力によって地面が裂け、妹は地下のババ・ヤガー（ロシアの魔女）の小屋へとおちていった。ババ・ヤガーの娘の助けによって、妹はそこを逃れ、二人で兄の王子のところに戻ってきた。ところが、ババ・ヤガーの娘の指に指輪がぴったりとおさまったので、王子は彼女と結婚し、妹にはふさわしい男性を見つけて結婚させた」。

　ユングは、この話の構造を上右図の如く図式化した。これにならって、「白鳥の姉」の話を図式化すると、左図のようになる。物語の最初にきょうだい関係があって、最後に二組の結婚が生じることでは、両者は類似している。しかし、ロシアの方では王子という男性を中心に話が展開するのに対して、日本昔話では白鳥の姉という女性が中心である。近親相姦について、ロシアの方では明白に語られているが、日本の場合には潜在的だ。

近親相姦の解消に関しても、ロシアは明白だが、日本の方はあいまいで結末まで持ちこされる。

ロシアの話では、妹は受動的だが、日本の場合、姉としてむしろ中心的な存在である。このように、「西洋の物語では、妹が大きい役割を演じることが多く、姉の登場する物語が極端に少ないのに対して、われわれの昔話では、姉が重要な位置を占めている」のである。

## 6　日本人の抱く二つの女性像

第5章は「二つの女性像」である。ここでは、よく知られた「浦島太郎」の多くのヴァリエーションを分析することによって、日本人の抱く二つの女性像を明らかにしていく。河合氏が一九七三年に「浦島と乙姫——分析心理学的考察」を『思想』に発表していることは、すでに述べた（六頁）。それからほぼ十年後に『昔話と日本人の心』が執筆された訳であるが、これから述べることと、「浦島と乙姫」の結論部分「その結果、われわれの知っている童話のように、結婚のテーマが消え失せ、亀の報恩のことが前面に押しだされたりして来たが、なお、この話が多くの子供の心をとらえるのは、アニマ像としての乙姫の存在が大きい意味を持っていると思われる。実際、もともとの話は、アニマ像との突然の遭遇を描き出すことに重点があったと考えられるのである」とを比較する時、扱っている素材と資料はほとんど変わらないのに、日本人の女性像に対する河合氏の分析の深化に感嘆せざるを得ない。

さて、浦島太郎の話には多くのヴァリエーションがあると書いたが、ごく簡単に整理してみよう。

時代的に見ると、奈良時代の『丹後国風土記』『日本書紀』そして『万葉集』にあらわれるのが、最初のものと言われている。続いて平安時代には、『浦嶋子伝記』『水鏡』などに記され、鎌倉時代には『無名抄』『古事談』『宇治拾遺物語』などに見られる。室町時代には御伽草子『浦島太郎』、謡曲『浦島』などが成立し、広く知られるようになる。現在われわれの知っている浦島太郎の話は、この御伽草子が基になっていると言われる。その後江戸時代には、近松門左衛門の『浦島年代記』という作品を含め、いくつものヴァリエーションが誕生した。さらに近・現代文学でも、浦島に材を取った作品は数多いが、ここでは省略する。

浦島の物語についての研究も、国文学はもとより、神話学や伝説の比較研究、民俗学、文化人類学など枚挙にいとまがないほどである。河合氏の研究は、もちろん深層心理学の立場によるものであるが、まず時代的に最も古い文献に出てくる亀と亀姫についての考察から始める。

亀は、ケレーニイの言う如く、「神話学に知られている最も古い動物のひとつである」(ケレーニイ／ユング『神話学入門』杉浦忠夫訳、晶文社、一九七五年)。先にあげた奈良時代の文献には、さまざまな形で、「亀が海、あるいは海底の国に住む女性と関係が深いことが示唆されている」。一方、中国やインドの場合には、亀は世界を支えるものとして、雄大なイメージが語られている。これらのことを考えると、「天と地、父と母、精神と肉体(物質)などの根元的な対立を考えるとき、土、肉体、母などのイメージのコンステレーションを代表するものとして、亀が象徴的な意味をもっていることが解る。あるいは、極言すれば、天地、父母などの分離以前の混沌たる状態を指すものというべきであろう」。

ところで『丹後国風土記』では、このような意味をもつ亀が劇的な変身を遂げるのである。主人公である筒川の嶼子は、三日三晩の間一匹の魚も釣ることができなかった。しかし遂に、一匹の五色の亀を釣りあげる。その亀を船上に置き、しばらく寝ていると、亀はたちまち女に姿を変えた。「容《かたち》美麗しく、更《また》比ふべきものなかりき」。この女性が突然、「賤妾《やつこ》が意《こころ》は、天地《あめつち》と畢《を》へ、日月と極まらむとおもふと、但《ただ》、君は奈何《いか》にか、許不《いなせ》の意《こころ》を早先《すみやか》にせむことを」と言った。つまり、私の心は決まっているが、あなたはどうか、とプロポーズしたのだ。

　こうした亀の変身とプロポーズというテーマは、一般に知られている「浦島太郎」には見られない。その代わりに、亀の報恩という新しいテーマが付加されることになる。亀の報恩のテーマは、浦島の話とは別に存在していて、『日本霊異記』『今昔物語』『宇治拾遺物語』などに見られるという。それらは、細部に違いはあるものの、いずれも殺されかかっている亀を助けてやり、後に亀に救われるといった、動物報恩譚である。これは恐らく、中国あるいはインドにまで起源をさかのぼることのできる仏教説話であったと考えられる。「浦島のもともとの話では、そこに亀の化身としての美女という、新しい要素が生じるのであるが、仏教の影響を受けて、動物報恩のテーマがつけ加わったとき、この大切なテーマが脱落していったのである」。

「浦島太郎」の話の多くは、母親との結びつきの強い男性の退行――例えばこの昔話では息子は四十歳にもなって独身で、母親から未だ分離していない。「永遠の少年《プエル・エテルヌス》」の元型を想起させるものだ――から始まっている。この男性が母親との強い絆を断ち切るためには、母親とは異なる女性に出会わなければならない。「男性像が自我を表わすと考えるとき、それが母親から分離し（象徴的には母親殺しを行い）、新しい女性を獲得することは、西洋的な自我確立の過程において極めて重要なことである」。

しかし『風土記』の浦島の場合には、いかなる意味においても母親殺しを象徴することがない。のみならず、突然に亀は美女に変身し、彼女の方からプロポーズをするのだ。それに対して浦島の方も、相手が何物かも分からないのに、それを受け入れてしまう。換言すれば、主人公の男性は、西洋の物語のように英雄的な戦いによって女性を得たのではなく、むしろ女性に虜《とりこ》にされてしまったようにすら見える。このような男性の受動的な態度は、「飯くわぬ女」に出てくる男性を想起させる。この場合も、女性の方からプロポーズがなされたのであった。とすれば、「亀比売《かめひめ》」は、美しくはあるが、その本質において極めて太母的な要素が強いことが理解されるのである。浦島はそのような自覚もなく、その世界の中に引きいれられる」。

ところで、『風土記』では、嶼子が亀姫と結婚したと、はっきり書かれている。しかし、一般に知られている「浦島太郎」の話では、浦島と乙姫が結婚することはない。昔話の浦島でも、「乙姫さまやきれいな娘もたくさんいるし、着物を着かえさせてくれる」が、結婚については触れられていない。結婚のテーマはどうしてなくなってしまったのだろう。

浦島の結婚は、平安時代の『浦嶋子伝』などにも見られる。ただし、『風土記』にあった「亀比《かめひ》売《め》」という表現がなくなり、その代わりに仙女あるいは神女という表現が用いられるようになる。すなわち「亀姫の仙女化がすすむにつれ、結婚のテーマが脱落していったと考えられる。つまり、亀で表わされるような女性の肉体性が切りはなされることによって、仙女はますます仙女らしくなり、結婚の対象とは考えられない乙姫像が生じてきたのではないだろうか。そして、いわば亀姫が亀と姫とに分離してしまうことになるのである」。

結婚の対象としては考えられぬ美人の像と言えば、まず浮かんでくるのはかぐや姫のイメージだろう。自らプロポーズした亀姫とは対照的に、かぐや姫は五人の貴人のプロポーズをすべて断って、月の世界へと昇って行く。海底に住む亀姫と、天上にすむかぐや姫。「われわれが一般に知っている乙姫は、亀姫から亀が離別され、かぐや姫化の行われたイメージということができる」。

ということで、河合氏は結論的に次のように言う。「日本人の抱く女性像として特徴的なことは、それが二つの像に分離し、一つは天上にすむ永遠の乙女として、どうしても結婚の対象とはなり得ないものとなり、他の一つは、海中にすむ亀姫として、肉体的な面が強調されるものになってしまうことである。男性と同一平面上に存在し、対等な愛の対象となる女性像を結実させることが、なかなか困難なのである」。

## 7　異類女房譚

第6章「異類の女性」を見てみよう。

昔話のなかに、異類女房譚として分類される話があることについては、すでに第一章第11節で見た。人間以外の、蛇、魚、鳥や狐などの存在が、女性の姿になって現われ、男性と結婚する。日本の昔話では、結婚に至る話が少ないことからすれば、珍しく思われるが、多くの場合、その結婚は破局を迎えることになる。この点で、結婚によってハッピー・エンドとなる西洋の話とは、やはり異なっている。

この異類女房の話は、日本の昔話（例外的に韓国などにも見られるが）に特徴的なものなので、日本人の心のあり方を考えるためには大変重要である。ここでは、木下順二によって「夕鶴」として劇化され、よく知られている「鶴女房」（『日本昔話大成』一一五、以下、大成と略記）を検討することにしよう。

主人公の嘉六は独身で、母と暮らしていた。ある時、蒲団《ふとん》を買いに町へ出かけるが、途中でわなにかかっていた鶴を助けてやる。その翌晩、「目もあてられないような立派な女」が嘉六を訪ねてくる。そして最初は、泊めてほしいと頼む。次に「どうかわたしを、あなたのおかた（妻）にして下さい」と言う。嘉六は女があまりに立派なので断るが、母親のとりなしで嫁にする。

結婚後しばらくして、女は三日ばかり戸棚の中に入り、決して戸を開けないように、と言った。四日目に女は出てきて、自分が戸棚の中で織った反物を二千両で売ってくるように、嘉六に言った。嘉六はその反物をもって殿さまの館に行く。殿さまは、それがあまりに素晴らしいので、「もう一反できんか」とたずねる。妻に聞かなければと答えた嘉六だったが、「いま金を出してやる」と言われて、承知してしまう。

妻は、一週間戸棚に入って反物を織るので、決して見ないように、と頼んだ。一週間目に、心配になった嘉六は、戸棚をあけて見た。一羽の裸の鶴が、自分の羽根を抜いて反物を織り上げるところだった。妻は「体を見られたうえは、愛想もつきたでしょうから、わたしはもうおいとましま

| 『大成』分類 | 女性のプロポーズ | 女性の禁止 | 女性の本性発覚 | 離婚 | 子ども |
|---|---|---|---|---|---|
| 110　蛇女房 | ○ | お産を見るな | ○（のぞき見） | ○ | 一人（目玉を子のために残す） |
| 111　蛙女房 | ○ | × | ○（親元につけてゆく） | ○ | 無 |
| 112　蛤女房 | ○ | × | ○（のぞき見） | ○ | 無 |
| 113A　魚女房 | × | 水浴姿を見るな | ○（のぞき見） | ○ | 三人のうち二人を残す（男が後妻を貰い、子は生き失せする） |
| 113B　魚女房 | ○ | × | ○（のぞき見） | ○ | 無 |
| 115　鶴女房 | ○ | × | ○（親元を問いただす） | ○ | 無 |
| 116A　狐女房（聴耳型） | ○ | お産を見るな、男は禁を守る | ○（女が自ら語る） | ○ | 一人（偉大な人になる） |
| 116B　狐女房（一人女房型） | ○ | × | ○（子どもが見つける） | ○ | 一人（長者になる） |
| 116C　狐女房（二人女房型） | ○ | × | ○（尾を出して見られる） | ○ | 一人（泣かぬ子になる） |

**異類女房譚**

す」と言って、西の方に立ち去っていった。

金持ちになった嘉六は、日本中、別れた鶴を探して歩く。ある時、鶴の羽衣という島から来たという爺さんに連れられて、美しい白浜に着いた。その浜の上にある池の中に、裸の鶴が多くの鶴に囲まれていた。裸の鶴は王さまだったのだ。「嘉六はここでしばらくご馳走をうけて、また爺さんの舟に送られて、帰ってきたということです」。

この話の具体的検討に入る前に、異類女房譚の特徴とでもいうべきものを、『日本昔話大成』にあげられている話を基に考えてみよう。その作業を行なうために、河合氏はまず、上のような表を作製した。

この表を見ると、異類女房譚の中核的

なテーマが浮かび上がってくる。それは、女性の「本性かくし」を前提として、女性からプロポーズをして結婚し、その後女性の本性が発覚して離婚に至る、というテーマである。そしてこの場合、結婚は、西洋の話の場合のように話の終末に行なわれるのではなく、むしろ結婚が話の出発点になっている。

女性の本性が露見した結果、すべての場合で離婚に至る。興味深いのは、ほとんどの話で、本性が露見した以上は別れるより仕方ないと切り出すのが女性であることだ。さらに言うならば、結婚後に機を織ったり、料理を作ったりと仕事をするのも、もっぱら女性である。つまり、結婚、仕事、離婚のすべてにおいて、能動的なのは女性であり、男性はいつも受動的なのである。とすれば、これはまさに女性の物語である、と言ってよいだろう。

それでは異類聟の話ではどうなっているのだろうか。日本の異類聟の話としては、「猿聟入」とか「蛇聟入」などが存在している。これらの話では、もともと動物であったものが人間に姿を変えて結婚するが、異類女房の場合と同じく、幸福な結末にはならない。それに比して、西洋の「美女と野獣」などの話では、もともと人間の男性だったのが魔法によって動物にされていたが、女性の愛によって魔法がとけて人間となり、結婚してハッピー・エンドになる。ただここで、日本の異類婚譚において特徴的なのは、異類聟の方は殺されてしまう場合が多いが、異類女房が殺されることは全くない、ただ立ち去って行く、ということである。

視点を少し変えて考えるならば、殺されてしまうにしろ、立ち去って行くにしろ、日本の異類婚譚では、「人間と動物の隔壁は極めて厳しく守られるのである」。前に見た小澤俊夫氏の『世界の民話』での分析によれば、こうした日本の昔話の特質は、西洋の昔話とイヌイットやパプア・ニューギニアなどの自然民族のそれとの、中間に位するものである。つまり、西洋の場合には、結婚はあくまで人間同士のものであり、動物になっている場合でも、たまたま魔法によってそのように変身させられているだけなのだ。これに対してイヌイットなどの自然民族においては、人間と動物の間の一体感は強く、結婚しても不思議ではない。この二つの見方の中間にあって、日本の場合には、動物と人間が結婚することはあるが、動物であることが発覚したときには、はっきりとけじめがつけられるのである。

このような日本の異類婚の昔話の特徴は、前節で検討した「浦島太郎」の結末においても明白に読み取ることができる。別れた妻を探して日本中歩き廻った嘉六は、一人の爺さんの手引きで鶴の国へ行く。しかし、嘉六はせっかく女房に会ったのに、一緒に暮らすのでもなければ、自分の家に連れ帰ることもしない。「嘉六はここでしばらくご馳走をうけて、また爺さんの舟に送られて帰って来たということです」。恐らく西洋人にとっては理解不可能であろうこの結末も、日本人にとっては明白な意味をもっているのである。つまり、「人間と鶴は一時的に深い関係をもつ、しかし、人間は人間、鶴は鶴の世界におちつき、世界を「棲み分け」て共存することになる。お互いに支配・被支配の関係はない」。

ここで河合氏は、興味深い提言を行なう。それは、異類婚譚における「異類」を、人間に対する「自然」を表わすものとして捉えてみるとどうなるか、というものである。西洋の場合、人と動物の結婚はあり得ないことなので、人と自然は分離している。これに対して、日本の場合は大変微妙

| | 起 | 承 | 転 | 結 |
|---|---|---|---|---|
| 鶴女房 | 女が男を訪ねる | 女性のプロポーズにより結婚 | 女の仕事（男の妨害） | 女の本性が露見し離婚 |
| からす | 男が、からすに会う | からすは自分の本性を告げ、救済を依頼 | 男の仕事（女の援助） | 男の仕事の成就により結婚 |

「鶴女房」と「からす」との対比

である。人と自然は一体のように思われる。ところが、「どこかの時点で、人は自然とは異なるものとして自らを見、自然とは何かを知ろうとする。しかし、自然というものは知られることを嫌うものである。そこで人と自然とは不即不離のあいまいな、全体的な調和のなかに共存することになる」。

　このような二つの文化の違いを、より明確な形で理解するために、河合氏はグリム童話の「からす」と「鶴女房」の比較を試みる。「からす」の筋書きを、まず辿ってみよう。ある王女が、母親の呪いによって「からす」にされてしまう。からすは森に住んでいたが、そこにやってきた一人の男に、もともと自分は王女であったことを告げて、自分を救済してくれるように頼む。男はいろいろと失敗したりもするが、からすは彼を助けて、男は救済の仕事をやりとげる。その愛の証しによって、からすは王女に戻り、二人はめでたく婚礼をあげる。

　この「からす」と日本の「鶴女房」を比較するために、河合氏は上のような表をつくった。この表を見ると二つの話は、「よくこれほどまでに逆の話が作れたものだと思えるくらい著しい対比を示している」。日本の話では、もともと鶴であったものが女として登場するが、西洋の場合には、もともと女性であったものがからすになっている。「鶴女房」では「本性隠し」を前提として結婚が成立するのに対して、「からす」では「本性を明らかにする」ことで、男性の救済を期待する。話のクライマックスをなす仕事について見ると、前者は女の仕事、後者は男の仕事である。結末に至っては、一方が女の本性が露見して離婚という悲劇を迎えるのに対し、他方では結婚というハッピー・エンドで終わる。「からす」の方は、ノイマンの唱える、男性の英雄像を通して示される西洋の自我確立の過程を、この上なく見事にあらわしている。王女は母親の呪いによってからすに変身させられた。ここには母と娘の明白な分離が生じている。「男性の英雄は、呪われた女性を救済するために仕事を達成しなくてはならない。人間が自然と切れる、息子が（娘が）母親と切れる、意識が無意識と切れる、これらはすべて象徴的には同一の事象と言ってよく、偉大な事であり、かつ、呪われた事なのである。かくして、呪いからの救済の仕事を為し遂げるもののみが、真に自立した自我を確立できるのである」。

こうした西洋のモデルに比べた場合、日本ではどうなるのだろうか。すでに本章第1節でも見たことであるが、河合氏は、日本の場合には、「女性像に日本人の自我の姿を見る方が妥当と思われる」として、次のように言う。

「鶴女房」の女性は、自然と切れた存在ではなく、自然とのつながりを保存したままで（そのことを秘めて）、自分の位置を人間界に確立しようとする。つまり、日本人の自我は西洋人のように無意識と切れていないのである。彼女は自らプロポーズし、自ら働いて自分の地位を築いてゆく。しかし、自我というもののパラドックスは、そこに「知る」という行為を出現せしめ、自分も自然の一部であることを「知る」。しかし、その知るはたらきが強くなるとき、自らを自然から切り離さねばならない。そのような、切るはたらきを男性像は示している。彼女はそれに抵抗できず、ただ立ち去ってゆく。つまり、自然に還るより仕方がないのである。

西洋の場合、人と自然との一体感を断ち切った後で、人は前とは異質なものとなった自然の一部を自分に統合すること（母と切れた娘との結婚）によって全体性の回復をはかるのに対して、日本の場合は、人と自然との一体感を一度断ち切りながらも（女の素性を知る）、前とは異質となった自然に還ることによって全体性を回復する。ここに、日本の場合の「自然」も、素朴な人・自然一体感に基づくものではなく、それとは異なる認識を伴っていると考える方が妥当ではないかと思われる。かくて、西洋にしろ日本にしろ、自我を成立せしめる背後に必ず存在する「知る」ことの痛みは、西洋の場合は原罪の意識として記憶され、日本の場合は、あわれの感情として保存されることになり、両者の文化をつくりあげてゆく基調をなすものとなったと思われる。

## 8　東西の「手なし娘」の話

次に第7章「耐える女性」を検討しよう。ここでは「手なし娘」（大成二〇八）を取り上げるのだが、実に興味深いことに、ヨーロッパにもこの話とそっくりの話が存在しているのである。

まず、ボルテとポリーフカによる、ヨーロッパ版「手なし娘」の話型の分類を見ることから始めよう（J. Bolte und G. Polívka, *Anmerkungen zu den Kinder und Hausmärchen der Brüder Grimm*, 5

Bde., Leipzig, 1913–32.)。「それによると、（A）ヒロインが両腕を斬られる。それは、（A$^{1}$）娘が父との結婚を承諾しないため、（A$^{2}$）父親が娘を悪魔に売ったため、（A$^{3}$）父親が娘の祈禱を禁止するため、（A$^{4}$）母親が娘を嫉妬して、（A$^{5}$）小姑がヒロインのことをその兄に中傷したため。（B）王様が彼女を森（庭園、小屋、湖）の中で見出し、不具者にかかわらず妃にする。（C）ヒロインは生まれた子どもと共に、再び追い出される。それは、（C$^{1}$）姑が、（C$^{2}$）父親が、（C$^{3}$）母親が、（C$^{4}$）小姑が、（C$^{5}$）悪魔が、王様からの手紙を偽造したため。（D）ヒロインは森の中で奇跡によって、両手を得る。（E）王様は再び彼女を発見する」。

これがヨーロッパの「手なし娘」の話型の分類であるが、日本の話の場合には、大体（A$^{4}$）（B）（C$^{3}$）（D）（E）の結合によって成り立っている。以下、岩手県稗貫郡において採集された話を見ることにしよう。

かわいい一人娘を持った仲の好い夫婦があった。娘が四歳のときに母が死に、その後に継母が入った。継母は娘が憎くてならず、追い出そうとしたが、うまくいかない。

娘が十五になった時、継母は父親に、あの子とはどうしても一緒に暮らすことができないと訴えた。父はいつも継母のいうことばかりを聞いていたので、娘を追い出す気になる。祭を見に行こう、と娘をさそい出した。いくつも山を越えて、深い山奥に入って行く。昼食のにぎり飯を食べた娘は、くたびれて眠ってしまった。父親はこの時とばかり、娘の両腕を木割りで切り落としてしまう。父は泣き叫ぶ娘を残して立ち去ってしまった。娘は仕方なく草の実や木の実を食べて、生きながらえた。

ある時立派な若者が馬に乗って通りかかり、娘をみつけ、話を聞く。同情した若者は娘を家に連れて帰り、母親に事情を説明して、家に置いてくれるように頼む。やさしい母親は娘の世話をして、自分の本当の娘のようにかわいがった。しばらくして、若者は娘を嫁にしたいと言い、母親も同意し、二人は結婚する。そして娘は身ごもった。

若者は江戸に上ることになり、母親に生まれてくる子どものことを頼んだ。母親は、子どもが生まれたらすぐ早飛脚を立てると約束する。

それから間もなく男の子が生まれた。母と娘は隣の男に頼んで、早飛脚を立てた。その男は山を越え野を越え走ったので、途中でのどがかわき、ある家に立ち寄って、水を飲ませてもらう。ところがその家は、手なし娘の生まれた家だった。継母は男に、どこに行くのかとたずねた。男は「おらが隣の長者どのの手のない娘が、子供をうんだので、江戸にいる若さまのところへ、早じらせを持って行くところだ」としゃべってしまう。

継子がまだ生きていたのかと驚いた継母は、男に酒や肴を出して、酔わせてしまい、文箱の手紙をとり出した。そこには「かわいい男の子が生れた」と書いてある。継母はそれを「鬼とも蛇ともわけのわからない化け物が生れた」と書き直して、文箱に入れた。そして継母は、帰りにも寄るように男に言った。

若者は手紙を見て、たいそう驚いた。しかし「鬼でも蛇でもよいから、私が帰るまで大切に育てて下され」と返事を書く。飛脚はまたふるまい酒にありつこうと、継母の家に寄る。継母は飛脚にたくさん酒を飲ませて眠らせ、「そんな児の顔など見たくもない。手のない娘を見るのもいやになった。子供といっしょに追い出して下さい。それでなかったら、おらは一生家には戻らないで、江戸でくらします」と手紙を書き直してしまう。

飛脚は長者どのの家に帰りついた。しかし手紙には、思いがけないことばかり書いてある。母親は手紙のことを娘には知らせずに、息子が帰ってくるのを待っていた。いつまで待っても帰ってこないので、仕方なく娘に手紙の内容を知らせた。娘は大そう悲しんだが、「この片輪者のわたしにかけて下されたご恩返し一つ出来ないで、出て行」くのは悲しいことだが、若さまの心なら仕方ないと、子どもを負ぶわせてもらって、家を出て行った。

歩くうちに、娘はのどがかわいてきた。流れのほとりで水を飲もうとかがむと、背中の子どもがずり落ちそうになった。びっくりして無い手でおさえようとすると、何と両方の手が生えて、子どもをしっかり抱き留めた。

間もなく若者が帰ってきた。でも娘も子どもも旅に出て、いない。いろいろ聞くと、どうも隣の男があやしい。問いただした結果、継母の家で酒を飲まされたことが分かった。

真相を知った若者は、あちこち探し歩く。流れのほとりのお社のところで、子どもを抱いた女乞食が一心に祈っているのを見つけた。その女乞食は手なし娘だった。二人は大そう喜んで、うれし泣きに泣いた。その涙のこぼれるところに、美しい花が咲いた。三人が帰るみちみち、草にも木にも花が咲いた。「継母と父さまは娘をいじめたとがで、地頭さまに罰せられたということです」。

以上が「手なし娘」の概要である。ここでまず問題になるのは、継母の意味であろう。すでに「白鳥の姉」の話に関して、継母が母性の否定的側面をクローズアップするものであることを明らかにした。多くの類話では母親自身が娘の手を斬り落とす。しかし右に見た話では、父が娘の手を斬るわけで、「娘を死に追いやろうとするときに、もっとも奥底に動いているものは否定的な母性であるが、それを行使するはたらきは「手なし娘」の場合、父性的なものなのである。「切断する」ことは父性の機能である」。

娘は両手を斬られる。「手を切る」とは、正に縁を切ることである。手を斬られ、両親から見棄てられた娘は、外界との関わりを失い、厳しい孤独に追いやられる。母から切れた存在として生きるのは容易なことではない。まして母性の強い日本でそのように生きるのは、二重に大変なことであろう。

このように厳しい孤独の世界に追いやられた娘の前にこそ、日本の昔話では珍しい、「立派な若者が馬に乗って」登場することになる。若者は娘を家に連れて帰り、心やさしい母に会わす。「「母と切れた存在」として生きてきた彼女は、ここで「やさしい母」に出会うのである」。娘は女であるかぎり、母性とまったく切れた存在として生きてはいけない。もし彼女が、「このような母との再会を経験しなかったら、彼女はおそらく死ぬより仕方がなかったであろう」。

幸いに主人公の娘は母性との関係をとり戻し、結婚して子どもまでできる。しかし、幸福は永く続かない。子どもを身ごもった娘は夫に手紙を書いた。けれども継母が再び登場し、その通信は台なしにされる。つまり、ネガティブな母性の介入によって、夫婦間のコミュニケーションが損なわれるのだ。「一度母性を否定し、次に肯定することによって、結婚、出産と経験した女性が、もう一度母性の否定面を経験することにより、異性性との結合を危なくされ」たのである。

主人公は再び、子どもとともに家を出なくてはならなくなる。彼女は一言の抗弁もせずに、「この片輪者のわたしにかけて下されたご恩返し一つ出来ないで」と言って出て行く。「この姿を、黙って立ち去って母なる国へと帰っていった女性たちの姿と比較するならば、女の耐える在り方がより鮮明に浮かびあがってくるであろう。彼女は両親に追われたときよりもはるかに大きい苦悩と孤独を体験しなくてはならない」。

その苦悩の果てに、娘の手が生えてくるのである。「今まで耐えに耐え、ひたすら受動的に行為してきた彼女は、背中の子どもが背からおちそうになったので、思わず無い手でおさえようとする。すなわち、能動的な行為が自然に、もっとも不可能なところに生じ、しかも、それは可能となったのである。彼女は自分の中から生じてきた新しい可能性（子ども）を自らの手で抱きしめることができた。ここで、彼女は自ら母としての深い体験をし、三度目の母性との好ましい関係をもつ。この段階において、彼女はもはや母と切れた存在でもなく、外界と切れた存在でもなくなり、能動的に他にはたらきかけ得る人となったのである」。

夫が彼女を見つけたとき、彼女は「一心に祈っていた」。彼女は、その深い孤独感を抱きながら生きのび、成長するためには、深い宗教性の支えを必要としたのだ。グリムの「手なし娘」を分析したフォン・フランツも、「深い宗教経験のみが女性を窮状から救い出すことができる」（『メルヘンと女性心理』*Das Weibliche im Märchen*, Bonz Verlag, 1977. 秋山さと子・野村美紀子訳、海鳴社、一九七九年）と言っている。この点で、日本の昔話とヨーロッパのそれは共通している。「外とのつながりの貧困さが、内へのつながりを豊かにするのであるし、あるいはまた、もともと内とのつなががりが強い子であったので、外とのつながりがうまくいかなかったのだとも考えられる」。
最後に娘が夫と会い、うれし泣きに泣くと、「その涙のこぼれるところには、うつくしい花が咲」いた。これは彼女の体験した苦しみと悲しみ、そして夫と再会した喜びが、通常の次元をはるかに超える深いものであったことを示している。「今まで、ひたすら内へ内へと向かっていた彼女の感情は、ここに至って、外へと「花咲く」ことになったのである。彼女はもはや「手なし」ではなく、外界とのつながりを充分に獲得したのである。あるいは、ここで、花が咲くテーマが生じるのは、……日本の昔話に特有の「自然に還る」テーマの片鱗が、このような形態で現われているのかも知れない」。

この後河合氏は、グリムの「手なし娘」についての分析を行なうのだが、ここでは省略し、それと日本の話との比較の要点だけを記すことにしよう。

両者を比較して第一に気づくのは、「女性の主人公の耐える姿、あるいは受動的性格が特徴的である点が共通している」ことである。しかし、そのような主人公の背後にいるプロモーター的存在について言えば、日本の場合は母性であり、グリムの場合は父性である。これを、日本のように母性原理の強い文化と、西洋のように父性原理の強い文化における女性の生き方を示したもの、と考えてはどうだろうか。そうするならば、「父性原理優位の西洋において、男性像が（男女を問わず）自我を示すものとなるように、母性優位のわが国においては、女性像が自我を示すものとなるのではないかと考えると、「手なし娘」の話は、わが国においては、男性・女性を通じての一般的な生き方の問題につながりやすいと思われ」てくるのである。

女性の主人公に焦点を当てると、彼女は（悪意を以て仕組まれた話ではあっても）夫の理不尽な要求を疑うことなく受け容れ、孤独に耐える道を選ぶ。西洋の昔話の男性主人公であれば、「真相を究明し、悪魔と戦い、退治するであろう」。「しかし、彼女の受動的な行為と祈りによってこそ、すべては好転し、彼女の手はもとのようになるし、夫とも再会できるのである。幸福を戦い取るのではなく、それが生まれるのを待つ、インキュベーションの過程なのである。このような態度は、西洋においては女性特有の生き方のひとつを示すものであろうが、既に述べたように、わが国においては、男女共通の生き方のパターンと考えられるであろう」。

ところで、「手なし娘」は、その結末において、再婚の形をとるものの、幸福な結婚というハッピー・エンドとなる。わが国の昔話で幸福な結婚を迎える話を探すならば、もともとその数は少ないのだが、「継子譚」として分類されているものの中に比較的多く存在する。しかもそのほとんどが、主人公は女性なのだ。もちろん、男性を主人公とするものが皆無ではない（例えば「灰坊」（大成二一一））のだが、それらの主人公たちにしてもトリックスター的存在であり、英雄的存在である西洋の男性の主人公とは全く異なるものである。

したがって、河合氏は結論的に以下のように言うのである。「「幸福な結婚」を主題とする日本の昔話のなかに、典型的な「英雄像」を見出し難いのは、わが国の昔話――ひいては日本人の心性――の特徴であると思われる。むしろわが国の英雄は既に示してきたような一群の「耐える」女性たちであり、男性たちは母性との切断が不徹底なままに、どうしてもトリックスター的にならざるを得ないのであろう。日本神話のなかの英雄、スサノオ、ヤマトタケルなども、トリックスター性を強く持っているのは、同様のことを示していると思われる」。

そして、第1章「うぐいすの里」以来の連想の鎖をたぐり寄せつつ、河合氏は言う。「男の違約のために、あわれにもこの世を立ち去った女性は、何度も姿を変えてこの世に立ち戻りながら、再び追われたものの、今度は、母なる国からの別離を決意して、耐え抜くことによって、この世の幸を獲得したと言うことになる。このような「耐える女性」の姿は、日本の男女を問わず全ての人に大きい意味をもつものであろうし、日本人の自我像を示すものと言ってもよいものであろう。女だからと言って、受身だからと言って、それは決して弱くはないのである」。

私はここで、河合氏のユング研究所での資格取得論文に出てくる女性の「受動的優越性」(Passive Superiority) という考え方を思い出さずにはいられない (前著、第五章参照)。

## 9 ユングの四位一体説の応用

第8章は「老翁と美女」である。ここで問題とするのは、『日本昔話大成』で「竜宮童子」(二二三) として分類されている昔話である。その意図は、すでに見てきたように、日本の昔話では、「せっかく、この世に出現してきた女性たちがあちらの国へと帰ってゆく姿」が見られるが、その「彼女たちの帰って行く国の構造」を明らかにしようというものである。まず、「竜宮童子」の類話の一つである、岩手県江刺郡で採集された、「火男の話」を見ることから始めよう。山と海は一見異なっているが、心理的には、この世を離れた「深み」という意味で、ほとんど同じである。それ故、この話も「竜宮童子」の類話とされたのであろう。

あるところに爺さまと婆さまがいた。爺さまは山に柴刈りにいって、大きな穴を見つける。こんな穴は塞いでしまう方がよい、と爺さまは一束の柴をその穴の口に押しこんだ。するとするすると穴の中に入って行く。また一束押し込むと、これもするすると入る。もう一束、もう一束、と入れているうちに、三日の間刈りためた柴を全部入れてしまった。

その時、穴のなかから美しい女が出てきて、柴をもらった礼を言い、穴のなかに来てくれとすすめた。爺さまが中に入ると、そこには目のさめるような家があり、家の傍らには、柴が積み重ねてあった。家のなかに入るときれいな座敷があり、そこにりっぱな白鬚の翁《おきな》がいて、柴の礼を言った。いろいろとご馳走になって帰ろうとすると、これをしるしにやるからつれて行けと言われ、一人の童《わらし》をもらう。何ともいえぬみっともない顔で、臍《へそ》ばかりいじくっている。爺さまはあきれたが、ぜひにと言うので、家に連れて帰った。

その童は、爺さまの家に来ても、臍ばかりいじくっていた。ある日爺さまが火箸でちょいとついてみると、臍から金の小粒が出た。それから一日に三度ずつ出て、爺さまは富貴長者《ふっきちょうじゃ》になった。ところが、婆さまは欲ばり女で、もっと出したいと、爺さまの留守の時に、火箸で童の臍をぐんとついた。すると童は死んでしまう。爺さまはもどってきて、童が死んでいるので悲しんでいると、夢に童が出てきて、「泣くな爺さま、おれの顔ににた面を作って、まい日よく眼にかかる竈《かまど》前の柱にかけておけ、そうすれば家は栄える」と教えてくれた。この童の名前をひょうとくといった。

それでこの土地では、いまでも醜いひょうとく（火男）の面を木や土でつくって、竈前の釜男という柱にかけておくそうである。

この話のはじまりは、すでに第5章で見た退行現象を表わしている。柴を穴に入れこむというイメージは、心的エネルギーが無意識へと流れる状況を、うまく表現するものだ。「竜宮童子」の他の類話では、男性の主人公が竜宮の神様に花や柴を差し上げたので、その返礼として竜宮に招待される。この場合、主人公は意図的に捧げものをしているので、その退行は創造的退行である、と言える。

また、意図的にしろそうでないにしろ、投げ込んだ花や柴を贈り物として受けとめ、その返礼に招待するという話の展開は、明らかに「水中王国の側からの見方から進められている」と考えるべきであろう。

河合氏は言う。「ここにわが国の昔話の特性が見事に示されている。この点を心理学的に解釈すると、日本人がその世界を見る目は、(特に西洋に比して) 意識の中心よりはむしろ無意識的な深層の方に位置していると考えられる。もっとも「目」という限り、それは見るはたらきをするものなので、まったく無意識ということはあり得ない。従って、無意識内の目という表現は自己矛盾をしているわけだから、「半眼の目」とでも言うべきだろうか。はっきりと見開いた目よりも、半眼の目の方が世界をよく認識し得るという思想が、そこには存在しているように思われるのである」。

爺さんが三日かかって刈った柴を全部穴の中に入れてしまうと、美しい女が出てきて、柴の礼を言い、穴の中に来てほしいと言う。「無意識界に対して相当なエネルギーを投入すると、そこから意味深いイメージが送られてくるものである」。美しい女と言えば、「うぐいすの里」の女性もそうであったが、今回は「うぐいすの里」の男性が何の心の準備もなしに美しい女に会ったのと異なり、主人公は相当の仕事を為し遂げた後に彼女と会っている。それは主人公が、「女性のすすめに応えて、共により深い世界へとはいって行ける」ことを示している。

爺さんは座敷にあがり、そこの住人たちと顔を合わす。「りっぱな白鬚の翁」と「一人の童」、それに美しい女である。このトリオは極めて意味深いものなので、後に詳説する。ところで「何ともいえぬ見っともない顔で、臍ばかりいじくってい」る童が、主人公に対して大きな富をもたらすのは、何ともパラドキシカルなことである。「これは無意識界から産出されるものは、意識の視点から見る限り、最初は醜くつまらぬものに見えるが、それを適切に取り扱う限り、意識的判断を超えた価値あるものとなることを示している」。

爺さんは童を適切に取り扱ったが、欲ばりの婆さんはもっと欲しいと思い、童を死なせてしまう。前に見た（四五頁）グリムの「三枚の鳥の羽」では、主人公は同じように地底の世界へ行き、いろいろなものを獲得してくる。だが、地底の蛙が地上で美しい姫に変身したように、話はあくまでこちらの世界に重点が置かれている。それに対して日本の昔話では、あちらからもらわれてきた童は、いつまでたっても「あちら性」をもっていて、こちらの人間の貪欲などに会うと、すぐ「あちら」へ帰ってしまうのだ。「それは換言するならば、無意識界の属性を強くもっており、意識界に利益をもたらすものではあるが、ある程度以上の意識化には耐えられず、無意識界へと立ち戻ってしまうのである。「三枚の羽」において、無意識界へと旅立った意識界のヒーローは、そこから何かを獲得し、意識との統合に成功する。「竜宮童子」においては、無意識界から招かれて、そこに行ったヒーローは（あまりヒーローらしくもないが）、何かを与えられるのだが、暫くの間はそれを意識界にもたらすことはできても、結局は、それは無意識界へと帰ってゆくのである。わが国では、無意識界の吸引力は極めて強力なのである」。

さて、穴の中の座敷には「りっぱな白鬚の翁」がいた。このような長老は、「竜宮童子」の類話のみならず、「浦島太郎」の類話にも見られる。日本神話の「海幸と山幸」でも、海底の国には老いた「海《わた》の神」がいて、海の神はトヨタマヒメの父親であると、『古事記』には記されている。「火男の話」でも、直接には述べられていないが、白鬚の翁と美女とは父娘の関係であろうと推察される。

このような父＝娘のコンステレーションは、日本神話や昔話によく出てくるが、それはどうしてなのか。前著で見た（二八五頁）日本の昔話「お月お星」をふり返ってみよう。類話の多いこの昔話を、父＝娘の問題を中心に考えてみると、以下の如くになる。お月お星は姉妹であったが、姉は継子、妹は実子である。継母がお月を殺そうとするが、お星によって何度も助けられる。最後に二人は家を出て殿様に助けられ、その館に住む。月日が経って、ある時一人の盲目の年老いた乞食が、「天にも地にもかえがたい／お月お星はなんとした／お月お星があるならば／なにしてこの鉦《かね》たたぐべや／かん　かん……」と念仏を称えながらやって来た。二人の娘は父親と知って抱きついた。お月の涙が父の左の目に、お星の涙が右の目に入ると、父親の両眼がぱっちりと開いた。殿様はこれを見て感心し、三人を館で大切に暮らさせた。

この話では、最後は父＝娘の結合によってめでたく終わる。これは、「母親の否定的な面が強すぎるとき、父親はむしろそれを補償する母性的な愛によって、娘の幸福を願っているようにも思われる。従って、ここには母＝娘結合に似た心性がはたらき、結婚は生じないのである。これは、西洋の昔話で、父親は娘を大切にし、娘の求婚者にいろいろと難題を出すが、結局は男性の求婚者がそれを解いて娘を手に入れる、というパターンと比較すると、その差が歴然としてくるであろう。わが国における父＝娘コンステレーションの強さを示す昔話の一例と思われる」。

このように父＝娘コンステレーションは、母＝娘のそれを補償する働きをもつ。ところで親子のコンステレーションを考えると、左図のようになる。父＝息子、母＝娘のコンステレーションは、人間の意識のあり方の両極端を示すものであろう。母＝息子、父＝娘のコンステレーションは両者の中間にあるもの、あるいは何らかの補償性を有するものと考えられる。ユングは、西欧のキリスト教文化における意識が父＝息子の軸を強調するとき、それを補償するものとして母＝息子の軸が出現する、と言った（"Psychology and Alchemy" in the Collected Works of C. G. Jung, vol. 12）。

補償という機能については、「ある存在に対してまったく逆の存在によってなされることは少なく、むしろ、ある種の共有点を持ちつつ、相反する面も持つものによってなされることが多いのである」。つまり、父＝息子に対して母＝娘はあまりにも相反するものだ。それに比して、母＝息子のコンステレーションの方が、「息子という男性的な発展の可能性——男性的な意識の確立の可能性——を共有しつつ、それを背後から母性的な面によって支え育てるという形で補償するのである」。

これは、母＝娘の場合も同様である。「あまりにも母性的な存在に対しては、

| |
|---|
| 父＝息子 |
| 母＝息子 |
| 父＝娘 |
| 母＝娘 |

父＝息子の軸は補償的に作用せず、むしろ、娘という女性的存在を共有しつつ、それに対して背後から父性的な厳しさをはたらかせるという点において、父＝娘のコンステレーションが補償性を有するのである」。

さて、わが国の昔話「竜宮童子」の水底の国（それを柳田國男は日本人にとっての「永遠の妣《はは》の邦」と呼んだ）では、白鬚の翁、美女、醜い童子の三者が住んでいることが分かった。この三者のうち、母＝息子のコンステレーションに注目したのが、石田英一郎の『桃太郎の母』（講談社、一九六六年）であったことはよく知られている。確かに、日本人の心性を考える時に、母＝息子コンステレーションに注目することは必要であろう。しかし、「それをあくまでも基礎としながら、それと対立したり補償したりする機能をもって、父＝娘コンステレーションが存在し、この両者をまとめた構造として、既述したようなトライアッドを考えてみると、それが実に巧妙にできあがっていることに感嘆させられるのである」。

このトライアッドの特徴は、父—母—息子（娘）の場合のように「自然」ではないところにある。血縁関係から見ると、このトライアッドは「祖父—母—息子」という関係であり、二人の男性の間を女性がつなぐ形になっている。このトライアッドに着目したことが、後年の河合氏の物語論の展開に決定的な意味を持つことになるのだが、それは後のこと。今は先を急ぐことにしよう。

トライアッドと言えば、誰でもキリスト教の三位一体説を思い出すだろう。唯一神を、父・子・聖霊の三位一体として理解するというのが、キリスト教の教義である。しかし、非キリスト者からすると、このトライアッドを一体として体感することができるだろうか。この問題、すなわち三位一体説を心理的にいかに理解するかということは、ユングにとって最重要の課題であった。

ユングは、トライアッドの布置はキリスト教以前にも見られる「ひとつの元型」であるとして、バビロニアやエジプトの例について述べている。そうした観点からユングは、キリスト教の三位一体説について、「自然を一度は排除し、人間の反省（無意識な部分をも含むと考えられるが）によって、男性の神のイメージをつくりあげた」として高く評価している。つまり、「父と子を結ぶものとしての聖霊は、産み出す力、生命の力をもつものであるが、それがあくまで母性を排したものであるところに特徴をもつのである」。こうして父＝息子という男性的な関係が、母＝娘の自然レベルから、より高次の男性原理の段階へと、聖霊の息吹きによって上昇させられたのだ。このようなユングの発達的な観点は、「西洋の自我の確立過程や、キリスト教出現の精神史的意味などを知る上において興味深いものである」。

しかしユングは、自らの臨床体験や世界の神話や宗教の研究を通して、人間の心の全体性を表わす形態としては、三位一体より四位一体とする方が適切だ、と考えた。つまり、父―子―聖霊に対して、第四者を加えることによって全体性が形づくられる、と言うのである。そして彼は、その第四者に該当するものとして、悪魔《サタン》を考えた。キリスト教神学において、絶対的な父なる神が創造した世界に悪が存在することをどう説明するかは、大問題であった。それ故、悪は「善の欠如」であるという考え方が提出されることになる。

これに対してユングは、悪という対立物があってはじめて善が存在できる、と考えた。そこで彼は、「聖書外典の神話的伝承や、グノーシスの教義を援用して、父なる神の子として、父なる神の

**ユングによる四位一体**

明るい側を引きつぐ、明るい息子と、父の暗い側面をつぐものとしての悪魔《サタン》の存在を共に重視するのである。悪魔も神の子なのである。しかし、善と悪の対立物は、聖霊によって結合され和解される」。

　このユングの四位一体説を、河合氏は、上のように図式化している。そして以下の如く言う。「人間は絶対善を求めるよりも、むしろ、善悪の相対化のなかに立ちすくみ、それに耐える強さを持たねばならない。そのとき、われわれの意識的判断を超えた四位一体の神のはたらきが、われわれを救ってくれることを体験するであろう。このとき、父―子―聖霊という側面が、男性原理によって貫かれているように、父―悪魔―聖霊の側面は、悪を包含しつつそれを高めるものとしての女性原理に支配されている、とも言うことができる。従って、四位一体の神は、父性と母性、男性と女性の結合によって成立することになるのである。従って、「結合」ということが高い象徴的意義をもつことになり、聖霊はそのような結合を行うものとして、時に両性具有的なイメージを背負わされたりする。また、悪魔と女性が重なり合わされたりすることもあり、いずれにしろ、男性と女性の結合ということが、キリスト教の三位一体の神との関連において、高い価値をもつことになるのである」。

　以上のことが、西洋の昔話においてなぜ結婚のテーマがよく生じるか、という疑問についても説明してくれる。再び河合氏の言葉を聞こう。「地上に存在する人間の自我は男性像で表現される。これは、人間の自我存在が、天なる三位一体の神という男性的な神によって支えられているためである。そのような男性としての人間は、地底の世界におもむき、女性を獲得し結婚することによって、天上の三位一体を補償する第四者としての女性をもたらすのである。従って、キリスト教の公的な男性原理の強い神を補償するものとして、昔話のなかに、結婚のテーマがたびたび生じると考えられるのである」。

このようなユングの四位一体説を理解した上で、もう一度、日本昔話における「祖父—母—息子」のトライアッドの問題に立ち返ってみよう。母＝息子というダイアッドが、日本人の心性を説明する重要な軸であることは、これまで見てきたところからも明らかであろう。このダイアッドに、祖父を加えてトライアッドにすると、どうなるか。その「発達的」な記述が、より確実になるのである。母＝息子のダイアッドは安定性が高いが、息子の男性性が強くなるに従って、それは〝しがらみ〟と感じられるようになる。そこでこのダイアッドを改変しようとする時には、極めてドラスティックなものになり、遂には象徴的な母親殺しにまで至る。西洋の自我がこのような過程を経て形成されたものであることは、すでに見たとおりである。それに対してもう一つの道、つまり日本の場合には、それほどドラスティックではない形で、母性の強さを補償する男性として祖父が導入される。それは、「母＝息子の軸を破壊することなく、息子の男性性を背後からカバーする利点」を持つ。

こうして、河合氏は、「祖父—母—息子」のトライアッドは、実はその中に三つのダイアッド関係を内包していることを明らかにする。すなわち、老人と少年、父と娘、母と息子である。そしてその上で、西洋人の自我と日本人のそれを考えるならば、次のようになると言う。「西洋の男性の英雄像によって示される自我は天上における三位一体の唯一神によって支えられ、日本人の自我は水底のトライアッドによって支えられているということが考えられる。ここにトライアッドが一体でないために、日本人の自我は、時に老《セネックス・コンシャスネス》の意識のようであり、時に女性の意識のようであり、時に少年の意識のようであり、あるいは、これらのもののどれかの混在のような様相を呈することになるのである」。

なお、老《セネックス・コンシャスネス》の意識とは、ユング派の分析家ヒルマンが唱えた考え方である。それは永遠の少年《プエル・エテルヌス》に対する関心から生まれ、それと対をなすものであり、不変性と激動性を同時に包含している、とされる。

## 10 「炭焼長者」の意志する女

さて『昔話と日本人の心』の最終章である第9章「意志する女性」を見ることにしよう。ここで取りあげるのは、一般に「炭焼長者」として知られている昔話である。「炭焼長者」の話は日本全国に広く分布し、伝説として語られることも多い。柳田國男が、「炭焼小五郎が事」でこの話について書いていることは、よく知られている。

ここでは、鹿児島県大島郡で採集された「炭焼長者」を見ることから始めよう。

東《あがり》長者と西《いり》長者がいた。釣友だちの二人は、毎晩磯歩きをした。そのうち二人の女房が妊娠する。いつものように磯へ行ったが、潮の引くのを待って、二人は寄木《よりぎ》を枕に寝る。東長者はすぐに眠ってしまった。西長者が眠れないでいると、にら（竜宮）の神さまが寄木にむかって「東長者と西長者が子を産みましたから、位をつけに行きましょう」と言った。寄木は、人間が枕にしているので行けない、かわりに位をつけてきてほしいと頼む。しばらくして帰ってきたにらの神さまは、「東長者の子は女で、その子には塩一升の位。西長者の子は男の子であった。これには竹一本の位をつけて来ました」と言った。

西長者は話を聞いて、何とかしなければと考えた。東長者を起こして帰宅する途中、もしうちの子が女であなたの子が男だったら、いずれあなたの子を聟にもらい、もしその逆だったら、あなたの家へ聟にあげることを約束しようと言った。東長者も同意する。帰宅すると、東長者の家には女の子、西長者には男の子が生まれていた。

二人の子供が十八になった時に、東長者は西長者に、約束どおりあなたの息子を聟にほしいと言って、聟にもらう。

二人は夫婦になって暮らしていたが、五月のあらまち（大麦の収穫祭）の日に、女房は麦の飯をたいて神さまと先祖にそなえた。そして夫にもそれを差し出すと、夫はお膳もご飯もけとばして怒った。

女房は「わたしはとてもここで暮らしをすることは出来ません」と言って、膳と椀とをもらって家を出て行った。門を出ると雨が降り出した。その雨の中で、二柱の倉の神さまが話している。われわれもこの家にいるとけとばされるだろうから、心も姿も美しい大北《うしにし》のとう原の炭焼五郎のところへ行こう、と。

これを聞いた女房は炭焼五郎のところへ行こうと決心して、何日もかけて炭焼五郎の小屋に着いた。女房が泊めてくれと頼むと、最初は断られるが、結局家に入れてくれた。次に、あなたの嫁にしてくれと頼みこみ、何とか承諾してもらう。

翌朝、女房は五郎に、あなたの焼いた炭竈を見てこようと言い、二人で見てまわると、どの竈にも黄金が入っていた。二人はたちまち長者になった。

竹一本の位の男は次第に貧乏になり、竹細工物を売り歩くようになる。あるとき、炭焼五郎の家へやってきたが、女房はまだ男の顔を覚えていたので、米一升の品を二升で買い、二升の物は四升で買ってやった。男は、馬鹿な女がいるものだと、今度は大きな籠をつくって売りに来た。女は男に、別れる時にもらった膳椀を見せると、男は大そう恥じて舌をかみ切って死んだ。

これが昔話の概要である。話の筋に沿ってこの話の持つ意味を明らかにしていこう。

まず、二人の長者の双方に子どもが生まれるというところから、話が始まる。そして、東長者の女の子に「塩一升の位」、西長者の男の子に「竹一本の位」をさずけるのが、にら（竜宮）の神さまである。

偶然にその話を知った西長者は、幸運な星の下にいる東長者の娘と自分の息子の婚姻を企てた。その計略は成功したかに見えた。しかし高慢な男と一緒にやっていくことができずに、結婚は破局を迎える。ここで女性は覚悟をきめて、膳と椀を持って家を出る。「竹一本の位の夫と塩一升の位の妻が結婚したのだから、それまでの生活においても、彼女はずいぶんと「耐える」女性であっただろう。しかし、麦の飯のお膳をけとばすような行為に遇ったとき、彼女は耐える女性から、意志する女性へと変貌する。彼女は自らの意志によって、夫と別れ、他の生活を打ち立てようとするのである。これは、今まで見てきた女性像とは一切異なる女性像である、と言わねばなるまい」。とは言え、このような「意志する女性」も、最初は父親の言うままに結婚する受動的な女性であった。ただ彼女の「受動性から積極性への反転」は、まことに見事である。その積極性は、炭焼五郎に自らプロポーズし、躊躇する五郎に結婚を承諾させるところにも、よく表われている。

また、これまで見てきた「うぐいすの里」や「鶴女房」などでは、女性が男性のもとを去るのは、その本性が露見した時であった。その原因は男性の違約にあるのにもかかわらず、彼女たちは自分の本性を見破られると、怒ることもなく立ち去ったのだ。しかし、「炭焼長者」の話では、事情がまったく異なっている。彼女の夫は、妻が塩一升の位であることや竜宮の神さまとつながりがあることなど、全く知らないのである。「むしろ、女性の方が男性の理不尽な行為にその本性を感じ、家出を決意することになるのである。夫の本性を見抜く彼女の力は、つづいて炭焼五郎を本来の夫として選ぶ知恵につながってくる。ここで、彼女は男性に本性を見破られる女性としてではなく、男性の隠れた本性を見出す女性となっているのである。そのような知恵を背景としてこそ、彼女の積極性が生かされるのである」。

また、彼女の行動は、他の昔話には見られない、身分の打破というテーマを表わしてもいる。つまり、「塩一升」と「竹一本」の位の違いはあったとしても、東西の長者の子どもが結婚するのは極めて当然のことである。しかし、このような身分の釣り合いを放棄して、炭焼五郎のところへ押しかけ女房に行くのだ。「その大胆さは無類のものと言わねばならない。日本の社会を支える大きな柱である「身分制」に対して、彼女は真っ向から挑戦しているのである」。

さて、結婚した翌朝、二人は炭焼竈から黄金を発見することになる。これは恐らく、「尋常でない結婚の成果」として与えられたものであろう。しかし、多くの類話では、次のようにも語られているのだ。つまり、女房が五郎に小判を渡して米を買ってくるように言うと、「そんな小石で何で米など買われるか」と答える。五郎はその価値を知らなかったのである。「ここにおいても、女性の隠された価値を見出す力は見事に示されている。彼女は炭焼五郎がそれと知らずに潜在させていた価値あるものを引き出し、それを役立てることを教える役割を演じるのである」。

最後に、竹一本の位の男は貧乏になって、知らずに炭焼五郎の家を訪ねてくる。女房に厚遇されていい気になった男はあこぎなことを考えるが、女が自分の前妻であったことを知らされ、恥じて自殺してしまう。

柳田國男は先にあげた論稿の中で、前夫の運命について、次のように記している。「別れた女の姿を見て恥と悔とに堪へず、忽ち竈の傍に倒れて死んだのを、後の夫に見せまい為に、下人に命じて其まま竈の後に埋めさせた。それが此家の守り神に為つたと謂ひ、それを竈神の由来と伝へて居る。清浄を重んずる家の火の信仰に、死を説き埋葬を説くのは奇怪であるが、越後奥羽の広い地方に亘つて、醜い人の面を竈の側に置くことが、現在までの風習であるから、是には尚そう伝へらるべかりし、深い理由があつたのであらう」。

これは前節で見た「火男の話」の醜い童とつながっているのかも知れない。そう言えば、「炭焼長者」のにらの神も、「火男の話」に関係するかも知れないのである。そこには「思いがけない重層構造」が秘められているのではないか。（なお、近年の民俗学・文化人類学では、昔話の研究について興味深い蓄積がみられる。本章との関連で一例だけあげると、小松和彦「民俗的創造力とその背景――『江刺郡昔話』の世界を探る」、『神々の精神史』、伝統と現代社、一九七八年所収、がある。）

このような「炭焼長者」の話に語られる女性像は、『昔話と日本人の心』に出てくる多くの女性像の中でも、最も素晴らしいものと言えるのではないだろうか。そして、このような女性の姿によってこそ、日本人の自我はよりよく示されるのである。つまり、「怪物を退治して女性を獲得する男性の英雄ではなく、堪える生き方を経験した後に、反転して極めて積極的となり、潜在している宝の存在を意識していない男性に、意識の灯をともす役割を持つ女性は、日本人の自我を表わすものとして最もふさわしいものではないかと思われる」。

ところで、女性の意識は無意識と深い関わりを持っている。それは「炭焼長者」で、主人公の女性が倉の神の意見に基づいて行動していることからも分かることだ。「彼女は「倉の神」の声に対して、開かれた耳をもっているのである。長者の家の嫁の身分でありながら、それを棄てて、貧乏人の炭焼の女房になろうとするのは、外的に見て「きまぐれ」としか見えないだろう。しかし、それは新しい地平を開拓する行為なのである」。

また、この話には母親が登場しない。母＝娘の関係が全く語られないだけでなく、彼女の背後に存在しているのは、にらの神や倉の神なのである。ここでも第9節で論じた老人像が浮かんでくる。「老人と娘のコンステレーションから生み出されてくる意識、それは、女性が行為者であるので、一応、女性の意識と名づけたが、簡単に、父権的、母権的として割り切れぬところをもっている。それは、彼女の決断力と積極的な行動力に端的に示されている」。

このような積極性と行動力は、母権的意識とは異なるものであり、この点にこそ女性の意識の特徴がある。とは言え、これまで見てきたように、主人公の女性はいつでも積極的で行動的であった訳ではない。「彼女の行動は、受動も能動も含んでいて、簡単には割り切れないのである」。

さて「炭焼長者」では、日本の昔話ではきわめて珍しいことに、幸福な結婚のことが語られている。とは言え、それは、西洋の場合のように、結婚そのものが目標になっている訳でもない。西洋の婚姻譚では、主人公の相手となる男性は、王様や王子とか身分の高い人であることが多い。そして結婚そのものがゴールとされている。ところが「炭焼長者」では、主人公の女性がプロポーズする時点にあって、相手の身分は低く、貧乏人であった。そして結婚後に、思いがけなく黄金を手に入れる。

このように見ると、西洋と日本とで、結婚の内容について言えば、ずいぶん異なっている。しかし、結婚というものが高い象徴的意味を持っていることは、両者に共通している。

ところで、炭焼五郎はプロポーズされた時点では、ほとんど無一物の状態だった。加えて彼は、小判の価値を全く知らなかった。「ここに表現した、無一物、無知などの言葉は、本論において一貫して追究してきた主題を連想せしめる。炭焼五郎は、無の体現者ではなかろうか。（中略）「うぐいすの里」で、せっかく会った美女に立ち去られた後、樵夫の男は世を棄てて、山奥深くで炭を焼いて「無」の生活をしていた。彼の無の生活も、そろそろ定着しそうになってきたとき、思いがけず、今度は女性の方が彼の世界へ侵入してきたのである。彼女は多くの経験を経て、消え去るのでもなく、耐えるのでもなく、むしろ、意志する女性として、無の意識との結合をはかろうとする。

男の方も、前のように違約するかも知れぬ約束を唯々として結んでしまうようなことはなく、結婚の難しさを意識して、簡単には応じない。しかし、このような確認の後に彼らは結婚することになる。無・意識の体現者としての男性と、「女性の意識」の体現者としての女性の結婚、これはやはり聖なる結婚ではなかろうか」。

ここで言う〝無・意識〟が、西洋流の無意識と異なることは、明らかであろう。西洋の場合、意識の体現者としての男性が無意識の世界へ侵入し、そこで女性を獲得して結婚する。それを、「炭焼長者」の結婚と比較するならば、その違いに驚かざるを得ない。「西洋の昔話における結婚が、父なる唯一神を頂く文化における補償作用として読みとられうるように、「炭焼長者」における結婚も、無の神をもつわが国の文化を補償するものとして読みとることも可能であろう」。

ところで、結婚によって話は終わらずに、前夫のことが語られるのは、日本の昔話の持つ、西洋のそれには見られぬ、特異な点である。この特異性を、女性の意識の在り方がよく示している。つまり、一度は切断されたものを修復しようというのだ。それは排除にではなく、取り入れることに特徴がある。ユングは、完全性と全体性を対比的に用いているが、完全性は欠点や悪を排除することによって達成される。全体性は、これと異なり、むしろ悪さえ受容することによって達成される。父権的意識は、おおむね完全性を目指し、切断することで悪を切り棄てる。これに反して、女性の意識は、何でも取り入れて全体性を目指す。

しかし、何でも受容するというのであれば、完全性をも取り入れねばならず、内部矛盾を来たす。ここに全体性の難しさがある。日本の昔話は、何とかしてこの矛盾を許容しようと努める。つまり、前夫をどんな形であれ、受け容れなければならないのだ。この点について河合氏は、次のような注目すべき発言を行なっている。

全体のなかに組み入れようとされつつ、どこかで低い評価を受け勝ちなこの男性像は、日本神話における蛭子《ひるこ》を想起させる。日本神話における重要なトライアッド——アマテラス、ツクヨミ、スサノオの三貴子に対して、「第四者」としての機能をもつと推定される蛭子には、われわれの話の前夫の姿と重なるところが感じられる。日本神話はその極めて高い包含性にもかかわらず、第四者としての蛭子は排除してしまう。しかし、昔話の方は何とか第四者を受け容れようと努力している。「炭焼長者」のヒロインと、ヒロインの背後にあって明白な姿を見せない運命の神と炭焼五郎をこれに加えると、日本神話の三貴子に類似のトライアッドとして考えられる。そして、前夫がそれに対する第四者ということになる。

『昔話と日本人の心』で取り上げた様々な女性たちは、「発達の段階としてよりは、常に変化する状態として受けとめられるべきであり、それらが重なり合って、見事な全体をつくりあげているのである。そのような変化する女性像こそ、日本人の心を表わすのにふさわしいものと思われる」。換言すれば、「女性の意識」とは、そのように可変性を内包しているのではないか。唯一の自我による統合というイメージが、西洋のキリスト教文化によって生み出されたものだとするならば、われわれ非西洋の人間は、「多重の自我の存在」を考えてもよいはずである。「老人の意識、少年の意識、男の意識、女の意識、それらをすべてもつことこそ、全体性に到ることではないか」――このような問題提起を行なって、河合氏は帰国後初めて、日本人とは何かという問題に新しい照明を当てたのであった。

## 11　片側人間の悲劇

すでに見たように、ノイマンは、西洋近代にあって自我確立の象徴としての男性の英雄を、男女を問わずに意味あるものと考えた。同様に、『昔話と日本人の心』で明らかにした「女性の意識」は、日本人にとっては男女を問わず、意味あるものだ、と河合氏は言う。のみならず、次のように付け加えている。「むしろ、洋の東西を問わず現代人は、西洋近代の自我を唯一絶対と考えずに、意識の在り方にせよ、自己実現の過程にせよ、そこには多くのバラエティがあると考える方が適切である、と私は言いたいのである」（『国際化の時代と日本人の心』）。

このような壮大な意図を以て執筆された『昔話と日本人の心』であったが、この本を書いたことで河合氏は、「自分としては、これでやっと自分なりの考えをはじめて世に問うことができた」（同）と感じたのであった。というのは、「この書物までに書いたものは、自分がユング研究所やユングの著作から学んだものを日本人に伝える意味が強く、それは常に日本人としてどう受けとめるかという事が関連してくるので、私の意見もある程度述べているが、自分のオリジナルという気持がしなかった」（同）からである。しかし、「『昔話と日本人の心』は、ともかく自分の言いたいことを言う方に重点をおいて書いた」（同）のであった。

一九八二（昭和五十七）年十月、河合氏は第九回大佛次郎賞をこの本によって受賞した。受賞式の当日、ご本人は海外出張でいなかったので、嘉代子夫人と長男の俊雄氏が出席し、受賞の言葉は俊雄氏が代読した。ちなみにこの年、鶴見俊輔氏も『戦時期日本の精神史』（岩波書店）によって、同賞を受賞している。その後の両氏の深い交友を考えるならば、これはまことに興味深い事実と言える。

ところで、河合氏の海外出張はアメリカであった。ＵＣＬＡに留学していた時から、実に二十四年ぶり、四半世紀近い時間が経過していたのであった。河合氏は、シュピーゲルマン博士やスイスのユング研究所で知り合ったヒルマン博士などと語り合う。その結果、「私が日本でいろいろと考えていたことが、それほどの的はずれでないことがわかってきた。何よりも嬉しく思ったのは、これらの人たちが西洋近代の自我を超える必要を感じ、努力しているということであった。したがって、私が「日本人として」考えていることが、世界にとっても意味のあることらしいと感じはじめた」（同）。

この頃から、河合氏は欧米に出かける機会が多くなった。一九八四年には、ロサンゼルスのユング研究所で、日本の昔話について講義を行なった。同時に『昔話と日本人の心』の英語版の準備にもとりかかる。そのために、『昔話と日本人の心』を丹念に読み直す作業を行なったのだが、その過程で大変なことに気がついた。それはすでに見たように（七八頁）、『昔話と日本人の心』の第3章「鬼が笑う」で、「鬼の子小綱」を取り上げたことと関係している。その類話に、鬼と人間の間にできた「片子」が出てくるが、後で論じることにしようと書きながら、全く失念していたのであった。

この事実には、深い意味が含まれているように思われるが、その点を含めて、三年後の一九八七年に、雑誌『へるめす』第11号に発表された論稿「片側人間の悲劇――昔話にみる現代人の課題」を、見ていくことにしよう。なおこれは、重要な問題を含んでいるのでぜひにと、河合氏自ら執筆を申し出てくれた。今思えば、それは私が編集した『昔話と日本人の心』に対する責任感から発した行為であると同時に、私が編集長をつとめる雑誌に対して配慮を示してくれた訳で、改めて感謝の念を抱かずにはいられない。

河合氏は、この論稿の初めの方で、次のように書いている。「「片子」の話は後述するように、鬼と人間の間にできた「片子」が、せっかく人間界に帰ってきたが、人間の世界に「居づらく」て自殺する凄まじい話である。筆者はロスアンゼルスで自分の本を翻訳しつつ、上記のことに気づくと共に、「片子」の示す問題の深さに気づいて暗然とした気持となった。筆者自身が、西洋で学んだことを日本に持ち帰り、それをどのように生かしてゆくかに悩み、度々、日本に「居づらく」なる体験をしているので、片子の話をよそごととして読むことができないのである。おそらく『昔話と日本人の心』を執筆したときは、この問題に直面するのを避けたい気持が無意識的に強くはたらき、「後で論じる」などと言いながら忘れてしまうことになったのであろう」。

帰国後、河合氏は、「片子」に関する類話を可能な限り読んだ。そして一九八五年四月、グリム生誕二〇〇年記念の日独文化研究所（大阪）主催のシンポジウムで、「日本昔話における「鬼の子」

について」という発表を行なった。また一九八六年春、サンフランシスコのユング研究所主催の講演会では、「日本人と東洋人の比較心理学」という話をし、そこでも「片子」について触れている。一九八七年三月刊の『へるめす』第10号には、小松和彦氏の論稿「異類婚姻の宇宙――「鬼の子」と「片側人間」」が掲載された。直接的にはこの論稿に触発される形で、河合氏は自身の論を発表している。

これから取り上げる話は、「鬼の子小綱」と呼ばれる話型の類話で、「片子」という半人半鬼の子どもが登場するものである。「鬼の子小綱」は、『日本昔話大成』では「逃竄譚」として分類されているが、「異類婚姻譚」にも分類できる。『昔話と日本人の心』でこの話を分析した時には、「鬼の笑い」に焦点を当てたが、今回はむしろ、「異類婚姻」によって生じた「片子」に焦点を当てる。以下、東北地方で採集された「片子」という昔話を、河合氏の要約によって示そう。番号は以下の議論の便宜のために付したものである。

①木樵の男が仕事をしていると、鬼が出てきて、あんこ餅が好きかと聞く。男は女房と取り替えてもいいほど好きと答える。そこで、男は鬼のくれたあんこ餅をたらふく食べるが、帰宅すると妻が居ないので驚く。男は妻を探して、一〇年後に「鬼ヶ島」を訪ねる。そこに一〇歳くらいの男の子が居て、体の右半分が鬼、左半分が人間で、自分は「片子」と呼ばれ、父親は鬼の頭《かしら》で母親は日本人だと告げる。片子の案内で鬼の家に行き、女房に会う。男は女房を連れて帰ろうとするが、鬼は自分と勝負して勝つなら、と言って、餅食い競争、木切り競争、酒飲

み競争をいどむ。すべて片子の助けによって男が勝ち、鬼が酒に酔いつぶれているうちに、三人は舟で逃げ出す。気づいた鬼は海水を飲み、舟を吸い寄せようとする。このときも片子の知恵で鬼を笑わせ、水を吐き出させたので、三人は無事に日本に帰る。片子はその後、「鬼子」と呼ばれ誰も相手にしてくれず、日本に居づらくなる。そこで両親に、自分が死ぬと、鬼の方の体を細かく切って串刺しにし、戸口に刺しておくと鬼が怖がって家の中にはいってこないだろう。それでも駄目だったら、目玉めがけて石をぶっつけるように、と言い残して、ケヤキの木のてっぺんから投身自殺をする。母親は泣き泣き片子の言ったとおりにしておくと、鬼が来て「自分の子どもを串刺しにするとは、日本の女はひどい奴だ」とくやしがる。そして、裏口にまわって、そこを壊してはいってくるが、片子の両親は石を投げ、鬼は逃げる。それからというものは、節分には、片子の代りに田作りを串刺しにして豆を撒くようになった。

これが話の概要である。『日本昔話大成』は、「鬼の子小綱」の多くの類話について、その要約を記載している。それらのうち、片子の葛藤が語られているものの結末部分について、これもまた、河合氏の要約を引用しよう。

②子どもは帰って人間と一緒に住めないといって海に身を投じて死ぬ（奄美大島）。③子は母を助けると消えてしまう（新潟県栃尾市）。④片（子どもの名前）は、半分鬼なので日本では暮らせないので父のところに帰る（宮城県登米郡）。⑤小綱は成長して人間が食いたくなり、

小屋をつくって入り自ら焼け死ぬ。その灰から虻蚊《あぶか》ができて人間の生き血を吸うようになる（岩手県遠野市）。

以上であるが、類話のなかには、子どもが「片角の子」だとか「片角子」だとか述べながら、三人が帰宅して話が終り、片角子の葛藤についてはまったく触れられないのもある。なお一つだけ注目すべき例として、宮城県伊具郡で採集された話として、⑥子どもは首が鬼で下は人間、という上半身と下半身にわかれた姿をもつのがある。この結末は、子どもは角が生えて家にはいれないが、その時は正月で、門松のおさえにしている棒で角をこするともげる、ということになっている。

また、これらがあまりに衝撃的なので、ハッピー・エンドになる類話を探した河合氏は、稲田浩二他『日本昔話通観4　宮城』（同朋舎、一九八二年）に次のような話を見つけた。

⑦子どもの名前は「幸助」と言い、（中略）大きくなると、毎日のように「お母さん、なんだかこの頃、人が食いたくて我慢ができないから、俺を瓶のなかに入れて庭の隅に埋めてくれ。そして、三年たったら掘り返して欲しい」と言う。お母さんはとてもそんなことはできないと言っていたが、幸助がしきりに言うので、泣く泣く瓶に入れて埋めてしまった。三年後にその瓶を掘り返すと、銭コがいっぱいはいっていた。

（中略）

なお積極的なハッピー・エンドとも言い難いが、次のような結末もある。⑧子どもが見えなくなる。探しているうちにつかれて眠る。氏神が夢に現われておまえたちを助けるために子どもになってきたのだから探さなくてもよいと告げる（富山県中新川郡）。

①の話に沿って考えると、一人の女性に対して木樵と鬼が対立的に語られている。鬼ヶ島対日本ということから、異国の男と日本の男と言うことができるであろう。「あんこ餅が好きか」と聞かれて、「女房と取り替えてもいい」と答え、たらふく食べてしまい、後で驚くというのは、日本の男の頼りなさを示すものだ。

男は妻を探しに行き、鬼と勝負する。男は勝つ。逃げる時も、片子の知恵で救われる。いつも片子の助けで、男は勝つ。しかし、日本に帰って、片子は「誰も相手にしてくれず、日本に居づらくなる」。これは日本人が持つ排除の姿勢を示すものである。片子が抗議したり戦ったりしないで、自殺の道を選ぶというのも、日本的と言えるだろう。類話の②と⑤でも自殺が語られている。④では、日本で暮らせないので、父のところへ帰る。

母親は泣く泣く、片子の体を細かく切って串刺しにする。鬼が来て「自分の子どもを串刺しにするとは、日本の女はひどい奴だ」と言う。この「日本の女」を、「日本人の母性というものは」と置き代えるならば、鬼の科白はさらによく理解できる。「つまり、片子という異分子の存在を許さない一様性を尊ぶ社会の在り方、世間の力には抗し難いとして、わが子の自殺を黙って見ている両親の態度、それらを日本人における母性の優位性と結びつけて考えられないだろうか。鬼の非難は一個の女性に向けられているのではなく、男性も女性も含めて、日本人に共通にはたらいている強い母性に対して向けられているように感じられる」。

ところで、他の文化圏ではこのような昔話はないのだろうか。河合氏はあれこれと調べるのだが、結論的に言うならば、「世界的に見ても類話を見出し難く、なかなかユニークなものであることを示している」ということになる。

ただし、片子の半鬼半人ということだけを取り上げるなら、「片側人間」は世界中の神話や昔話に見られる、と社会人類学者のロドニー・ニーダムは指摘する（『片側人間』長島信弘訳、『現代思想』一九八二年八月、青土社）。

しかし、片子の自殺ということになると、類似の話はほとんどない。グリムの昔話でも、自殺の話は非常に稀れだと言う。

ところで、日本の昔話の場合には、すでに見た異類聟の死ということがある。その特徴を明らかにするために、異類女房の場合と比較すると、どうなるだろうか。『昔話と日本人の心』第6章で詳しく分析されているが、異類女房と異類聟には著しい違いがある。つまり、前者の場合には、本性が露見すると、主人公の女性は立ち去ったり、消え失せたりする。ところが後者の場合には、主人公の男性はしばしば殺害されてしまうのである。

人間の世界へ異類がはいり込んでくるという話は、「心理学的に見れば、意識界へ無意識界から何らかの心的内容が侵入してくることと考えられる。そのとき、異類聟というイメージは何らかの男性的要素を持つものであり、それは結局のところ排除されてしまうのである」。

①の話では、一人の女性に対して、日本人の夫と鬼の夫という二人の男性がいた。そしてその二人の男性の間に葛藤が生じ、最後には人間の夫が残り、鬼は排除されてしまう。その間、「半人半鬼の片子が活躍するのだが、その片子の存在を犠牲にして、人間の夫婦の安全が保証されることになる。つまり、男性性が二つに分けられ、ある半面は許容されるが、ある半面は排除されるし、両者の中間的存在の片子まで否定される」。

このことに関連して、一九八六年四月に河合氏がサンフランシスコで講演した折、著名な神話学者ジョゼフ・キャンベルと共にセミナーを行なった。その時にキャンベルは次のように言ったという。「ヨーロッパはもともと農耕民族であり、地母神を祭る宗教を背景に母性性の強い文化をもっていた。そこへ牧畜民のキリスト教という宗教が後からはいってきて、それは父性性の強い文化を築くことになった。その傾向が現代に引きつがれ、アメリカにおいては特にあまりにも強い父性のために多くの社会問題が生じてきている。それを補償するために、アメリカにおいて、母性の復権を考えねばならない」。

このキャンベルの考え方に触発されて、河合氏は次のように考えた。最近日本において、父親の復権とか強い父性像の必要性が説かれることが多いが、その場合の父親像とはあくまで農耕民族的なそれである。しかし、現代の日本人が必要とするのは、牧畜民族的な父親なのではないか。「それは、父親の復権などということではなく、そのような父親像をかつての日本文化のなかで見出すのは、困難であり、あたらしい創造的な姿勢を必要とするものと言うべきである」。だから、かつての日本で「父よあなたは強かった」と言われたその「強い父は、あくまで母性に奉仕する父としての強さであったことを、われわれはよく認識しておかねばならない」。
「片子」の話で、日本人の父は、半人半鬼の息子が自殺しようとする時に、「黙ってそれに耐える強さ」を持っていた。しかし、世間に対して「片子」のために戦う強さを全く持っていない。父は、片子が自分と妻を救い出してくれたことを知っている。それでも世間を向こうに回すことができないのだ。ここに日本人の父親像がある。とすれば、「このような父親像とは対照的な鬼を、牧畜民型の父性の顕現と考えてみてはどうであろうか」と河合氏は言う。

そして結論的に、次のようにまとめた。「現代の日本に生きるわれわれとしては、西洋文化との接触が増したことや、歴史全体の流れということもあって、これまで日本民族にとってあまりなじみのない、牧畜民型の父性を取り入れることを試みねばならない。われわれの取りあげた昔話に即して言えば、せっかく日本に連れ帰った片子を自殺させてはならないのである」。換言すれば、「現代に生きる日本人としては、片子を自殺に追いやらず、さりとて西洋流の変身を期待して殺害することもなく（例えば、グリムの「黄金の鳥」で、主人公を助けた狐が、最後に自分を殺してバラバラにしてくれと頼む。主人公は悩みに悩んだ末に狐の言うとおりに殺すと、狐は変身して王子になった。三三頁参照）、片子を生かし続けることにより、そこにどのような新しいファンタジーが創造されてくるかを見とどけることと、その新しいファンタジーを生きることに努力を傾けることが課題となるであろう」。

河合氏の片子についての講演は、ロサンゼルスでもサンフランシスコでも、多大の感銘をもって聴衆に受け容れられた。多くの人が、片子を自分のこととして捉えたからだ。現代人で自分の心の中に存在する片子を意識する人は多いだろう。特に多民族国家であるアメリカでは、心の中に「片子」を抱いている人が多いと思われる。

この論稿を書くことで、河合氏の昔話についての研究は、一応しめくくられることになる。そして、しばらく熟成のために必要な時間を置いた後に、物語論としてさらに深く展開されることになる。それは第五章以下で論じることにしたい。がその前に、河合氏の試みた様々な知的冒険について見ておくことにしよう。

# 第三章　さまざまな知的冒険

## 1　科学主義を超えて

『昔話と日本人の心』を中心に編集された、著作集第8巻『日本人の心』の序説である「国際化の時代と日本人の心」の最後の部分には、〝方法論について〟という小見出しが付されている。

それは、河合氏が「学者」であることと「心理療法家」であることの意味について、真摯に反省を加えるという内容を表わすものだ。すなわち、何よりも「心理療法家」として実際に役立つ研究や学問をしていると、それは通常の「学者」のそれとはずいぶん異なっているのではないか、ということでもある。だから、自分は方法論についていつも考えないではいられないのだ、と河合氏は言う。

たとえば、「片子」の場合を取りあげてみよう。ここでこの論文を書くもっとも強い動機は、自分自身の「片子」の自覚であり、その問題を追究してゆかなければならないという内的衝迫である。そして、その中心点をあくまではずさずに論文を書くと、既に述べたように、実に多くの人に共感を得、それが意味をもつことがわかった。個から普遍への道と言ってもいいが、これは自然科学における「普遍」とまったく異なることを認識しておかねばならない

自然科学の場合には、言うまでもないことだが、研究者はできるだけ「客観的」に研究を行なう。つまり研究者は研究対象と切断される。その結果、その研究は普遍性を持つ。それを基につくられたテクノロジーは、誰でも操作の方法を知っていれば、同様の結果を生むという普遍性を持つ。この方法があまりに有効なので、「学問的」研究はすべてこの方法によらなければならない、と思われるようになる。その結果、「もの」を対象とする学問は大いに進歩した。しかし、心理療法のように人間の関係性が問題となる領域では、不毛な結果が積み重ねられるようになる。

私の方法はこれとまったく異なり、主観を棄てるどころか、あくまでそれを大切にして、それを依りどころとして研究をすすめる。そして、それに対する評価は、それに接する各人の主観的評価にかかわっている。したがって、自然科学のように、その方法論によって普遍性を主張しているのではない。極端に言えば、私一人が納得できればいいとさえ言えるが、やはり、ある程度の普遍性をもつためには、その追究の仕方や提示の仕方に工夫がいるし、何よりも、私自身の内的体験を深めることがもっとも大切である。

すでにUCLAの大学院に留学していた時、河合氏はクロッパー先生から現象学的方法について教わり、方法論についてのいわばコペルニクス的な転回を体験していた（前著、第三章参照）。さらに、一九七〇年代の後半、河合氏は哲学者の中村雄二郎氏が中心になって開いていた「都市の会」に参加し、さまざまな人文科学の最先端で活躍している人々に大きな示唆を与えられたのであった。この会のメンバーは、中村氏の他に山口昌男（文化人類学）、市川浩（哲学）、多木浩二（美術評論）、前田愛（国文学）の諸氏であり、そこに編集者の私が加わっていた。この会とメンバーについて、河合氏は『深層意識への道』の11「臨床の知」で詳しく語っているので、興味のある方は参照していただきたい。

なお右の「臨床の知」とは、中村雄二郎氏が提起した、「科学的な知」に対する新しい知のあり方である（拙著『哲学者・中村雄二郎の仕事――〈道化的モラリスト〉の生き方と冒険』、トランスビュー、二〇〇八年、参照）。この臨床の知を含めて、河合氏は中村氏の仕事から大きな影響を受けているが、「都市の会」のメンバーもそれぞれ河合氏の心理療法の考え方に影響されている。つまり双方向的に影響を与えあったのであった。同様に、科学史や科学哲学を専門とする村上陽一郎氏にも、「科学」とは何かということについて多大の示唆を与えられ、ユングとパウリの本を一緒に翻訳したりしている。

そうしたことを念頭に置いて、先の引用に続く次の文章を見ることにしよう。ここには、現象学的方法を基礎としながら、その後の中村氏、市川氏、山口氏、村上氏らの思索の展開が見事に吸収・消化され、河合氏のものとされていることが明瞭に見て取れる。

しかし、ここで言う体験を深めるとはどういうことであろう。それは明白で矛盾をもたない明るい意識に頼ることを避け、自分の心の奥底にうごめく、あいまいで不可解なイメージに対して、じっと目をこらし、そこから得るものを頼りにあくまで自分の責任をもって慎重に行動する。それはまたあらたなイメージを生み、判断に苦しむことも多い。しかし、決して明確にすること、まとめあげることを焦らないことだ。耐えて待っていると自分の意志ではなく、イメージそのものの方がだんだんと自《おの》ずから形を見せはじめるのだ。このような経験を積み重ねることが「深める」ということだと思う。

この引用は、自らの著作集のための、河合氏の解題からのものである。実は、ここに至るまでには、長い道程があった。河合氏は子どもの頃から、合理性を追求する少年だった。軍国主義下のさまざまな非合理な風潮に対して、河合少年は激しく反撥した。小学生以来のそうした具体的事例は、前著の諸所に見ることができる。専門学校で電気を、大学で数学を学んだことも、河合氏の合理性追求に拍車をかけるものであった。京都大学の学生時代はマルクス主義が全盛であったが、唯物論に基づくイデオロギーの信奉に対しては、河合氏の合理主義が懐疑的な目を向けさせた。

大学を卒業して高校教師になり、傍ら大学院で心理学を学んでいた頃も、「合理性」と「科学性」を追求する態度は保持されていた。しかし、臨床心理学を研究するうちに、少しずつその態度は変わってこざるを得なかった。とりわけ実際的な臨床経験を積むに従って、分かってきたのは、「生きている人間はものではない」ということだった。生身の人と人とが出会うのは、凄いことだと感じない訳にはいかなかった。そこでは、「自然科学」の方法は通用しなかった。しかし、そこに河合氏は、人間理解のための新しい方法論の可能性を見たのである。その間の事情を、河合氏の言葉で明らかにしよう（著作集11、『宗教と科学』序説「現代人の宗教性」、一九九四年）。

人と人との深い関係が生じると、本人たちも知らなかった未知で不可解なはたらきが生じてくる。それを頼りにしてこそ、常識的に言えば「八方塞り」とも言える状況に、解決の方向が見えてくるのだ。

奇跡とも呼べるような現象に接して、私は畏敬の念が起こってくるのを禁じ得なかった。そのような現象こそが治療の根本であり、それは私が「治す」という感じとはほど遠く、クライエントがそれ自身の潜在力によって「治る」のを感嘆して見ている、と言うべきであった。このことは、ユングがルドルフ・オットーの考えを踏まえて、「ヌーミナスな現象を慎重かつ良心的に観察すること」として定義した「宗教」に、まさに当てはまることと思われた。

ここに言う「宗教」は、既成の宗教の教義や儀式によって、魂の救済をはかる、というのではない。それは言わば人間の宗教体験の基本となる現象に注目することである。この際、観察する者とされる者との間の深い関係を前提とすることや、因果的に説明不能な一回限りの現象をも重視する点で、従来の「自然科学」とは異なっている。しかし、ドグマを持たずに現象を観察し記述しようとする態度は「科学的」と呼んでいいだろう。まさに宗教と科学の接点のあたりに存在する現象を扱ってゆかない限り、臨床心理を研究することはできない、という自覚はだんだんと明確になってきた。

とは言え、日本の心理学界における「科学主義」は堅固なものであり、簡単に河合氏の右のような考え方が通用する状況ではなかった。そこで河合氏は、できるだけ「事実」を述べ、臨床心理学を学ぶ人には心理療法の実際を「体験」してもらうように努めた。そうした積み重ねを通して、河合氏は右のような考え方を、少しずつ着実に、伝えるようにしたのだった。

先に見たように、河合氏は、一九八二年に久しぶりにアメリカとスイスを訪ね、旧知の友人をはじめ多くの人と話し合った。「そして、欧米においても西洋近代の自我を超えようとする動きが強くなってきており、心理療法を宗教と科学の接点に存在するものとして見ようとしている人たちが増加してきているのを知って、大いに意を強くした」(『現代人の宗教性』)。

一九八三年には、エラノス会議とトランスパーソナル学会に招待されて、発表を行なう。スイスのアスコナで行なわれているエラノス会議では、ユング派の分析家J・ヒルマン、W・ギーゲリッヒ、神学のD・ミラーに強い影響を受けた。同じくスイスのダボスで開かれたトランスパーソナル学会では、精神科医のS・グロフ、宇宙飛行士のR・シュワイカート、それに当時の会長C・バーニーらと語り合った。

エラノス会議に河合氏は、一九八三、八五、八六、八八年と参加し、発表を行なった。それらは後に *Dreams, Myths and Fairy Tales in Japan*, 1995, Daimon. として刊行されている。内容的には、第一章では、日本中世の物語における意識と無意識のあり方を夢の分析を通して行なった。第二章では明恵の夢について分析し、身体と心の関係を論じる。第三章は日本神話について、第四章は日本の昔話について、そして最後の第五章は『とりかへばや物語』について論じている。

なお、エラノス会議に河合氏を紹介したのは、井筒俊彦氏であった。河合氏は、本章でも見るように、井筒氏の著作から大きな影響を受けたのであったが、それだけではなく、井筒氏を中心とする研究会（メンバーは他に上田閑照氏、新田義弘氏など）からも多くを学んだはずである。ただし、この会のことについて、河合氏が語ることはほとんどなかった。

一九八五年には、日本でトランスパーソナル学会が開かれた。一九八三年に初めて参加した時から、ある種の「うさんくささ」を感じていた河合氏であったが、この学会ではユングの「共時性」に関心が集まっていたことなどもあって、河合氏は学会との「距離の取り方に苦心をした」。

ちょうどその頃、雑誌『世界』の編集部では、河合氏の多面的な活躍を目にして、河合氏に連載を依頼したいと考え、私のところに相談にきた。それで私はO氏（現『世界』編集長）と共に河合氏に会って、執筆を依頼した。最初、河合氏にしては珍しく慎重であったが、あれこれと話をするうちに、〝それでは思い切ってやりましょう〟と引き受けてくれた。河合氏自身、後に次のように書いている。「宗教と科学の対話ということは、二十一世紀の大切な課題になると私は思っている。しかし、この題で連載を依頼されたときは、あまりに荷が重くその任にあらずとお断りしようと思った。しかし、編集者との話し合いの間に、ともかく今考えている範囲内で書けることを書かせていただこうと思い直し、自由に書かせてもらったのがこの結果である。自分としては勉強不足を痛感じながらの仕事であった。／「たましい」について述べたりして、思い切った発言をしたのでどのように受けとめられるかと思ったが、思いの外に広い範囲の人たちに好意的な関心をもたれているように感じられた。ここに取りあげた、共時性、死、意識、自然などの主題に対して、その後、興味深い意見が広い範囲からもたらされてくるので嬉しく思っている」（著作集11、『宗教と科学』解題）。

連載は一九八五年七月から八六年の一月まで続けられ、同年五月に単行本『宗教と科学の接点』として、岩波書店から刊行された。単行本の編集には、私が当たった。これからその内容を検討していくが、その前に次節では、この連載に先立つ河合氏の仕事について、見ておくことにしよう。

## 2　無意識の科学の確立を目指して

一九八三（昭和五十八）年、私は自分で一から企画した最初の講座「精神の科学」（全十巻、別巻一）を実現することができた。この講座のことについては、拙著『理想の出版を求めて』で詳しく書いたので、ここでは河合氏との関係についてだけ、簡単に触れておく。私が企画の相談を最初に持ちかけたのは、河合氏であった。当時の精神医学界と臨床心理学界の状況を考えると、この企画は相当大胆な冒険であったと言わざるを得ないだろう。しかし河合氏をはじめとする編集委員諸氏（河合氏の他に、飯田真、笠原嘉、佐治守夫、中井久夫の諸氏）の尽力によって、多数の有能な若手の執筆者に登場してもらうことができた。その結果、日本における精神医学と臨床心理学の定着と発展に大きく貢献した、との評価を得た。

当時、河合氏が心理学の大学院生時代に愛読した『異常心理学講座』（みすず書房）の第二期が構想されていたが、「精神の科学」の成功によって、その企画は断念されたと聞いている。このことは様々な思いを誘うが、その最たるものとして、この二つの講座のタイトルの違いがある、と私は思う。学問を巡る時代の動きがそれを産んだはずであるが、「異常心理学」と「精神の科学」（傍点、大塚）との差は、明らかにこれらの学問の研究者たちが見せた姿勢の移行を表わしている。

その代表的な例と思われるのが、次に見る河合氏の論稿「無意識の科学」（講座「精神の科学」1、『精神の科学とは』所収、一九八三年）である。

河合氏は、エレンベルガーの『無意識の発見』に主として拠りながら、無意識を科学的に捉えようとした歴史を明らかにするところから出発する。そこに至るまでの前史は省略するとして、まずフロイトとジャネの場合を比較検討する。フロイトが無意識という概念を提唱し、それを解明しようとしたのは、何よりも神経症の治療という実際的な要請があったからである。そしてフロイトは、治療を行なうためには、患者にとっての客観的事実と同様に、心理的現実にも目を向けなければならないと考えた。つまり、精神分析とは「心理的現実」を取り扱う学問であることを明らかにしたのであった。それは、患者の無意識内に存在する空想や願望を対象とする訳で、極めて重要な転回点であったと言える。

しかし、フロイトは精神分析が科学であることを主張するために、その理論の基礎に人間の身体生理的な側面を置かなければならなかった。例えば、口唇期、肛門期、性器期といった考え方である。そうした科学的よそおいは、フロイトの理論を広く受容させることになった――もちろんそこに至るまでには、多くの抵抗と反撥があったが。

一方、ジャネは、フロイトより前にヒステリーの心理機制や、それに対する治療を行なっていた。彼は自らの治療を「心理分析」と名づけているが、それはフロイトの考え方とほとんど変わるところがない。「彼はヒステリーの症状が、患者の「意識下固定観念」によると述べているが、これはまさに無意識的なコンプレックスと同義語である。彼はまた、治療過程において「夢遊病性残留影響《アンフリュアンス》」が大きい役割をもつと述べているが、これは精神分析的に言えば感情転移の重要性ということになる」（「無意識の科学」、以下特に断りのない引用は同じ）。

このような先駆的役割を果たしたジャネであったが、なぜフロイトやその弟子たちの方が隆盛になったのだろう。それは「無意識の科学」の本質に関わる重要な問題である。エレンベルガーも言っているように、フロイトやユングにはドイツ・ロマン派の影響が見られる。それに比して、「ジャネは百パーセント遅れて出現した啓蒙主義の申し子」（アンリ・エレンベルガー『無意識の発見』下、森敏・中井久夫監訳、弘文堂、一九八〇年）であった。つまり、ジャネの方がより「科学的」であったのである。

にもかかわらず、ジャネの学説よりもフロイトやユングのそれの方が、長い目で見れば、受容され、発展した――この事実こそ、「無意識の科学」に内在するパラドックスを表わすものであろう。

ところで、神経症の治療という実際的な要請から成立した無意識の科学は、人間のさまざまな心理現象を通して、その研究を行なってきた。最初はそれらを通して、無意識的な心的過程が存在することを証明することに重点が置かれた。その後、無意識的心性の在り方を探ることが試みられるようになる。河合氏はそれらの現象を、次の五つに分類する。

①神経症症状
②言語連想
③催眠現象
④夢・空想
⑤日常の失錯行為

①については、すでに述べた。②の言語連想は、ユングの初期の研究に用いられている。単純な連想の際にも、反応の著しい遅れが生じることに着目したユングは、その現象を追求することによって、後に「コンプレックス」という考え方を創り出した。③の催眠は昔から用いられてきたが、フロイトやユングも初期には治療技法として用いていた。しかし、二人とも後にはそれを放棄するのは、注目に値することだ。④の夢や空想については、後に触れる。⑤の日常の失錯行為については、フロイトの『日常生活の精神病理』（一九〇一年）が著名である。

これらの現象を対象にして、様々な技法が開発され、それらは無意識の心的過程の存在を明らかにし、無意識の在り方の探究につながった。例えば、連想検査はロールシャッハ法やその他の多くの投影法へと発展した。また夢や日常行動の分析・解釈の技法は、さらに広く、人間の創出する文化・芸術などにも適用されることになる。

こうして、ジャネ、フロイト、ユング、さらにアドラーなどの心理学が、無意識の科学として確立されていくことになる。

## 3　夢と転移

　ここで、先に「後に触れる」とした夢の問題について、考えておくことにしよう。古代においては洋の東西を問わず、夢が意味深いものと考えられていたのは、周知のことである。しかし、啓蒙主義の時代になって、夢は不合理なもの、意味のないものと考えられるようになった。そうした状況の中にあって、フロイトは夢の持つ意味を「科学的」に明らかにしようと試みる。フロイトの『夢判断』は一九〇〇年に出版された。その中で彼は、夢は「ある（抑圧された）願望の（偽装した）充足である」と主張した。また彼は、夢には顕在夢と潜在夢があり、通常人が見るのは顕在夢であり、それは「夢の作業」によって歪曲されている、と考えた。その歪曲に着目して、もとの潜在夢にたどり着くことができれば、夢の意味が明らかになる。

　フロイトは、夢の作業とは「圧縮」、「置き換え」、「形象性への配慮」、「二次加工」からなるとした。このようなフロイトの考えは画期的なものであり、夢の持つ意味を明らかにするものであった。ところでユングは、特に「置き換え」の理論などに往々に見られる恣意性を批判し、顕在夢や潜在夢などと分けないでも、夢はそれ自体で意味を持っているのではないか、と主張した。

　このようにユングは、夢をそのままに取り扱うべきだと言い、さらに夢が劇的構成を持つことを明らかにした。それは⑴場面の提示、⑵その発展、⑶クライマックス、⑷結末という四段階に分ける考え方であった。そしてこのように夢の内容を分析してくると、それらが、ある場合には、世界中に存在する神話や昔話とよく似ていて、そこに人間に共通なパターンを持つことも指摘した。つまり、普遍的無意識の存在と、基本的パターンとしての元型ということを主張したのであった。

このようなユングの考え方に対して、評価しつつも厳しい批判を加えたのが、メダルト・ボスであった。彼はユングについて、「現象学を用いながら一方では自然科学的研究者であろうとしたため、その意図の遂行を最初から自分でさまたげてしまった」「自然科学的現象学なるものができるのなら、木製の鉄なるものを作ることもできるだろう」（メダルト・ボス『精神分析と現存在分析論』笠原嘉・三好郁男訳、みすず書房、一九六二年）と批判している。つまりボスは、フロイトやユングが夢を象徴として解釈することに反対したのだ。彼は、自らの現存在分析を、自然科学とは区別された、現象学的な経験科学であると主張したのである。

一方、一九五〇年代より、夢についての神経生理学的研究が画期的に進展した。レム期や断夢についての研究である。その詳細をここで辿る余裕はないが、結論的に言えば、人間にとって夢を見ることが必要である、と考えられるようになったのだ。

このような自然科学的研究と先に見た現象学的研究とが協同して、夢についての新たな研究の進展が望まれるところであるが、問題はそんなに簡単ではない。なぜなら、夢という対象を扱う場合には、どうしても観察者（治療者）と被観察者（被治療者）との人間関係が、複雑に関係してこざるを得ないからである。特に患者は分析が進むにつれて、治療者に特別な感情を抱くようになる場合が多い。

そうした現象をフロイトが感情転移（Übertragung）と名づけたことは、よく知られている。ところが、転移という現象は、通常の患者から治療者へという方向だけでなく、治療者から患者に対しても生じることが分かってきた。それをフロイトは、逆転移（Gegenübertragung）と呼んだ。最初のうち、フロイトやユングは、治療者が未熟だと逆転移が生じると考えた。それでユングは、治療者が自分の無意識心性によって影響されないようにと、教育分析を提唱し、フロイトもそれに賛同した（前著、一二三頁参照）。その後ユングは、逆転移の治療的有効性を認めるようになっていくが、その前提には、治療者と患者の双方に普遍的無意識が関わっているという考えがあった。それは、われわれの無意識は無限なので、それを分析し尽くすことなど不可能だ、ということでもあった。むしろ、治療の過程においては、治療者と患者の無意識が必ず関与してくるだけでなく、そのような関与を通して治療は進行する、と言うのだ。

つまりユングは、「治療者の意識的努力や判断によるのみでは、それが進行してゆかぬことを認めているのである。しかし、無意識をむしろガイドとして認めることによって、両者の意識は変容し治療が進むと考えられる。従って、このような治療においては、患者のみではなく治療者も共に人格の変化を経験することになるのである」。

ユング派ではこのように、早くから逆転移について積極的に評価する傾向があった。しかしフロイト派では、むしろそれを否定的に捉える傾向が強かった。ところが、フロイトの弟子のフェレンツィは、「患者に対して愛情のこもった親切な態度で接することが治療を成功に導くことを認め、それをフロイトにも認めさせようとした」。しかしフロイトは、「フェレンツィの方法は分析者への患者の依存を増大させたり、性的な溺愛へと導きやすい」と反対した。後に、フェレンツィの弟子のメラニー・クラインやカレン・ホーナイなどが、フロイト正統派とは少し異なる意見を抱くに至ったのは、フェレンツィの主張が影響を与えている。

このようなフロイトとフェレンツィの考え方の違いは、時に「治療者の父親的なものと母親的なものの対立」と呼ばれる。これと、先に述べたフロイトとユングの逆転移についての意見の対立を併せ考えるのは、興味深いことだ。つまり、「フロイト理論における、父性性の強調と母性性の無視としてとらえられるからである」。

そして河合氏は次のように言う。「ユングのような治療関係のとらえ方は、言うなれば、治療者と被治療者の区別を弱めるものである。あるいはまた、治療者自身が自らの無意識過程にオープンとなり、そこに生じてくる現象を自ら体験しつつ治療をすすめるという方法は、治療者を単なる観察者、解釈者にとどめるものではなく、自らが現象のなかにかかわってゆくことになる。つまり、観察者と被観察者との区別があいまいになるのである。ここにあげた、区別のあいまいさ、ということも母性的な原理に基づいていると言えないだろうか。フェレンツィは母性的献身を評価しようとした。これも言わば母と子の一体感に基礎をおくものと考えるとき、治療者と患者の区別は、また違った意味であいまいにされていると言うことができる。これらに対して、フロイトは父性原理の優位を譲らないのである」。

もっとも、最近の研究では、フロイト自身その理論とは別に、治療に当たっては、貧しい患者を無料で見たり、食事を共にしたりしていたことが、明らかになっている。また一九六〇年以降には、フロイト派でも逆転移の治療的意味が見直されてきているようだ。

ところで、ユングの弟子であるマイヤーは、転移の現象について、患者から治療者への一方通行的なものではなく、治療者から患者へも向かう相互的なものだ、と主張している（C. A. Meier, "Projection, Transference, and the subject-object Relation in Psychology," *Journal of Analytical Psychology*, vol. IV, 1959)。それは、「患者も治療者もともに、共通の場としての無意識のなかに形成されてくる元型的布置（archetypal constellation）の作用を両者共に経験してゆくものと考えられる」ことを意味している。「つまり、治療者も患者もそこに出来てきたコンステレーションに共にさらされるわけであり、治療者にとってなし得ることは、それをいわゆる「解釈」するとか「操作」すると言うのではなく、「その中に生きる」ことが要請される。パフォーマンスが最も重要なのである」。

右の文章の最後に出てくる「パフォーマンス」とは、哲学者・中村雄二郎氏の提唱した「臨床の知」の柱をなすものの一つである。そして次に見る「リゾーム」が同じく哲学者の市川浩氏の教示によるものであることを考えると、前に見た「都市の会」の持つ意味の大きさが、改めて理解できるというものだ。

それはともかく、コンステレーションについては、因果律によって理解できるものでないことを知っておく必要があろう。だから河合氏は次のように言うのだ。「治療の流れのなかで、われわれはそれを「意味深い偶然の一致」の現象として体験する。夢と現実とのかかわりはもちろん、一見無関係とみえたり、偶然にすぎぬとして棄て去られるような事に対しても、平等に注意を向け、それらを全体として把握するようにしなければならない。現象を因果的な連関によってのみ見るのではなく、非因果的なコンステレーションとして「読みとる」ことを学ばねばならない。そして、このような「読み」は、そのなかに生きていることを前提としてのみ成立するものであることを知っているべきである」。

ところで、先にあげた市川浩氏は、「都市の会」のある日の報告を、クリストファー・アレクサンダーの「都市は樹《ツリー》ではない」という言葉の解釈を中心に行なった。それは、よく知られているドゥルーズとガタリの「リゾーム」（根茎）という概念に対応する、「ツリー」（樹木）という考え方を明らかにしつつ、それらを市川氏自身の哲学的思索「〈身〉の構造」に援用しようという試みであった。換言すれば、市川氏は自らの身体論の基礎に、リゾームという概念を置こうとしたのである。

この報告を聞いて感動した河合氏は、その時以後、無意識について説明する際、ツリーとリゾームという考え方を用いることが多くなった。それを論文の形で最初に発表したのが、この「無意識の科学」だったのである。そしてこの考え方を援用しながら、結論的に次のように書いた。「このような反省に立つと、治療者は何らかの自分のよりどころとし得るモデルをもたないと、実際に治療をするのが難しいことが了解できるであろう。（中略）われわれはツリー構造のように、中心点をもって明確に分類可能なモデルではなく、自分の人格なり無意識なりが現象に関与することを認めた上で、自分にとって、その時に見える構造をある程度パターン化してみてはどうだろうか。従って、この場合のパターンは、常に変らぬ客観性や普遍性を要求するものではない。このことを、違う表現でいうならば、脱中心化を行うと共に、自分なりの焦点づけをするというべきであろうか。

（中略）これをコミットメントと呼んでいいと思うが、そのような焦点の決定によって、その個人はその人なりに全体が読めるであろう。（中略）彼は自分の読みが絶対的なものではなく、経験に従ってよりよいと思われるものに変更する余地を常に残しているのである。彼は自分の見方を一応持っているものの、その相対性をよく意識しているという点において、教義的ではない。このような方法もやはり経験科学と呼んでいいのではなかろうか」。

## 4　トランスパーソナルとニューサイエンス

このように真摯に、心理療法の方法論に取り組んだ河合氏であったが、それは実は河合氏一人の問題ではなく、先端的な少数の人によってではあったが国際的にも関心を抱かれ始めていたものであった。一九六〇年代後半以降、心理学の分野では、トランスパーソナル心理学と呼ばれる新しい潮流が見られたが、一九八三年にスイスのダボスで開かれた第八回大会に河合氏が招かれて出席したことは、すでに見たとおりである。そして一九八五年には、京都で第九回の国際会議が開かれ、河合氏は日本側の組織委員の一人となっていた。また、こうした動きと連動するかのように、一九八六年には、ブラジルで第一回国際ホーリスティック会議が開催され、同年イタリアのヴェネツィアで、ユネスコ主催で「科学と知の諸境界——人類文化の新しい開幕」という国際会議が開かれた。この会議には、哲学者の中村雄二郎氏が招待を受け、参加している（拙著『哲学者・中村雄二郎の仕事』第七章参照）。

こうした一連の国際会議で共通に問題とされたのは、いかにして「科学的」な認識を超えて新しい世界認識の方法論を確立するかということであった。ここでは、一九八五年五月に『中央公論』に掲載された河合氏の論稿「ニューサイエンスとしての心理学」によって、その内容を検討することにしよう。

周知の如く、アカデミズムにおける心理学の大半は、行動主義の心理学であり、それは物理学をモデルとして、人間行動を客観的に明らかにしようとするものであった。一方、フロイトの場合は先に見たように、無意識の領域にまで対象領域を広げたものの、自然科学のパラダイムから逃れることはできず、むしろ自ら自然科学的装いをこらすように努めた。それ故アメリカでは、精神分析的心理学はアカデミズムにも受け入れられるようになったのである。

一九六〇年代に入ると、心理学の第三勢力として、ヒューマニスティック心理学が台頭する。右の二つの心理学が科学的なパラダイムに縛られ、決定論的な観点から人間を捉えていったのに対して、それは人間の主体性を重視するものであった。つまり、人間の心を因果的連関の鎖で捉える立場に反対するもので、マズロー、ロジャーズ、ロロ・メイなどによって唱えられた。

これに続いて第四勢力として登場したのが、トランスパーソナル心理学だった。ヒューマニスティック心理学にあきたらなさを感じたマズローなどが音頭を取って、一九七二年に第一回のトランスパーソナル心理学会を開催する。時宜を得たこの学会は急速に拡大するとともに、会員も心理学のみならず、物理学、生理学などの自然科学、宗教学、文化人類学、さらには経済学の研究者まで加わるようになった。そして一九七八年の第四回の学会以降、国際トランスパーソナル学会と称するようになる。

右に見たように、トランスパーソナル学会は、心理学の枠組みをはるかに越えて、学際的になっていった。が、心理学の流れにおいて見るならば、その前駆的なものとして、ユング心理学、チャールズ・タートの変性意識の研究、S・グロフによるLSDを使った研究、東洋的心理学などをあげることができる。

ユングは二十世紀の初頭にフロイトと協働していたが、後に袂を分かつに至った経緯はよく知られている。その理由の一つが、両者の取り扱った病いの違いであった。フロイトはノイローゼの患者を多く治療したのに対して、ユングの患者は精神分裂病（統合失調症）が多かった。ユングは、フロイトの場合よりも、より深い無意識を扱わなければならなかったのだ。「ユングは精神分裂病者の語る幻覚や妄想を病的なもの、異常なものとして捨て去らず、それに対して虚心に耳を傾けた。それによって彼の得た結論は、精神分裂病者の妄想内容のなかには、古来からの宗教や神話などとの類似性が高いものがあり、外的現実とは異なっているにしても、内的現実を語る言葉としては了解し得るものがある、ということであった」。

このような了解を得るために、ユングは自身、精神分裂病者であるかのような内的体験をする必要があった。エレンベルガーはそれを「創造の病い」と呼んでいる。

もう一つユングがトランスパーソナル心理学に貢献したのは、「共時性《シンクロニシティ》」の考えである。これは『宗教と科学の接点』を検討する折に、詳しく見ることにしよう。アメリカでは、フロイトに比して、ユングは非科学的だと考えられていた。しかしベトナム戦争の体験は、アメリカ至上主義に深刻な反省を強い、公害・環境破壊問題は西欧社会を支えてきたキリスト教と自然科学に疑いの目を向けさせる。こうした状況の中で、新しいパラダイムが模索され、ユングに対する関心が高まっていった。その結果、西洋近代に確立された「自我」――それは自然科学とその応用である技術によって、世界をわがものとしたかに見えた――も見直されざるを得なくなる。

続いて一九六九年に、チャールズ・タートは『意識の変性状態』(Charles T. Tart, ed., *Altered States of Consciousness*, John Wiley)を出版する。これはアカデミズムの世界で著名なタートが、「未開」で「野蛮」な民族のシャーマンの意識を分析し、それらは欧米の神秘主義の宗教家たちのそれと同様に、深い洞察に満ちていることを明らかにしたものであった。つまり、この本も、西洋の近代的自我に対する認識と反省を、一歩進めるものであったと言える。

一方、精神科医のS・グロフは、LSDを用いて精神分裂病者を治療しようと考えた。また患者だけでなく、一般人にもLSD体験を広げることによって、人間は通常の意識では体験できない、心の深い次元に至り得ることを示した。「グロフはLSDによる体験の最も深い層は、トランスパーソナル、すなわち、その個人の体験を超えたものであることを指摘しているが、これはユングが普遍的無意識と名づけた層と一致するものである。グロフは洋の東西を問わず、宗教神秘体験として述べられてきた、人間と宇宙との一体感、超越的存在の直接体験などが、LSDという薬物の助けを借りて、一般人にも体験し得ることを示した」。その後LSDの使用は禁止されるが、グロフはその代わりとして瞑想などのテクニックを用いるようになった。

このようなトランスパーソナルの考えを見てくるならば、それが東洋の思想に対して、強い関心と評価を抱いているのは、想像に難くないことであろう。例えば、ユングは早くから東洋に対する関心を抱いており、易経《えききょう》や禅、マンダラなどの持つ深い意味について論じてきたのは周知のことである。とは言え、それらが、一種の異国趣味程度以上の扱いを受けることは、多くはなかった。

現在では、どうだろう。事情は大きく変わってきている。欧米人の多くが、思想家からヒッピーの青年たちに至るまで、禅やマンダラ、ヨガなどに深い関心を寄せるようになった。それを河合氏は、「男性原理から女性原理への歩みより」と捉え、次のように説明する。「男性原理による時間は直線的であるのに対して女性原理による時間は円環的である」。男性原理は「切る」機能によって、全体を部分に分割するのに対し、女性原理は「包む」機能で、すべてのことを全体として包み込む。「男性原理においては、細分化された部分的事象が直線的な時間軸上に、因果的に関係づけられる法則を見出すことが重要となるが、女性の原理ではむしろ、共時的な全体の布置を読みとることが重要となってくる」。

男性原理に則り、自然科学を生み出したニュートン＝デカルト的世界観に対して、東洋の知は主体と客体、物質と精神などを明確に区別することなく、全体としての認識を大切にする。そして、そのような女性原理に基づく知では、ノイマンの言うように西洋の近代的自我を男性の意識として位置づけるのに対し、「女性の意識」が重要になる。そこでは、「男性の意識のように心と体が完全に分離されていないので、身体の在り方と意識の状態は不即不離の関係にあり、身体を通じて意識の在り方を変えてゆくところが重要なのである」。

だから、坐禅やヨガなどで鍛えられた意識は、西洋近代の自我とは違った認識を得ることになる。

それは、西洋的自我が捨て去った、霊とか魂などについての認識であり、それらを「現実」として受けとめるならば、「これまでの近代自我を超えたトランスパーソナルな意識が拓けること」になるのである。

最後に、いわゆる「ニューサイエンス」との関連を見ておこう。

ここで河合氏が引き合いに出すのが、カール・プリブラム（大脳生理学者）とデイヴィッド・ボーム（理論物理学者）らの提唱する、ホログラフィック・パラダイムである。プリブラムは行動主義者として出発したが、ヒューマニスティックな考え方に変わり、やがてトランスパーソナル学会の中心的なメンバーとなった。彼は、英国のデニス・ガボーア（物理学者）がノーベル賞を受けることになった「ホログラム」を知り、脳のホログラフィックな構造について考えるようになる。

ところで、本節冒頭で河合氏と並んで、このような問題に関心を抱いている人物として、中村雄二郎氏のことをあげたが、中村氏もこのホログラフィを〝かたち〟を巡る議論（『かたちのオディッセイ』）の冒頭で取り上げている。詳しくは、拙著『哲学者・中村雄二郎の仕事』第七章を参照していただければ幸いである。いずれにしても、先に述べたような「都市の会」のメンバーが相互に似たような問題意識を持ち、時代の先端を切り拓いていったことは、記憶に止めておくべき事実であろう。

さて、ホログラフィは、光の波の干渉という性質を用いた写真術ともいうべきもので、レンズを使わずに三次元の空間に映像を結ばせることができる。そしてその映像のどの部分も、全体についての情報を含んでいる。つまり、どの部分からも全体像を知ることができる。換言すれば、「部分のみの情報ということは有り得ないのであって、部分は常に全体の情報と密接にかかわりあっているのである」。

とするならば、それはユングの共時性の考えと結びつくはずである。人間の脳がすべての事象のホログラフィであり、人間がそれらをすべて認識できるのであれば、人間は居ながらにして世界のすべてを知ることになろう。しかし奇妙なことに、通常われわれは、ある限られた事象のみを知覚しているのである。とすれば、特異な能力を持つ人が、例えばテレパシーといった超常的な知覚を持つとしても、不思議ではない。

ボームは、宇宙の構造がホログラフィックであると考え、人間の脳も同じ構造を持つと考えた。だから「人間の意識と物質とは基本的に同一の系に属し、ある種の隠された秩序をもつと考える」。それを「暗在系《インプリケート・オーダー》」と呼び、その表出として人間の意識や物質界がある、とした。その外に表出された世界を「明在系《エクスプリケート・オーダー》」と呼ぶ。ボームのこの考えは、「人間の意識の在り様により、それは物質界にも通じる秩序に触れるということにもつながり、意識の次元の深まり、意識の変性状態により、一般人の見る世界とは異なる現実を見ると考えたトランスパーソナル心理学につながるとともに、東洋的思惟とも関連をもつのである。つまり、部分が常に全体を「含む」という表現は、華厳経の教えにつながるし、彼の「暗在系」の考えは、創造の源泉としての「無」に通じるものを感じさせる」。

しかしながら、こうした考え方に対して、河合氏は興味深く受けとめはするが、「同型あるいは類似のものを、すぐに同じ、あるいは等価と考え、心＝脳＝宇宙という結びつきをそのまま受け容れたり、仏教の教えと物理学の理論を同じレベルで受けとめていいものかという疑問を抱かされる」と、あくまで慎重である。

そうした河合氏の慎重な姿勢を確認した上で、『宗教と科学の接点』で展開された議論について、以下で検討を加えることにしよう。

## 5 たましいのはたらき

まず、『宗教と科学の接点』の目次立てを見ることから始めたい。第一章「たましいについて」、第二章「共時性について」、第三章「死について」、第四章「意識について」、第五章「自然について」、第六章「心理療法について」である。

第一章「たましいについて」は、京都で開催された第九回国際トランスパーソナル学会の話から始まる。この会議は、前節で見たように、宗教と科学の接点をめぐって新しいパラダイムを見出そうという熱気が感じられるものであるが、その一方で東洋に対する思い入れが強すぎて、鼻もちならぬ感じがした、と河合氏は述べる。また、有名なユング派の分析家などが、高い旅費と参加費を払ってまでこの会議に参加し、宗教と科学あるいはスピリットに対する関心から、現代の西洋文明についての深い危機意識を表明することに、少なからず驚いたのであった。

例えば核兵器に対する危機感。この会議に参加した欧米人は、世界で唯一の被爆国である日本の人々よりも、はるかに強い危機感を抱いていた。同時に彼らは、その危機感を「西洋近代の文明一般に対する危機」として受けとめており、何らかの突破口を見つけなければ、という切迫感を抱いているのであった。日本人は、ともすれば、西洋近代の文明というとき、科学とキリスト教を対立的に捉えがちである。しかし、西洋近代の歴史を改めて辿るなら、科学そのものがキリスト教の支えの上に発展してきたのであった。その結果、現在では、「キリスト教と対立するものと見られがちだった進化論、マルキシズム、フロイトによる精神分析などは、広い視野に立つと、むしろユダヤ＝キリスト教の一神教的な考えの延長にあるものとして理解する必要があると思われる」。

したがって、トランスパーソナル学会に参加した欧米人が、西洋文明の危機と言うときには、自然科学のみではなく、キリスト教に対する見直しをも含意している。とすれば、彼らは「極めて強い中心の喪失感に襲われている」ということができる。

ところで河合氏は、ダボスの第八回大会に出席したのだったが、次回は日本で開催したいと言われ、大いに困惑したのであった。それで、自分にはあまりにも時機尚早と思われるので、協力し難いとはっきりと断った。会長のセシル・バーニー博士がその理由を問うので、河合氏は、「日本では未だニューエイジ科学運動に関心をもつ人があまりにも少ないこと、それに日本のアカデミズムは大変に「固い」ので、トランスパーソナルに出てくる人のなかには、やや「いかがわしい」人がいるために拒否反応が生じて駄目であること、を指摘した。そして、身体と心、自と他、東洋と西洋などと今まで対立的に捉えられていたことを、全体的《ホーリスティック》な観点から見ると言うと聞こえはいいが、このようなときには必ず合理的思考力の弱い、あるいは理論構成力の弱い人がやってくる傾向があり、日本の研究者はそのような人がたとえ面白いひらめきや直感力などをもっていても、まったく評価しないことなどをずけずけと話をした」。

それに対してバーニー会長は、学会全体のこととして自分もそれを心配している、発表者の厳選など会議の全体について自分が責任を持つので、可能な限り援助してくれないか、と答えた。その率直な態度に感心して、河合氏は日本での開催に同意する。その結果、日本での会議ではいかがわしい発表がなく、質の高いものになったが、参加者は相当少なくなった。

「トランスパーソナルということは、個人を超えることである。と言っても、これは個々の人間存在が大切でないと言っているのではない。むしろ逆に人間存在の大切さをそれは強調するものである。この大会を通じて、確かに一人の人間が「そこにいる」ということが実に重要であることを、痛感させられた」。このように書いた河合氏は、分裂病の心理療法家として名高いジョン・ウィアー・ペリーの報告について紹介している。彼は分裂病のことは全く話さずに、中国古代における理想の王の姿について語ったというのだ。「無為にして化す」という理想の王について語るペリーの話を聞きながら、河合氏は「彼は実のところ分裂病の心理療法の根本問題について語っているのだ、ということに」気づいた。

困難な精神分裂病の治療に長年専念してきたペリーに、尊敬の念を抱いていた河合氏は、いろいろと尋ねた。彼は、「どれほど妄想や幻覚に悩まされ、あるいは、荒れ狂っている患者さんに対しても、それをこちらが静めようとか治そうとかするのではなく、「こちらが自らの中心をはずすことなく、ずっと傍にいる」と、だんだん収まってくる」と言う。河合氏も、分裂病患者の傍にいて「中心をはずさずにいる」のがどんなに困難なことか、「何もせずに傍にいる」のがいかにエネルギーを必要とするか、よく知っているので、ペリーの言葉に深く賛成する。

ユングは精神分裂病者の治療にあたることが多く、その結果フロイトの考えに賛同できず、ついには決裂に至ったことは、すでに見たとおりである。ユングは、分裂病者のように深い問題をもつ患者に接しているうちに、人間のたましい（die Seele）について考えざるを得なくなった。たましいは実体概念ではないし、時間や空間によって定位されるものでもない。しかし人間は、たましいの作用やはたらきを体験する。分裂病の場合、その症状を患者個人の生活史や何らかの物質的原因に帰するのではなく、「たましいのはたらきとして見る方が妥当ではないだろうか」とユングは考えた。

もちろん、分裂病者に限らず「普通の」人間も、たましいのはたらきによって動かされる。例えば恋愛。人は時として、合理的判断を超える強い感情に捉えられてしまうことがあるではないか。人間は、そのようなユングがたましいと呼んだものといかに接触するかを考え、宗教という形で伝えてきた。宗教はそれぞれ宗派を持ち、たましいとの接触の独自の方法と理論を有している。しかしユングは、「たましいを宗教としてではなく、あくまで心理学として研究しようとした。すなわち彼は、固定した方法や理論、つまり儀式や教義を確定するのではなく、個々の場合に応じてたましいの現象をよく見てゆき、それを記述しようと試みたのである。もちろん、古来からの宗教の知識はその点において極めて有用であり、その多くを利用はしたが、どれか特定のものに頼ろうとはしなかった」。

たましいの現象は、不思議なことや不可解なことに満ちている。ユングは、それらを観察し、記録していた。が、多くの現象について発表することはなかった。公表しても、理解してもらうのは難しい、と考えたからだ。と同時に、彼の考えがあまりにも時代に先行しているからであった。その代表的な例として、次節で検討する「共時性」ということがある。

たましいに対する研究を通して、心理療法も根本的に変わってこざるを得ない。フロイトは、患者の症状の「原因」を探り、それに対処することで、心理療法を行なうことができると考えた。「しかし、治療者は人間の「たましい」を扱っていると自覚するかぎり、彼は原因結果の因果的連鎖のなかにおいて、その症状を理解しようとするのではなく、たましいのはたらきの不思議に身をゆだねることが大切となってくる。患者はおそらく、自らのたましいのはたらきをどこかで歪ませているのであろう。したがって、治療者は患者のたましいが自然にはたらく場を提供すること、そこに生じる現象を注意深く見守ることが大切である。人間の心とか身体とか、心のなかのどこか一部に焦点をあてるのではない。たましいに注目するということは、人間の全存在に対して開かれた態度で接することである。ペリーの比喩を用いるなら、中国の理想の王が全人民に対して心を開き、ただ無為でいたように、治療者は自分をも含めて、そこに存在するすべてのことに心を開き、無為でいるべきなのである」。

それでは「たましい」とは何なのであろうか。たましいについて、古来より時代や文化の違いによって、さまざまな考え方がなされてきた。河合氏は、ユング派の分析家ヒルマンの『元型的心理学』(J. Hillman, *Archetypal Psychology*, Spring Publications Inc., 1983) を手がかりにしつつ、たましいについての考え方を述べる。ちなみに、河合氏はユング研究所に留学した折に、そこで最初にヒルマンと会った。そしてその後、長い交友を続けたのであった。

ヒルマンは、「たましい」とは意図的なあいまいさを持つ概念である、と言う。それは明確な定義を嫌い、厳密には「概念」とさえ言えないだろう。でも、なぜわざわざそのようなあいまいな言葉を用いるのか。それに答えるためには、デカルトの行なった物と心の明確な切断について考えればよい。デカルトの切断はすべてのことを明確にした。しかし、その結果、人間存在の最も大切なものを失ってしまった。その最も大切なものこそ「たましい」であり、「デカルト的切断の明確さに対応するために、それはあいまいでなければならないのである」。もし明確に定義しようとするならば、デカルト的切断力によって、それは物か心かのどちらかに還元されてしまう。だからヒルマンが、「たましいという言葉によって、私はまずひとつの実体《サブスタンス》ではなく、ある展望《パースペクティブ》、つまり、ものごと自身ではなくものごとに対する見方、を意味している」と言うとき、それは明らかにデカルト的世界観に対抗しようという意図を表わしている。

デカルトは「考える」ことを重視した。たましいは「想像する」ことを重視する。「想像《イマジネーション》こそは、たましいのはたらきであり、それを端的に体験するのは夢であろう。夢の大切な特徴は、それが人間の意識的自我によって支配できぬことである。（中略）つまり、夢創作の主体は自我ではない。このような夢を創り出す主体をたましいであると考えてみるのである」。

想像は、空想ではない。想像は何らかの創造につながり、「何かしら自我のあずかり知らぬものを提出する」。だから「たましい」は、イメージ、メタファー、ファンタジーなどと呼ばれる一群の心のはたらきに深く関わってくる。「たましいは自我に対して神話をもって語りかけてくる。たましいから伝えられる生き生きとしたイメージは、外界の模像などではなく、それ自身独立に自律性をもって生じてくるのである」。「たましいは、物と心の切断からもれてきたものであるだけに、人間の身体と心の終焉である「死」と深く関係するし、従って、宗教とも関連してくる。自分の死をいかに受けとめるかについて、たましいはつねにファンタジーを送り続ける。身体と心とは、己れの死についてパースペクティブをもつことができない。このように、たましいは死と強く関連し、あいまいさをもつ故に、すべてのものがいかに明確に、明白に見えようとも、その影の部分を見る。たましいの言葉は、従って時に非常に暗く、破壊的ですらある」。

右に述べたことを改めて整理すると、次のようになる。たましいは、定義することができないので、それをわれわれはファンタジーや神話を通して感知することになる。中村雄二郎氏も、「神話の知」(それは「科学の知」に対するものである)について、その「基礎にあるのは、私たちをとりまく物事とそれから構成されている世界とを宇宙論的に濃密な意味をもったものとしてとらえたいという根源的な欲求」であると述べている(『哲学の現在』、岩波書店、一九七七年)。

そして、「たましいについての神話を自分にとって納得のいくものとしてつくりあげてゆくことが、ユングの言う個性化の過程(process of individuation)なのであり、それは死ぬまで続く過程なのである」。西洋近代の自我は、自他の分離の上に成立する独立した存在であり、他に対して自立的であろうとする。それは、すでに見たように、ノイマンの言う象徴的母殺しによる西洋近代の自我＝意識の確立に他ならない。こうした自我こそ、自然科学を確立させるための重要な条件だったのである。つまり「切り離し」による外界の客観的な認識は、このような自我によって支えられて、はじめて成立するものであった。それは、個々の人間とは直接関係しないものであり、「普遍性」を持つ。

しかし、このような自然科学が成立するための背景にキリスト教があったことを、われわれは忘れてはならない。「このように他と切り離して存在する自我は、自分自身のこととなると、それは神とつながっていることを信じ、自我は一度はこの世から消え去るかのごとく見えても、必ず復活するのだということを信じることによって、支えられているのである」。「知ること」は「信じること」によって支えられていたのだ。

このような自我は、西洋の近代において、極端な肥大化を経験する。「自我が神の座を奪ったのである」。そうなると、多くの欧米の人々がキリスト教を信じられなくなる。西洋の近代自我は、それでは一体何を支えにすればよいのか。そうした状況の中で登場したのが、エリクソンの「自我同一性」(ego identity)という考えであった。一時は、アイデンティティという言葉で彼らは救われたかに見えたが、それは自他の関係や仕事の遂行との関係で考えられていたので、本当の意味での救済にはならなかった。「西洋近代の自我は神の座を乗っとりつつ、一神教のパターンを継承しているので、彼らは自我のシステム内に矛盾の存在を許容できない。西洋近代の自我はその統合性の維持のため、それと共存できぬものをシステム外に追い出すより仕方がなかった」。

それらは、死(老)、狂、女、子どもなどであった。ここでもまた、これらの問題を論じた著作として、中村雄二郎氏の『魔女ランダ考』(岩波書店、一九八三年)をあげなければならない。ここで中村氏は、インドネシアのバリ島における〝魔女ランダ〟のあり方を検討することによって、西欧的な知を超えようと試みている（詳しくは拙著『哲学者・中村雄二郎の仕事』参照）。

こうした西洋の自我に対して、バリ島の場合もそうであるが、東洋の意識は知ることと信じることを明確に分けようとしない。ユングが『チベットの死者の書』について言っているように、東洋にあるのは「認知的宗教か宗教的認知のどちらか」（C. G. Jung, "Psychological Commentary on *The Tibetan Book of The Great Liberation*", in *Psychology and Religion : West and East*, Pantheon Books, 1958）なのである。

西洋的自我を超えようとするさまざまな試みの中で、現代の欧米人はこうした東洋の意識のあり方に大きな示唆を得つつあることを、トランスパーソナル学会の人々は示したのであった。

## 6　共時性の現象

第二章「共時性について」を見ることにしよう。ユングは、一九二〇年代の半ば頃から、共時性の問題を考えていた。しかし、約三十年間も自分の胸の中に閉じ込めていたのである。公けにしても理解されることはないだろう、と考えたからだ。一九五一年に至ってようやく、ユングはエラノス会議で「共時性について」という講義を行なった。

ユングによれば、心理療法の過程において、「意味のある偶然の一致」という現象が生じることがある。しかも「心理療法的に極めて意味深い形で生じる」と言うのだ。一九二〇年代の半ばに、ユングは次のような体験をした。「彼の治療していたある若い婦人は、決定的な時機に、自分が黄金の神聖甲虫を与えられる夢を見た。彼女がその話をユングにしているときに、神聖甲虫によく似ている黄金虫が、窓ガラスにコンコンとぶつかってきたのである。この偶然の一致がこの女性の心をとらえ、夢の分析がすすんだ」。この話だけ聞くと、何も「意味のある」などと大げさに言う必要がないのでは、と思われるかも知れない。しかし、もっと劇的な、例えば夢である人の死を見た翌朝、その人の死を告げる電話を受けるといったことは、夢分析の過程でしばしば起こる、と河合氏は言う。同様の体験は、ユング派以外の夢の研究者によっても報告されている。例えば第2節で見たメダルト・ボスもその著『夢　その現存在分析』（みすず書房、一九七〇年）で書いている。

ただ注意しなければならないのは、「死の告知の夢」が事実と合致する場合もあるが、外的事象と一致しないことの方がはるかに多い、ということだ。「従って、これらの一致が生じるからといって、これを因果的に説明することは不可能であると考える一方、それを単なる偶然として棄て去ってしまうことは、やはり片手落ちであると思われるのである」。

このような超感覚的知覚（Extra-Sensory Perception 略してＥＳＰ）の現象に対して、エーテルとか特別な電磁波などによるものだという、因果論的な説明がなされる場合がある。が、ユングはそれに反対する。「そして、その上で意味のある事象の重なりが非因果的な布置（acausal constellation）をつくることがあり得ることを認めようというのである。つまり、因果律と共時性は、事象を研究する上において相補的な役割をなすものであり、両者はまったく性格を異にする原理であることを認めるのである」。

このようなユングの共時性の考えを発展させたものの一つとして、易《えき》がある。彼は『易経』を文献として読むだけでなく、実際に自ら易を立てたのだ。『ユング自伝』には次のように書かれている。「ボーリンゲンでの一夏、この書物の謎を解明するために全力をあげて取り組む決心をした。古典的な方法において慣例となっている筮竹《ぜいちく》の代りに、私は自分で葦の束を切った。易経をそばに置いて、私は百年の樹齢を数える梨の木の下で、問いと答えの相互作用の結果として生ずる託宣を照合することによってやり方を練習しながら、何時間も土の上に坐っていたものだった」。

実際に自ら易を立てることによって、ユングは、それが意味を持っていることを納得した。「しかし、どうして、易をたてるという行為の結果と、人間のおかれている状況とが意味ある結びつきをするのか、このことを考えているうちに、これまで述べてきた共時性の考えが、だんだんと彼の心のうちに形成されてくるのである」。

『易経』は、具体的問いに答えるものではなく、「イメージ」を提供するものである。そのイメージをどう受け取るかは、個人にまかされている。ある問題に対して、合理的に考えても解決できない場合、それと対立する、もしくは相補的な原理を導入することで、つまり、偶然によって生じる事象を意味あることとして受け入れることで、解決をはかることがある。

河合氏は一九六〇年代の後半、ユング研究所に留学している時に、統制分析の訓練を受ける。詳しくは前著の第四章を参照していただきたいが、最初五人も集まってきた患者が、次々にやめていって一人しか残らなくなってしまった。すっかりあわてた河合氏は、どうしていいのか全く分からなくなってしまう。その時に河合氏は、易を立てたのである。それで得た卦は「地雷復」(一番下が陽でその他はすべて陰)であった。それを河合氏は、自らの男性性の弱さと受け取り、努力を重ねることによって、ほとんどの患者が戻ってくることになる。

この河合氏の行為は、ユングが言うように、因果律も共時性も共に重要であり、西洋の近代が因果的思考に依存しすぎて一面的になっている時に、それを補うものであったといえるであろう。

ところで、易のような共時性現象に着目した中国人は、その史観においても現象を全体《ホーリスティック》的に捉えようとする。つまり、歴史を描く最良の方法は、一致する事象のすべてを集めることによって、真の像を得ることである。それは因果律を重視する西欧的な史観からすれば、雑多なものの恣意的な集積としか見えない。ここで河合氏は、吉川幸次郎氏のアメリカの大学での体験を紹介している。吉川氏が中国の歴史を教えると、学生たちはこまごまとした記述はどうでもいいから、本質的なところを知りたい、と要求するという。換言すれば、彼らは中国人の史観を全く理解することができない、ということだ。「彼らのいう本質とは事象のなかに因果関係の連鎖を読みとることであり、中国の歴史の本質は、アメリカ人から見て末梢的と思える事象をすべて読みとった後に、全体のなかに浮かびあがってくる姿を把握することなのである」。

ここで私は、一九七四年に雑誌『図書』のために組織した、河合隼雄・由良君美・山口昌男三氏の鼎談「人文科学の新しい地平」のことを想い出さずにはいられない。私は三氏に、十八頁にもわたる長大な鼎談で、当時台頭しつつあった人文諸科学の動向を明らかにしてもらった。その項目の一つには「偶然性を読みとる技術」というのもある。この意欲的な（と私は思うのだが）試みに対して、評価してくれたのは、当時中国文学の最高の大家と称されていた吉川幸次郎氏だけだったのである（『理想の出版を求めて』、三二二頁参照）。今になって、ようやくその謎が解けた思いがする。

ところで、ユングは共時性という現象の背後に、元型（Archetypus）ということを考えた。河合氏は、ここで一つの例をあげる。「朝まだ明けやらぬうちに、牛乳配達がくる、小鳥がさえずり始める、そして朝刊の配達がある。この順序が確立しているとき、われわれは小鳥がさえずっているから、もう牛乳が配達されているだろう、とか、小鳥がさえずっているから、もうすぐ朝刊が配られるだろう、などという。しかし、これらの事象の間に因果関係は存在していない。これらの事象の背後にある、人間生活にとっての朝、明け方、というものによって、これらは布置されているのである。われわれは朝そのものを見ることも、手に触れることもできない。しかし、それは明らかに事象にあるまとまりを与え、それは意味をもっている。これが文化の異なるところに行けば、個々の事象は変わるであろう。あるところでは、新聞配達が来たから、そのうちに小鳥がさえずるだろう、と言うかも知れぬ。あるところでは新聞や牛乳の配達などまったく無いだろう。しかし、それは文化の異なるところにおいても、「朝」が人間にとってどのようなはたらきをするかは、たとえば、「活動の始まり」などの言葉によって、ある程度は一括的に記述できるであろう」。

　ユングは、人間の内界にも外界と同様に、われわれの意識を超えた一種の客観界が存在すると考え、それを類心的《サイコイド》領域と名づけた。右に述べた「朝」という現象が生じるとき、内界においてもそれに呼応する「朝」のパターンが生じ、人間の意識は外的現象を「朝」として知覚するのだ、と言う。人間がこの世に生をうけるとき、何もない外界に生まれるのではなく、いろいろと準備されたところに生まれるように、内界にもさまざまなパターンが可能性として存在しているところに生まれてくるのだ。「つまり、人間はまったくの白紙として生まれてくるのではなく、そのあらゆる行動において、ある種の潜在的なパターンを背負って生まれてくる。ユングはこのように考え、潜在的な基本的パターンを元型と呼んだ」。

続けて河合氏は、次のように言う。「朝が来ると相互には因果的連関をもたぬ事象があるまとまりをもって生じるように、ある元型が活性化されるとき、因果的に連関をもたぬ事象があるまとまりをもって生じてくると考えられる。たとえば、死の元型が活性化されると、その当人の死のみではなく、その人の愛していた時計が止まる、彼の知人が彼の死の夢を見る、などと因果的には説明できぬ事象が連関して生じる。このような考えによって、非因果的連関の事象をユングは説明しようとした」。そして、このような事象に接して、「それらをアレンジしたものとして何らかの超越存在を確信するとき、それは宗教となってゆく」のだと言う。

一方、宗教と対極にあると考えられる科学においても、共時性の現象は予想以上に早くから、着目されてきたと言える。ニュートンやガリレオにしても、いわゆる「科学的」思考だけを持っていたのでないことは、近年の研究で明らかにされてきた。また哲学者のライプニッツの「単子《モナド》」概念は、ひとつの単子は全宇宙を反映するミクロコスモスであり、単子同士は相互に作用を及ぼすことはないが、「予定調和」の下に互いに「対応」したり「共鳴」すると考える。これは明らかにユングの共時性の考えと同じではないか。

また二十世紀になると、自然科学の最先端で、それまでの「科学的」考え方に反省を迫る様々な問題が生じてくることになる。早くも一九〇六年にはラザフォードらによってα崩壊現象が研究され、自然現象のあるものは偶然性に支配されていることが明らかにされた。続いて量子力学の分野で、ハイゼンベルクの不確定性原理やボーアの相補性といった概念が提起される。前者は、現象の因果性を論じる以前に、電子の位置と運動量の双方を同時に正確に測定することはできないことを明らかにし、物事の決定可能性に関する疑問を提起した。後者は、光や電子がときには波動の如く、ときには粒子のように振る舞うことを示し、その矛盾した性質が相補的に働くという考え方によって、機械論的モデルに変更を迫った。

そして、二十世紀の後半になると、先に見たようなプリブラムやボームのホログラフィによる意識のモデルが提出される。ホログラフィにおける暗在系と明在系についての考え方について、ここで繰り返すことはしないが、こうした考え方がユングの元型的布置の考え方と重なる点があることには留意しておく必要がある。「つまり、元型という究極的には知ることのできぬパターンの顕われとして、元型的布置の現象が認められ、そこには共時的現象が生じるのである」。

さて最後に、河合氏の専門である心理療法と共時性の関係について、見ておくことにしよう。すでに一九五九年、UCLAに留学している時、癌と患者の心のありように関するクロッパー教授の研究に触れ、心身相関の問題は大変難しいこと、またそれはユングの言う共時性との関連で考えるべきことを教えられた（詳しくは前著、一五〇―一五二頁参照）。その時クロッパー教授は、ユングの弟子のマイヤー教授が最近、共時性について研究していると言った。そのマイヤーに、河合氏はユング研究所で分析を受けたのであった。マイヤーは一九六三年、河合氏がチューリッヒに留学している時に、「ユング派の観点から見た心身医学」（C. A. Meier, "Psychosomatic Medicine from the Jungian Point of View," *Journal of Analytical Psychology*, vol. 8, 1963）という論文を発表した。「そこで、彼は心身症の問題は共時的現象として見るべきことを提唱している。心が原因で身体の方が結果であるとか、あるいはその逆として見るのではなく、それは共時的に生じていると考える。従って、心身症に対して、その心理的原因を明らかにすることによって治療を行うということは、本質的には無意味と考えるのである」。

ここでも河合氏は、先に見たボームの考えを引き、それがマイヤーの考えに近いことを述べているのだが、ここでは省略し、次の言葉だけを引用することにしたい。「ここで心と体がファクターであるというのは、心と体の基盤となっているものとしての、より高次な実在があることを意味し、その高次の実在は心身の両者を超える性質のものなのである。あるいは、この高次の実在の次元において心身は究極的に一如であるとも言うことができる。心身症というのは、この高次の実在の状態が普通でないために、心にも体にもそれが反映されていると考えられる。ところが、われわれ人間は、その高次の実在そのものに直接に接することはできないので、心というファクターか、体というファクターを通して接近を行うのである。この場合に、心のファクターに対して、われわれがある程度の操作を行えるにしろ、それが「高次の実在そのもの」にどのように作用し、しかも、それが体というファクターにどう現われてくるかは、因果的に把握することはできないのである」。

ところで河合氏自身は、長年心理療法にたずさわってきた結果、「共時性の考えの実際的価値」について思い至るようになった。多くの場合、河合氏のところへ来る患者は、合理的、一般的な方法によっては解決できないような葛藤を抱いている。つまり、考えれば考えるほど問題解決の糸口が無くなってしまうのだ。こうした時に、共時的現象に心を開くと、「偶然として一般に棄て去られそうな事柄が、思いがけない洞察への鍵となること」があるという。ユングの場合、黄金虫の突然の出現が大きな意味を持ったように。

河合氏の言葉を聞こう。「ここで大切なことは、共時性の現象はそれを体験する主体のかかわりを絶対に必要とすることである。つまり、黄金虫の侵入は偶然として処理し得る。しかし、それを共時性の現象として受けとめることによって、そこに主体のコミットメントが生じる。近代合理主義によって硬く武装された自我は、ある程度の安定はもつにしろ、世界への主体的なかかわりを喪失する危険が高い。ユングがよく記述する、何もかもがうまく行っていて、しかも不安で仕方がないとか、孤独に耐えられなくなるような例が、これに当たるだろう。共時性の現象を受け容れることによって、われわれは失われていた、マクロコスモスとミクロコスモスの対応を回復するのだとも言える。つまり、コスモロジーのなかに、自分を定位できるのである」。「因果律による法則は個人を離れた普遍的な事象の解明に力をもつ。しかし、個人の一回かぎりの事象について、個人にとっての「意味」を問題にするとき、共時的な現象の見方が有効性を発揮する。そして、心理療法においては、後者の方こそが重要なのである」。

## 7　死と臨死体験をめぐって

第三章は「死について」である。河合氏は五歳の頃、弟の死をきっかけに、死について考えるようになった。それ以来、死の問題は河合氏にとって重要な関心事であったが、アメリカ留学中に不治の病いにかかった人に出会い、その人の「死の準備のための話し合い」をするように分析家に言われたが、どうしてもできないと断ったことがあった（前著、第一章及び第三章参照）。しかし同時に、河合氏は、自分がユング派の心理療法を選んだことに内的な必然性を感じ、嬉しくも感じたのであった。というのは、ユング派の考えでは、死の問題を避けて通るということがないからである。

心理療法家になった河合氏は、死の問題をずっと考え続けた。また注意深く観察すると、五歳前後の子どもたちが死について関心を持っていることも、分かってきた。さらに、人生における節目、例えば青年期とかにも、人は死に対して関心を抱くことが、理解されるようになる。一方、アメリカなどで〝エンバーミング〟（死人に化粧をほどこすこと）が隆盛であることを知り、現代文化が死を拒否しようと試みていることに疑問を抱く。そしてそのように死を拒否しようとするのは、現代人が持つ世界観の中に死が位置づけられていないからだ、ということに思い至る。

自分の人生の中に死をどう位置づけるか。経験したことのない死を、一回限りの生の中にどう定位するのか。「この問題に対する回答として、おのおのの文明はそれにふさわしい宗教をもった」、と河合氏は言う。「宗教によって死をうまく位置づけることによって、人々は安心して生きることができたのである」。

欧米人と話している時に、河合氏は「日本人は輪廻を信じているから羨ましい」と言われることがあった。そんな人はほとんどいないと答えると、それでは日本人はなぜあんなに平静に死を受容できるのか、と問われる。なかには特攻隊の例や、ハイジャックされた機中での日本人乗客のことをあげる人がいたという。欧米人から見れば、このような日本人の死に臨んでの平静さは、輪廻の信仰によるものに違いない、と思われたのであろう。それに対して河合氏が、ほとんどの日本人は輪廻どころか厳密な意味での「信仰」など持っていないと言うと、彼らは全く理解できないという顔をする。

もっとも、現代の日本でも、沖縄の人々やアイヌの人々の間では、生活の中に死がしっかりと定位されている。人々は神々と共に生き、老いや死もその生活の中にきちんと位置づけられているように見える。とすれば、現代日本人の多くが厳密な意味での信仰を持っていないとしても、「古来から日本人の無意識内に底流し続けている宗教性によって、あんがい日本人の安定感が支えられているのではないか」、と河合氏は言う。

先に見た「都市の会」のメンバーは、中村雄二郎氏を中心に、二回にわたってインドネシアのバリ島を訪問した。その旅に河合氏は参加しなかったが、中村氏はその体験から『魔女ランダ考』を書いたことは、すでに述べた。バリでは、人間の死はその生の中に、見事に位置づけられているのである。

ところで近年になって、欧米でも、これまで拒否しようとしてきた死を、虚心に見つめようではないか、という運動が起こった。それは、死を特定の宗教を通して見るのではなく、死という現象そのものを、無前提に捉えようという試みである。その死に関する研究は、「科学的」と呼べるものである。「しかし、その際に相手を客観的な対象として扱うのではなく、できるかぎり相手と共感し、経験をわかち持とうとする点において、従来の自然科学的な態度とは異なるといっていいだろう。しかも、それは研究者自身の内面に対しても目が開かれている点においても、従来の自然科学とは異なると言ってよい」。

それは、臨死体験（near death experience）の研究である。その草分け的存在はアメリカの精神科医のレイモンド・ムーディで、彼は一九七五年に *Life after Life*（『かいまみた死後の世界』中山善之訳、評論社、一九七七年）を出版した。彼は、医学的に死んだと判定された後に蘇生した人の体験や、事故とか病気などで死に瀕した人の体験を数多く集め、臨死体験にはある共通点が存在することを明らかにした。彼はそれらの共通点を組み合わせて、臨死体験のモデル＝典型を描き出している。河合氏も引用しているそのモデルを、少し長くなるが見ておくことにしよう。というのは、現在に至るまで、実に多数の臨死体験の研究書が刊行されているが、基本的にはこのモデルが中核となっているからである。

わたしは瀕死の状態にあった。物理的な肉体の危機が頂点に達した時、担当の医師がわたしの死を宣告しているのが聞えた。耳障りな音が聞え始めた。大きく響きわたる音だ。騒々しくうなるような音といったほうがいいかもしれない。同時に、長くて暗いトンネルの中を、猛烈な速度で通り抜けているような感じがした。それから突然、自分自身の物理的肉体から抜け出したのがわかった。しかしこの時はまだ、今までと同じ物理的世界にいて、わたしはある距離を保った場所から、まるで傍観者のように自分自身の物理的肉体を見つめていた。その異常な状態で、自分がついさきほど抜け出した物理的な肉体に蘇生術が施されるのを観察している。精神的には非常に混乱していた。

しばらくすると落ちついてきて、現に自分がおかれている奇妙な状態に慣れてきた。わたしには今でも「体」が備わっているが、この体は抜け出した物理的肉体とは本質的に異質なもので、きわめて特異な能力を持っていることがわかった。まもなく別のことが始まった。誰かがわたしに力をかすために、会いにきてくれた。すでに死亡している親戚とか友だちの霊が、すぐそばにいるのがなんとなくわかった。そして、今まで一度も経験したことがないような愛と暖かさに満ちた霊――光の生命――が現われた。この光の生命は、わたしに自分の一生を総括させるために質問を投げかけた。具体的なことばを介在させずに質問したのである。さらに、わたしの生涯における主なできごとを連続的に、しかも一瞬のうちに再生してみせることで、総括の手助けをしてくれた。ある時点で、わたしは自分が一種の障壁《バリヤー》とも境界《ボーダー》ともいえるようなものに少しずつ近づいているのに気がついた。それはまぎれもなく、現世と来世との境い目であった。しかし、わたしは現世にもどらなければならない、今はまだ死ぬ時ではないと思った。この時点で葛藤が生じた。なぜなら、わたしは今や死後の世界での体験にすっかり心を奪われていて、現世にもどりたくはなかったから。激しい歓喜、愛、やすらぎに圧倒されていた。ところが意に反して、どういうわけか、わたしは再び自分自身の物理的肉体と結合し、蘇生した。

このような臨死体験について、当然ながら様々な疑問や批判が寄せられた。河合氏は、そうした批判にも触れているが、ここでは省略する。わが国でも、立花隆氏などが精力的にこの問題を追究してきたこともあって、批判の論点が明確になってきているからである（立花隆『臨死体験』上・下、文藝春秋、一九九四年）。一方、そうした批判や疑問を考慮に入れた上で、より客観的な臨死体験についての研究も進展してきた。ここでは、アメリカの精神科医ブルース・グレイソン（コネティカット大学医学部）の「臨死体験に関する科学的解説」（『バーバラ・ハリスの「臨死体験」』立花隆訳、講談社、一九九三年、所収）から、臨死体験を構成する四つの要素について、引用することにする。これはレイモンド・ムーディをはじめ、それ以後に報告された百以上の文献を、統計学的に分析した結果だと言う。

1、時間の歪み、加速度的な思考、人生再現、突然何もかも理解できることといった認識的要素。

2、平和、喜び、宇宙的一体感を感じること、明るい光と遭遇したときの愛にあふれる感じといった情緒的要素。

3、ＥＳＰ能力（超能力）、未来予知、体外離脱といった超常的要素。これには視覚や聴覚の能力が異常に強化されるという例を含む。

4、明らかにこの世ではない世界へ足を踏み入れるという超越的要素。神秘的な存在との出会い、霊的存在を目撃すること、そこを越えると元の世界に戻ることができないあの世との境界線との出会いといった要素を含む。

2の要素について、ムーディは先にあげた本の中で、「わたしが研究した事例に共通する各要素の中で、最も信じ難く、同時に体験者に対してまぎれもなく絶大な影響を与えているのは、非常に明るい光との出会いである」と書いている。また「その生命から発散される愛と温情は、ことばでは到底説明しきれないものであり、彼らはこの光の生命に完全に包み込まれ」るとも言う。この光が何であるかは、体験者の信仰、教育、信念などによって左右される。だから人によって、キリストであったり、天使であったり、単に光の生命であったりする。

この〝光〟に言及している文献の中で有名なのは、『チベットの死者の書』である。このチベット密教の経典は、一九二七年にエヴァンス・ベンツによって英訳され、三五年にドイツ語版が刊行された時には、ベンツの依頼によってユングが注解を執筆したことでも知られている。「この書は死んでゆく人の枕辺で僧が読誦する「枕経」的なものであるが、死者の魂が輪廻を離脱して不死性を獲得する方向に向かうように教えるものであり、そこには死者の魂がさまよう中陰の様子が描写されることになる。その描写がムーディの報告と類似性をもち、既に述べたような中陰の光明も、ムーディの言う「光の生命」との類似を感じさせるのである」。

ユングは右の注釈において、『チベットの死者の書』と、スウェーデンボリ（一六八八―一七二二、科学者・哲学者・宗教家）の著作との類似性を指摘している。スウェーデンボリの霊界体験でも「主の光」について記述されているという。洋の東西を問わず、臨死体験と古来からの「死後の世界」の記述が似かよっているのは、興味深い事実と言わねばならない。

ここで河合氏は、一つの大胆な仮説を提起する。それは、宮沢賢治の『銀河鉄道の夜』が、賢治自身の臨死体験を基にしたものではないか、という推察である。というのは、『銀河鉄道の夜』には、ムーディの臨死体験の記述と「一致あるいは類似するものがあまりにも多いからである」。『銀河鉄道の夜』が賢治の妹とし子の死に関係していると説く人は多いが、河合氏も賛成する。賢治の悲しみの深さは、「永訣の朝」とか「無声慟哭」などの詩に表現されている。「しかし、賢治の場合は、常人のような悲しみや嘆きの段階を通り越し、彼の類い稀れな宗教性のためにムーディの記述しているように臨死体験をもつことになったと思われる。あるいは、彼の妹に対する深い共感性の故に、妹の死出の旅路に行ける限り同行した——ジョバンニがカンパネルラにそうしたように——と言うべきであろう」。

河合氏は、まず「銀河ステーション」からの発車の場面に、注目する。

するとどこかでふしぎな声が、銀河ステーション、銀河ステーションと言う声がしたと思うと、いきなり目の前が、ぱっと明るくなって、まるで億万のほたる烏賊《いか》の火を一ぺんに化石させて、そこらじゅう沈めたというぐあい、またダイヤモンド会社で、ねだんがやすくならないために、わざと獲れないふりをしてかくしておいた金剛石を、だれかがいきなりひっくりかえしてばらまいたというふうに、目の前がさあっと明るくなって、ジョバンニは思わず何べんも目をこすってしまいました。

右の描写は、ムーディの「生命の光」の輝きと類似していると言う。その他、いくつかの細部にわたる類似をあげているが、それは省略しよう。その上で、河合氏は、単に細部の類似だけではなく、この作品と臨死体験に、「全体として感じとられる、この世ならぬ透明さという点と、確かにこの世のことでないことは明らかでありながら、単なる絵空事ではないしっかりとした実在感」が共通していることを認める。

ところで、そのような「しっかりとした実在感」について、キュブラー・ロスは、死後生（life after death）について信じている（believe）のではなく、科学者として知っている（know）と主張する（『新・死ぬ瞬間』秋山剛・早川東作訳、読売新聞社、一九八五年）。

一九五九年、つまりその死の二年前に、ユングはＢＢＣ放送のインタビューに応じた。「あなたは神を信じますか」という質問に対して、ユングはしばらく沈黙した後に、「私は知っています」（I know）と答えた。

この二人の言明に対して、河合氏は次のように書く。

ユングが「神を信じるか」と問われ、「私は知っています」と答えたのは、まず第一に「考えるよりは信じろ」という態度に対して一矢を報いたかった点があるだろう。よりよく考え、より多く知ろうとする態度によってこそ宗教性は深められると彼は主張したいのである。従って、事実に関係なくただ信じているのではなく、自分の経験的事実に基づいて彼の宗教は成立しているのである。しかし、その「事実」は単なる外的事実のみではなく、内的な事実も含み、内界は彼にとって——前章に述べた如く——ある客観世界なのである。従って、彼が「知る」

と述べているのは、「それ自体は未知のある要因と対峙している」ことを知っており、その未知のある要因を一般の同意に従って「神」と呼ぶことを意味している。そして、その「未知のある要因」と対決し、その現象を慎重に観察することこそ宗教の本質であると考えている。自ら経験し、そのことを「知る」ことが、彼の世界観の基礎にあることをユングは強調したいのである。

キュブラー・ロスの場合も同様のことが言えるであろう。彼女も「死」という人間にとって未知のある要因に対して、形而上学的に考えたり、特定の宗教の教義に従って考えようとしたり、信じたりしようとしたのではなく、死に対峙し、そこに生じる現象を慎重に観察したのである。そこに生じた現象を「知る」ことによって、彼女の死に対する考えや態度が生じてきたのであり、それはユングの定義するような意味での「宗教性」には相当するにしても、一般に考えられる「宗教」には当たらない。このことを強調するためにも、彼女は「知る」という言葉を用いたいのだろうと思われる。

最後に死後生について。ユングは『自伝』の中で、次のように述べている。「人は死後の生命の考えを形づくる上において、あるいは、それについての何らかのイメージを創り出す上において――たとえ、その失敗を告白しなければならないとしても――最善をつくしたということができるべきである」。つまり、われわれは現世を全力を尽くして生きるべきだが、それだけでは充分ではない。死後生についても思いを致すことによって、われわれの人生はより十全なものになると言うのだ。とは言え、死後生について、人間は、ユングが言うように、「お話を物語る——神話として話す——以上のことはできない」のである。

なお、河合氏は触れていないが、フォン・フランツも臨死体験について書いている（M.-L. von Franz, *Traum und Tod*, Kösel Verlag, 1984.『夢と死——死の間際に見る夢の分析』氏原寛訳、人文書院、一九八七年）。ユングの死に対する考え方——トランスパーソナルの考え方とも近い——が述べられていて、大変興味深い。

## 8 イスラーム神秘主義と「意識のスペクトル」

第四章「意識について」を見ることにしよう。河合氏はまず、深層心理学における無意識ということについて触れているのだが、これはすでに本章第2節で見た。ただ、ユングがフロイトと別れてから、独自の道を歩んだこと、特に東洋の古典——『易経』や『チベットの死者の書』など——には彼の考えと非常に近いものが書かれていることに気づいたこと、については確認しておく必要がある。また、西洋近代に確立された自我による「現実」の把握のみが唯一だとする考え方に対する反省が、一九七〇年頃以後現われてきたことについて、ベトナム戦争の影響、文化人類学の知見の反映、ＬＳＤなどのドラッグによる体験などをあげ、説明を加える。そうした状況の変化によって、トランスパーソナル心理学も生まれたのであった。

このような意識のあり方に対する根源的な反省は、特に西洋の人々をして東洋の知恵に目を向けさせることになる。河合氏は、以下の四つの側面から、その内容を明らかにしようと試みた。(1)イスラーム神秘主義、(2)ケン・ウィルバーの「意識のスペクトル」、(3)ドラッグ体験、(4)修行の過程。

まず、(1)のイスラーム神秘主義＝スーフィズムについて、河合氏は井筒俊彦氏の『イスラーム哲学の原像』（岩波書店、一九八〇年）によりながら、説明を加える。もちろん、意識の問題を論じるなら、同じ井筒氏の『意識と本質』（岩波書店、一九八三年）から多くを学ぶことができるのだが、井筒氏自身が「たんにイスラーム哲学史の一章としてではなく、むしろ東洋哲学全体の新しい構造、解釈学的再構成の準備となるような形で叙述してみようとした」と言う『イスラーム哲学の原像』に依拠しようという訳なのである。

スーフィズムにあって最初に問題となるのは、「現実、あるいはリアリティの多層構造」ということである。つまり、経験的世界における現実は、表層のそれにしかすぎず、その下にいくつもの層があると考えるのだ。そして同時に、そうした多層の現実を認識する「人間の側にも主体的に意識が同じような多層構造をもっている」と考える。表層の意識では表面的現実しか認知できず、深層の意識によって現実の深層を見ることができる。この場合注意すべきは、深層の意識という考え方は、深層心理学の「無意識」とは違う、ということである。リアリティの多層性ということに関して言えば、山口昌男氏も河合氏とほとんど同時代に、哲学のA・シュッツやアメリカ社会学の新しい潮流（P. Berger や Th. Luckman など）を手がかりにして、それを明らかにしていたのであった。（拙著『山口昌男の手紙』第三章参照）。

次に問題となるのは、意識と現実との関係である。井筒氏は言う。「ここでは一応、意識と現実、

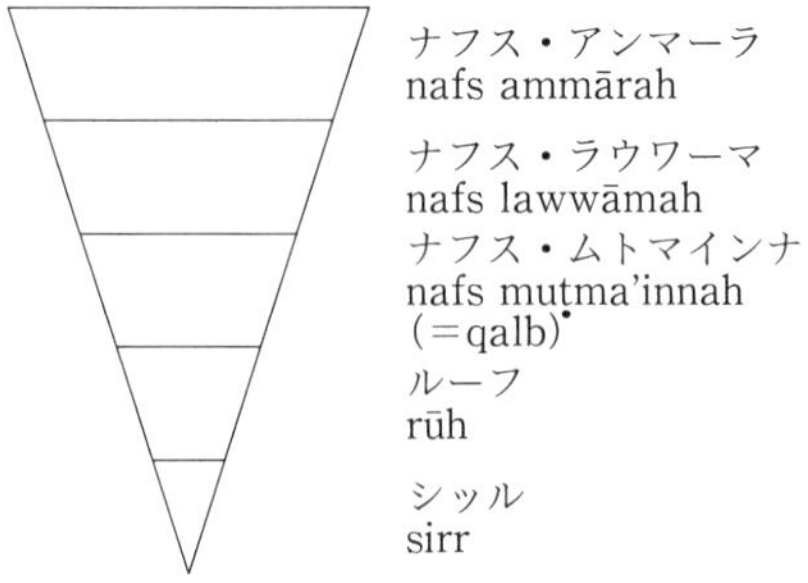


**スーフィー的意識の構造**（井筒俊彦による）

つまり主体と客体を区別し対立させて考えましたが、この区別はあくまで理論的説明の便宜のため常識的な主客の区別を利用しただけのことでして、神秘主義本来の立場からすれば、本当はこんな区別があるわけではない」。「いわゆる客観的現実と、いわゆる主体的意識とが混交し融合して揮然たる一体をなしたものだけが現存する。それが見方によって、つまり力点をどこにおくかによって、客体的現実になったり、主体的現実になったりして現われて来るだけのこと」なのである。普通の状態で深層の意識に到達するのは至難なことなので、「方法的組織的な修行によって意識のあり方を変える」ことが必要になる。それには「禅宗の坐禅とか、ヒンズー教のヨーガとか、宋代儒者の静座とか、荘子にみえている坐忘とか」がある。いずれも身体的側面を重視しているのが特徴的だ。

スーフィズムにおける意識のあり方を図式化すると、右上図のようになる。最上段のナフス・アンマーラとは、「強制的な命令をやたらに下す魂」という意味である。これは意識の感覚的知覚的領域に当たる。第二層はナフス・ラウワーマで「やたらに非難する魂」である。意識の理性的領域に該当するものだ。アラビア語ではアンマーラもラウワーマも、あまりよくない意味をもつという。第三層のナフス・ムトマインナは安定した安静な魂で、この層に至ってはじめて、通常の意識とは質的に異なった次元になる。「観想的に集中し、完全な静謐の状態に入った意識、これを特別な魂、つまり一つの意識の層と考えます。揺れ動く意識の表面の下にそういう静かな、物音一つしない領域が開けている」。そして「魂のこの第三層が意識、および存在の神的次元のしきいにあたります」。

第四層はルーフ（精神の意に近い）であるが、これは極めて特殊な意味で用いられる。「スーフィーの体験ではそれは限りない宇宙的な光の世界、輝き燃えて全世界、全存在感を燦爛たる光に照らし出す宇宙的真昼の太陽として形象化されます」。

最後の第五層はシッル（秘密の意）である。「意識論的にいえば、意識の最深層であり、ふつうの意味での意識を完全に超えた無意識の深みであります。スーフィズム的形象表現では、この聖なる場所で魂はあたかも一滴の水のごとく絶対的な実在の大海のなかに消融してしまう」のである。「ここに至って修行者の自我意識は完全に払拭されます。それまで彼の人間的実存の中核をなしてきました「われあり」の意識はあますところなく消え去って、無に帰してしまう。この体験を術語的にファナー（fanā'）と申します」。このファナーとは消滅とか消失を意味する。「われ」が消失してしまうのだから、他もなくなる。「絶対の無」ということになる。

そこではファナーの意識自体も無化されなければならないので、究極的には「ファナーのファナー」ということが要請される。そして、ファナーによって無化された意識が、突如として逆転し、無の意識になる。「意識の無が、無の自覚として甦るとでもいったらいいでしょうか。そういう新しい超越的主体としての無意識が、理論的にファナーの次の段階であるバカー（baqā'）です」。

「バカーとは、もともとアラビア語の意味では「残る」ということ。術語的には自己存続、一度無化された意識があらためて有化されたところに成立する主体」である。

スーフィズムの修行において、ファナーに至る意識改変の過程を「昇り道」と呼び、ファナーからバカーへの過程を「下り道」と呼ぶ。このようなスーフィズムの意識改変のあり方に関連して、河合氏は次のように言う。「ここで大切なことは東洋こそが真のリアリティを認識することを宗教との関連においてなし遂げようとしており、西洋はまったくその対極としての近代自我の意識をつくりあげていたということである。後者の意識が見るものは虚構であり、虚構であるが故に自然科学という強力な武器をつくりあげるのに役立ったのである。自然科学の力があまりにも大きいので、人間はそれによって自然を支配したとさえ錯覚したが、それは真のリアリティとは異なる世界を見ていたことに気づくと共に、そちらに目を向けていた東洋の宗教に対する関心が欧米において急激に強くなってきた。そして、現実を現実として見ようとする科学の最先端が、古い東洋の宗教の考えと接触をしはじめたのが現在の状況なのである」。

科学の最先端の動向については、すでに見たところであるが（二七五頁）、そうした成果を踏まえた上で、ケン・ウィルバーは「意識のスペクトル」という考え方を提起する。彼は図式を用いて、その内容を説明しているので、ここでもその図を見ることから始めよう（次頁）。

ケン・ウィルバーは、一番下の心（Mind）から説明を始めるが、大文字で記されていることからも分かるように、これは通常われわれが使う心とは別物である。これは先に見たスーフィズムにおける主客の区別のない、意識即現実のレベルと近いものだ。「リアリティとは観念的なものでも、物質的なものでも、霊的なものでも、具体的なものでも、機械的なものでもない」、「リアリティとは一つの意識のレベルであり、このレベルのみが現実的なのである」（ケン・ウィルバー『意識のスペクトル』1、吉福伸逸・菅靖彦訳、春秋社、一九八五年）。つまり、この「心のレベル」は非二元的な意識レベルなのだ。

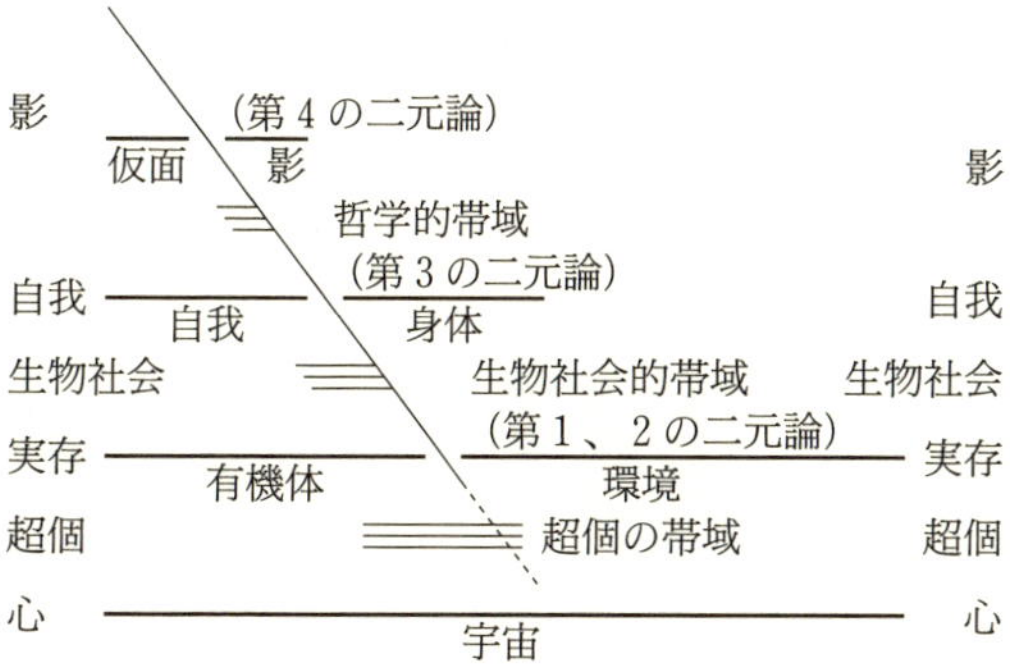


**意識のスペクトル（ケン・ウィルバーによる）**
（『意識のスペクトル』1、春秋社刊、より）

　次に人間は、「二元性ないし区分という幻想を導入し……このようにして欺かれた人間は、主体対客体、自己対非自己、あるいは単に有機体対環境といった最初の原初的な二元論に執着する」（同）。次に人間は生と死という第二の二元論に逢着する、とウィルバーは言う。さらに人間の意識は分割され、有機体的意識は自我と身体という、第三の二元論によって分割されることになる。

　心のレベルと実存のレベルの間には、「超個の帯域」がある。ここでは、心のレベルほど完全ではないにしても、主客の区別や時空の区切りがあいまいとなり、超常現象などが生じるという。先に見た臨死体験の際のさまざまな現象は、この帯域で生じると思われるし、ユングの言う普遍的無意識の層もこれと重なる、と河合氏は言う。

　さらに、意識は精神と肉体に分けられるが、ウィルバーはこれを自我と身体の分割とし、そこでの意識は「自我レベルの意識」と呼ばれる。このレベルにおいて、「死を避ける人間は、無常の身体から逃れ、一見、死なないかに見える観念上の自分自身に同一化する」とウィルバーは言う。自我レベルにおける人間は、リアリティについての直接的知識を持つことはない。しかし、だからこそ、人間の思考は発達し、近代科学の目覚ましい発展につながった。

次に第四の二元論として、自我は仮面と影に分けられる。自我は、自分と自分をとりまくものとの間で望ましい部分とそうでない部分とを分け、前者を仮面として採り入れ同一化する。一方、望ましくない部分は影として残される。この仮面（persona）、影（shadow）の議論について、河合氏は、ウィルバーの仮面―影、自我―身体を、それぞれ自我―影、精神―身体とした方が理解しやすいと言う。

ウィルバーは「これらのレベルは別個のものでなく、それぞれ無限に重なりあうものであ」り、「人が一つのレベルに限定されることはほとんどない。一日、二十四時間の間、全スペクトルを渡り歩く場合もある」と言う。この意識のスペクトルについては、人間の自我意識の確立過程と見ることもできるし、人間が本来持っていた深いアイデンティティを失っていく過程と読みとることも可能である。

(3)のドラッグ体験では、S・グロフの業績について簡単に述べている。河合氏によれば、「欧米人の仮面《ペルソナ》や自我は極めて強固に出来ているので、ユングの言うことや東洋の宗教など、単なるまやかしとさえ見られがちであったときに、LSDという強力な手段によって、それらがリアリティに関係していることを、体験的に知らしめたという点で、グロフの功績は真に大と言わねばならない」。

　元来、精神分析に興味を抱いたグロフであったが、それがあまりにも長期間にわたるので、そのプロセスを短縮しようと、ＬＳＤを使用することを思いついたという。出身地のチェコと移住先のアメリカで三十年間、ＬＳＤを用いて心理療法を続けてきたが、それが禁止されるに及んで、ＬＳＤを用いずに同様の効果が期待できる、ホロトロピック・セラピーを開発した。「それは一種の集団療法で、呼吸のコントロール、および音楽効果、それに身体的な動きなどを組み合せて深層心理の活性化をはかるものである」。

　このようなグロフの研究の結果、個人の意識変化は次の三段階からなることが分かったという。1、個人の自伝的レベル、2、周産期《ペリナタール》のレベル、3、超個《トランスパーソナル》のレベル。1では、ある個人が経験したことのなかで、その人の人格内に統合されなかったものや、未解決のままで抑圧されてしまったようなことが現われる。これは一般的な心理療法の場合と近い。

　2は出産前後の体験と類似するものである。このレベルでは、身体と自我が一体となっているので、異常な体感や痛みなどを伴うことがある。このような出産にまつわる体験は、生物学的な誕生の再体験を超えて、心理的・霊的な体験である、とグロフは主張する。

　3の超個のレベルは、先に見たウィルバーの超個の帯域や、ユングの普遍的無意識と重なる。このレベルでは、多くの神話的イメージが現われ、時空を超えた共時性の現象が出現するという。また、至高の存在に出会ったと感じた人は、それを言葉で表現するのは難しく、強いて言えば「至高の無」(supreme nothingness) とでも表現するより仕方がないという。それは、井筒氏の言うファナーの段階と相応するのでは、と河合氏は言う。

(4)の修行の過程について、河合氏は言う。「意識が表層から深層へと変化してゆく過程において「方法的組織的な修行」が必要であることを井筒は指摘していた。坐禅、静座、ヨーガなどの修行法が古来から開発されてきたが、これらはどれも身体の在り方も関連させているところが特徴的である。ウィルバーも指摘しているように、深層の意識は身体と関連が深いので、身体の在り方も修行の過程において重要となってくるものと思われる。／実際ここに述べた意識の変化は、その探求に相応する何らかの「経験」をもたぬかぎり意味をもたないと言ってよいほどである。このようなことは個人の生き方そのものにかかわる問題であり、単なる知的な問題として論じるのはあまり意味がない」。

この点に関して河合氏が、自分は心理療法で夢分析を常に行なっているが、それはある種の修行だと思う、と言っているのは興味深いことだ。そして、井筒氏の言う「ファナーのファナー」の境地に達したことは未だにないが、自分に可能な心理療法のレベルで仕事することが大切だと言う。また、ウィルバーの図で「心」のレベルに至ったと感じたことはないものの、「心」の顕われとして事象を見ることは、相当身についてきたのではないかと思う、とも述べている。「あるいは、もう少し開き直って言えば、第一章において「たましいとは何か」について論じた際に述べたように、あくまで「たましい」をあいまいさのなかに残しておき、明確な段階を措定したり、最高の(最終の)境地などということを考えたりせずに、あくまで手さぐりの過程を歩み続ける道を選ぶことに心理療法家の本質があるとも考えられるのである。従って、筆者はいわゆる神秘主義者とも宗教家とも異なると思っている」。

ところで、こうした修行の問題と、ＬＳＤの使用で一挙に深層の意識に下降することとは、どのように考えればよいのだろうか。一九八五年の夏、スイスで河合氏はこの点について、グロフの関係者たちと突っ込んだ議論を交わしている。結論的に言うとその違いは、「高山に下から歩いて上ってゆき頂上をきわめた人と、ヘリコプターの助けによって頂上に立った人との比較のようなことになるかも知れない。どちらも同じ景色を見るわけだが、その意味の深さという点では前者がはるかにまさるであろう」。

最後に、ケン・ウィルバーの言う「はね返り」現象について見ておこう。それは、先に見た意識のスペクトルにおいて、最上層の「影」のぎりぎりのところへおしつめられると、超個のレベルへ「はね返る」ことが生じる、ということだ。「苦痛で死に瀕した人が急に限りない静寂の世界を体験したり、超常現象を経験したりするような例である」。わが国の修行では、古来よりこのことが知られていたので、荒行がよく行なわれる。しかし、「はね返り」はいつも起こるとは限らないのである。

## 9　自然《ネイチャー》と自然《じねん》

第五章の「自然について」を検討しよう。河合氏は、夢分析の経験を通じて、日本人が「自然」

に対して特別な親近感を抱いていることに注目するようになったと言う。しかし、そこには少なからぬ混乱が存在しているのである。

現在、日本人の多くが「自然」という言葉を、英語のnatureの意で用いている。つまり、人間や人工的なものに対するものとして、山川草木や人間以外の動物、鉱物なども含め、それを宇宙にまで拡大して、「自然」と呼んでいる。しかし、そのような客観的対象としての「自然」という概念はもともと日本には存在しなかった。それなのに、natureという英語に「自然」という訳語を当てたために、混乱が生じてしまった。この間の事情を、柳父章氏はその著『翻訳の思想――「自然」とNATURE』(平凡社、一九七七年)で明らかにしている。

「自然」という言葉が最初に文献に現われるのは、老荘学派の古典である、と福永光司氏は言う(「中国の自然観」、新岩波講座・哲学5、『自然とコスモス』、岩波書店、一九八五年、所収)。そこでは自然という語は、「「オノズカラシカル」すなわち本来的にそうであること(そうであるもの)、もしくは人間的な作為の加えられていない(人為に歪曲されず汚染されていない)、あるがままの在り方を意味し、必ずしも外界としての自然の世界、人間界に対する自然界をそのままでは意味しない」のである。

この「オノズカラシカル」という考えは、「物我の一体性すなわち万物と自己とが根源的には一つであること」を認める立場へとつながる。つまり、「人間(自己)と自然界の万物とが根源的な一体性のゆえに存在者として本来的に平等であり、価値的な優劣に関して絶対的な基準の有り得ない」ことと考えられていたのだ。とすれば、福永氏の言うように、「西暦七―一〇世紀、唐の時代の中国仏教学をインドのそれと比較して最も注目されることの一つは、草木土石の自然物に対しても仏性すなわち成仏の可能性を肯定していることである」。

このような中国の「自然」に対する考えは、わが国にも伝来した。「自然」という言葉は「オノズカラシカナル」の意で用いられ、「自然《じねん》」と発音された。そこには、西洋人のように、客観的対象として「自然《ネイチャー》」を捉える姿勢は見られない。

一方、西洋で発達した自然科学の場合、「自然」を客観的対象として捉える姿勢の背後には、キリスト教の人間観・世界観が強く働いていた。神が世界を創造するとき、「われわれのかたちに、われわれにかたどって人を造り、それに海の魚と、空の鳥と、家畜と、地のすべての獣と、地のすべての這うものとを治めさせよう」(創世記一章二六)と言ったとされる。その結果、人間と人間以外の存在物との間には、明確な区別が存在することになった。ここに、自然科学が発達する基盤が作られたことは明らかであろう。

換言するならば、「自然《ネイチャー》」は西洋において科学の対象となり、「自然《じねん》」は東洋において宗教の本質に関わるものになったのである。そして日本の場合には、近代に至って西洋の「自然《ネイチャー》」の概念に接したとき、「自然《じねん》」の漢字を当てて「自然《しぜん》」と呼ばせた。当然そこには混乱が生じることになる。しかし、それにはそれなりの理由もあった、と河合氏は言う。つまり、わが国では、中国伝来の老荘の「自然《じねん》」を、「自然《ネイチャー》」に相当引きつけて見る態度があったからだ。「オノズカラシカル」ありようを、山川草木や日月のありように見出し、それらに超越的なものを見る——したがって日本では、山川草木そのものが神と見なされることになる。

ところで、中国の老荘思想における「自然」は、「物我の一体性すなわち万物と自己とが根源的に一つである」ことであったが、これを先に見たケン・ウィルバーの図式に当てはめて見るならば、最下段の「心」のレベルになる。「つまり、そのレベルにおいては、（中略）自と他の二元論が存在せず、自分は即ち世界、心はすなわち世界なのである。このレベルが老荘における「自然」である。これに対して、西洋の「自然《ネイチャー》」はケン・ウィルバーの図式によると、自我のレベルにおいて、自我が自分と切り離して対象化したものである。しかし、このような明確な自我の確立を西洋の近代がなし得たからこそ、自然科学の急激な発展が生じたのである」。

日本語でも自我とか自己という言葉を用いる。その場合の「自」は、自然の「自」であり、「オノズカラシカル」の意味で、「おのずから」を意味する。しかし「自」は、それだけではなく、「みずから」をも意味する。これは主体の能動的関わりを示すが、「おのずから」の方は主体の営為なくして、ものごとがひとりでに生じ存在することである。日本人はこの二つを使い分けてきた。しかし漢字を移入したとき、双方とも同じ「自」という表記を当てた。この点について、木村敏氏はその著『自分ということ』（第三文明社、一九八三年）で次のように言っている。「「おのずから」と「みずから」とは、一応の現象的な区別はあっても、根本においては一つの事柄を指しているという、いわば現象学的な理解がそこにはたらいていたに違いない」。

この木村氏の言葉を十全に理解するために、ここで河合氏はユングの自我と自己についての考えを検討する。ユングは、フロイトと訣別後、精神分裂病に近いような凄まじい内的体験をした。これを後にエレンベルガーが「創造の病い」と呼んだことは、すでに見た（一五七頁）。この体験を通してユングは、「自我の意志よりも高いものが存在し、それに対して人は頭を下げねばならない」、「われわれが内的人格の欲することや、語ることに従ってゆくならば、苦痛は消えさる」（『ユング自伝』）ことを学んだ。

この凄まじい内的体験こそ、「西洋近代自我のもつ意識とは異なる次元の意識状態への急激な下降」の体験であった。「このような経験の後に、ユングはだんだんと自分の全体的な総合性が回復されて来ることを感じるのだが、それを言語的には表現できず、図形によって示すことに満足感を感じるようになる。一九一六―一九年にわたって、ユングは自分でも半信半疑ながら、数多くの類似の図形を描く。それは円および正方形を基調とするものであり、全体的な均衡を示すものであった。そのうちユングはこのような図形がユングの「全存在」のはたらきの表現であり、それは彼の自我を超えたものであること、そして、自我がそのような全存在と調和的に機能しているときにこそ、心の平静が得られることを自覚しはじめた。ユングはこのような体験を踏まえつつ、精神障害者の治療を行なってゆくが、不思議なことに彼の患者たちも、ユングが何も言っていないのに、治癒過程において彼の描いたのと同様の図形を描くことに気づいたのである」。

ユングはそれを非常に重要なことだと考えたが、公表するには深いためらいがあった。しかし、その後リヒャルト・ヴィルヘルムによって中国の宗教について、またエヴァンス・ベンツを通してチベットの仏教について知るようになると、彼が体験したことが東洋ではすでに二千年以前から語られているのであった。つまり、ユングや彼の患者たちが描いた図形は、チベット仏教などで用いられるマンダラとよく似ており、彼が「自我を超える高い存在」として実感したものは、中国では

「道《タオ》」と呼ばれるものであった。

彼はそこで、自らの体験と考えが普遍的なものであるとの確信を得た。そしてリヒャルト・ヴィルヘルムが道教の煉丹術の書である『太乙金華宗旨』を独訳して出版した時(一九二九年)に、ユングはコメントを書き、その中で「自己」についての考えを明らかにした(*Das Geheimnis der goldenen Blüte, ein chinesische Lebensbuch.*『黄金の花の秘密』湯浅泰雄・定方昭夫訳、人文書院、一九八〇年)。河合氏は言う。「ユングはこの書物で、自我は意識の中心であるが、意識のみならず無意識に対しても考慮を払うような態度をもつと、全人格の力の中心は自我ではなく、意識と無意識の間にある潜在的な中心とも言うべき「自己」(self, Selbst)であることがわかると主張している」。ユング自身『自伝』の中で、「一九一八年から一九二〇年の間に、私は心の発達のゴールは自己であることを理解し始めた。それは直線的な発展ではなく、自己の周囲の巡行のみである。均一な発達は存在するが、それはたかだか最初のころだけで、後になると、すべてのことは中心に向けられる」と書いている。

このようなユングの考え方で、先にあげた「みずから」と「おのずから」を見ると、どうなるであろうか。「みずから」はユングの言う「自我」から発し、「おのずから」は「自己」から発する、と考えられる。日本人の場合には、自我と自己の境界線があいまいなので、両者は融合した形で体験される。それ故、「おのずから」も「みずから」も、木村敏氏の言うように、「根本においては一つの事柄」という理解になるのだろう。だから、河合氏は次のように言う。「日本の芸道においては「自然」ということが非常に尊ばれる。いろいろな行為が自然に行われねばならぬと言われるが、これは即ち行為の主体を自我から自己へと譲る境地を指していると考えられるのである。このようなことは、能動的主体としては自我しか考えられない西洋的な意識からすると、矛盾に満ちた言説であると感じられるのである」。ここではその一例として、オイゲン・ヘリゲルの『日本の弓術』をあげておこう（前著、一四四頁参照）。

次に、視点を変えて、進化論の問題を考えることにしよう。通常それは、自然《ネイチャー》を科学的に捉える立場だと思われているが、実は宗教と科学、東洋と西洋の接点に立つ、一筋なわでは行かぬ問題なのである。進化論を含めて、西洋の自然科学がキリスト教に支えられてきたものであったことについては、すでに見た通りであるが、ここではそれと対比的な進化論を提唱した今西錦司氏の考えを取り上げる。

今西氏は言う。「ここにダーウィニズムというのは、単なる理屈だけの問題でなくて、さきに私の心配しておいたとおり、なにか西欧人の心底にアピールするものがあるのでなかろうか。それは長い間にわたって培われた彼我のあいだの自然観のちがい、あるいは生物観のちがいといったようなものが、彼我のあいだの進化論のちがいとなって、反映しているのではなかろうか、と疑いたくなる。こうなったらダーウィニズムは生物学上の一セオリーというよりも、むしろ一つの神話として取りあげたほうがよいのかもしれない」（「自然学の提唱――進化論研究の締めくくりとして」『季刊人類学』14―3、講談社、一九八三年）。「さきに私の心配しておいた」というのは、ダーウィニズムの適者生存という考えが競争原理に基づいていて、それは「神様はつねにエリートの味方をしているということだ。そのへんのところが、キリスト教徒である西欧人には魅力的なのか、今年はダーウィン没後百一年目だが、いまだに共鳴者がたえない」という点を指している。

このダーウィンの競争原理に対して、今西氏の進化論の特徴は、「棲みわけ」による共存原理を掲げるところにある。また欧米の研究者が生物の「種」を問題にするのに対して、今西氏は「種社会」という全体的な捉え方をするのだ。種社会は、より大きな生物全体社会（holospecia）を構成している。だから今西氏は次のように言う。「われわれの見る生物的自然は、生存競争の場でなくて、種社会の平和共存する場であると見るから、私に進化とは種社会の棲みわけの密度化である、という言葉も生まれてくるのである」（前掲論文）。

さらに今西氏は「個体発生は系統発生をくりかえす」という考えに対して、「系統発生（進化）は個体発生をくりかえす」とした。ある個体が受精卵から出発して分化発展し、変わるべくして変わってゆくように、進化にあっても「変わるべくして変わる」のであって、ダーウィンの言う突然変異によって生じた個体が生存競争に勝って「適者生存」をするという考えとは、全く異なる立場をとった。

このように見るなら、今西説は自然《ネイチャー》についての進化を説明しているのではなく、むしろ自然《じねん》に近い現象について語っている、と言えるであろう。

このことは、今西氏を中心とする日本の霊長類学研究グループが、国際的に見ても極めてユニークな研究を行なっていることの一つの理由でもあろう。「つまり、わが国の霊長類研究グループの人は、西洋近代の自我意識によって、霊長類の「観察」を行っているのではなく、もっと異なる意識の次元へと下降し、そこで自然《じねん》に生じてくることを記述しようとしたのである」、と河合氏は言う。

続いて河合氏は、日本の昔話における自然の問題を論じるのだが、これはすでに第二章で見たところと重なるので省略する。

最後に、わが国における宗教的対象としての「自然」について検討を加えた河合氏は、水俣などの例を引きつつ、すでにそれは死んでしまったのではないか、という問題提起を行なう。「極論すれば、われわれ日本人が西洋に生まれた自然科学を受けいれ、それによって「進歩発展」を目指した時点において、日本人にとってのあいまいな神イメージの担い手としての「自然」は死んだと言うべきではなかろうか。われわれはニーチェの「神は死んだ」という叫びをよそ事のように聞いてはおれないのである」。

そして結論的に、次のように結んだ。「現代に生きるわれわれとしては、あいまいな形での「自然」との一体感にしがみつくことなく、対象化し得る限りは、自然を対象化して把握することを試みつつ、科学と宗教の接点に存在するものとしての「自然」の不思議な性質をよく弁えて、より深く探求を重ねてゆくことが必要であろう。人間がどう叫ぼうと、どう考えようと、神そのもの、あるいは自然《じねん》は簡単に死ぬものではない。ヨーロッパにおける神の死の自覚がより深い神への接近をもたらしつつあるように、日本において「自然」の死を自覚することが、自然のより深い理解をもたらすであろう」。

## 10　心理療法は宗教と科学の接点にある

最後に、第六章「心理療法について」を見ることにしよう。

結論的に言うなら、この章で河合氏は、「心理療法が宗教と科学の接点に存在するものであること」を明らかにしている。それはある意味で大変勇気のいる発言だったろう。なぜなら、いまだに心理療法は科学であり、宗教とは無関係であると主張する人は多いであろうし、おまけにここで河合氏の言う「科学」は、すでに見てきたように、通常の意味の科学とは異なったものであるから。

しかし、ここで語られている内容は、『宗教と科学の接点』刊行から六年後に出された『心理療法序説』（岩波書店、一九九二年）のそれを先取りするものであった。もともと、京都大学教授を退官するに当たって、それまでの仕事を集大成する形で執筆された『心理療法序説』であった（前著、三三七―三三九頁参照）ので、一応次に見る如く、体系的な形をとって書かれている。第一章・心理療法とは何か、第二章・心理療法と現実、第三章・心理療法の科学性、第四章・心理療法と教育、第五章・心理療法と宗教、第六章・心理療法における文化・社会的要因、第七章・心理療法における技法、第八章・心理療法の初期、第九章・心理療法の諸問題、第十章・心理療法の終結、第十一章・心理療法家の訓練。

つまり、このように整序された形で――換言すれば学問的な形をとって――執筆された『心理療法序説』も、実はその背景として、『宗教と科学の接点』で行なわれた知的・実存的冒険を持っている、ということでもある。この点においてこそ、私は河合隼雄氏を単なる学者・研究者の枠を大きく超えた、稀有の「人間科学」の冒険者である、と位置づけたいのである。

それはともかく、この章の内容に即して、簡単に紹介しておくことにしたい。

まず、心理療法が十九世紀の終わり頃から発展してきたもので、最初のうちは宗教に対立するものとして、教育、医学の分野から生じてきたことを明らかにする。心理療法が心理学から生じてこなかった理由は、すでに見たように、心理学が物理学をモデルとして、「客観的に観察し得る現象」を研究対象としていたからであった。換言すれば、近代的な自然科学の方法では、人間の心とかたましいは、研究の対象になり得なかったのである。

教育の分野では、指導、助言つまりガイダンスが行なわれた。しかし、心理療法の目的はそれと本質的に異なる。医学の分野では、フロイトの場合に典型的に見られるように、科学的な治療法が開発されたが、そのような医学モデルは心理療法においては、あまり有効でないことが明らかになってきた。

というのは、心理療法は患者自身の自己治癒の力を大切にし、それを利用することによってなされるのであって、治療者が治療する訳ではないからである。とすれば、治療者の役割はどんなものなのだろうか。河合氏は言う。「前記のような方法〔教育モデルや医学モデル〕が有効でないとき――われわれのところまで来られる人はこのような人が多いが――われわれの態度は来談した人を客観的「対象」として見るのではなく、自と他との境界をできるかぎり取り去って接するようになる。治療者は自分の自我の判断によって患者を助けようとすることを放棄し、「たましい」の世界に患者と共に踏みこむことを決意するのである。ここのところがいわゆる自然科学的な研究法と異なるのである。／このような治療者の態度に支えられてこそ、患者の自己治癒の力が活性化され、治癒に至る道が開かれる。従って、治療者は何もしていないようでありながら、たとえば、箱庭を患者が作ろうとするとき、どのような治療者がどのような態度で傍にいるかによって、その表現はまったく異なるものとなるのである」。

そしてさらに、次のようにも言う。「ここまで述べてきた治療者の態度は、（中略）できるかぎり人為を排して自然《じねん》のはたらきにまかせる、ということができるであろう。ここに心理療法にとっての宗教の問題が生じてくる。宗教と言っても特定の神を信じ、教義を守ろうと言うのではない。自分の自我を超えた自然《じねん》のはたらきに身をまかそうとする。しかし、あくまでそこに生じる現象を把握し、できるかぎり理解してゆこうとする態度は失っていない。従って、一般に考えられるように、宗教によって守られて安泰になるのではなく、むしろ、限りなく不可解な領域に正面から向かってゆこうとする態度を述べているのであって、危険に満ちていると言わねばならない」。

このような治療者の態度について、別の言い方をするならば、次のようになるであろう。すなわち、治療者は何もしないのだが、たましいのレベルにおいて、その現象に関わっていくのである。その時、すぐに原因と結果を結びつけたりせずに、事柄の全体像を、過去のみならず未来をも考慮に入れて、把握することが必要になる。それを河合氏は「コンステレーションを読む」と言う。「コンステレーションを読むためには、われわれは「開かれた」態度を持たねばならない。性急に悪や不正を排除しようとする態度をもつ人は、コンステレーションを把握できない。一般の人がすぐに拒否したがるような、症状や非行や事故なども、全体のなかに取り入れてこそ、意味のある構図が見えてくるのである。このように極めて「開かれた」態度で現象に接していると、第二章に論じた共時的現象が思いの外に生じており、それが極めて治療的に作用することを見出すのである」。

とは言え、コンステレーションを十全に読むためには、治療者は相当深い意識のレベルにまで下降しなければならない。だから、心理療法家になるためには厳しい訓練が必要とされる。そのためには、心理療法家は自らが心理療法を受ける体験を持たなければならない。教育分析が必須のこととされる所以である。深い意識のレベルまで下降することが求められるとすれば、ケン・ウィルバーの図式における「心」の次元では、死や死後の世界のことにさえ関わらなければならないだろう。その時に、キュブラー・ロスが言うように、それを「知」として表現できるか否か、換言すれば言語化不能の領域をどのように言語化するか、ということは大きな問題である。

そのようなことも含めて、河合氏は次の文章で『宗教と科学の接点』を締めくくっている。「東洋における宗教の基礎にある自然《じねん》と、西洋近代の科学の対象であった自然《ネイチャー》は、現代において思いの外に重なりを見せ、新しい科学、新しい宗教の課題となりつつあると思われる。「人間の性質《ネイチャー》は、自然《ネイチャー》に逆らう傾向をもつ」とはユングの言であるが、人間のネイチャーを問題とせざるを得ない心理療法という領域が、新しい科学と宗教の接点として浮かびあがってきたのも故なしとしないと思われるのである。人間の「意識」ということが、心理学の分野をはるかに超えて今後もますます大切な課題となるであろう」。

以上、『宗教と科学の接点』における河合氏の冒険について、追体験しようと試みてきた。もちろん、氏の最晩年に至るまで、そうした冒険は続けられたし、特に〝物語の冒険〟は本書後半の主題となるものである。

ただし、『宗教と科学の接点』の問題意識に即しての展開は、その後も続けられたので、そのことについて簡単に見ておくことにしよう。

実は、それらはいずれも私が編集し、河合氏に編集委員の一人になってもらって作った、二つの講座に発表されたものなのである。一つは「岩波講座・転換期における人間」(全十巻・別巻一、一九八九—一九九〇年)であり、編集委員は宇沢弘文、河合隼雄、藤澤令夫、渡辺慧の四氏にお願いした。もう一つは「岩波講座・宗教と科学」(全十巻・別巻二、一九九二—一九九三年)であり、河合隼雄、清水博、谷泰、中村雄二郎の諸氏に編集委員になってもらい、その他に門脇佳吉、西川哲治の両氏に編集顧問をお願いした。

前者には、河合氏は三本の論稿を発表した。「いま「心」とは」(第3巻『心とは』一九八九年)、「人間科学の可能性」(第6巻『科学とは』一九九〇年)、そして「いま、宗教とは」(第9巻『宗教とは』一九九〇年)である。この三本の論稿では、宗教と科学の接点に位置するものとして〝人間科学〟を浮上させた。特に、そのために〝多光源パラダイム〟の必要性を提唱したのであった。それは「何らかの一元的システムを「正しい」ものとして提出するのではなく、「現実」の多元性を認め、さりとて多元的現実を統合するようなパラダイムもにわかに見つからぬので、むしろ、そのような複雑な現実を照らす光源がいろいろとあり、異なる光源によって異なる角度から照らしてみるとき、現実が異なる様相を示すのだと考えてみるようにしてはどうだろうか」という考えであった。最後の論稿では、同じ問題を〝一神教と多神教〟という視角からも論じている。これは考えてみれば、岩波講座というアカデミックな装置の中で、ニューサイエンスやトランスパーソナル心理学など〝まゆつばもの〟と思われかねない領域にまで踏み込んで発言する河合氏の戦略だ、と言えなくもないだろう。しかし、新しい〝人間科学〟を築くためには、それは必須の観点であったはずである。

「宗教と科学」の講座では、河合氏は三本の論稿を発表した。「対話の条件」（第1巻『宗教と科学の対話』一九九二年）、「宇宙経験の意味」（第3巻『科学時代の神々』一九九二年）、「一神論と多神論」（第10巻『人間の生き方』一九九三年）。最初の論稿では、宗教と科学がそれぞれ「物語」という土俵を提供することによって、対話が可能になるのではないかと問い、臨死体験や前世療法のことなどにも触れている。二番目の論稿では、米ソの宇宙飛行士たちへの多数のインタビューなどを通して、最先端の科学技術と宗教の関係にメスを入れようと試みたのであった。最後の論稿では、文字通り一神教と多神教の関係を論じているのだが、注目すべきは〝方法としての多神論〟を提唱していることだ。これは従来あまりにも〝方法としての一神論〟だけが大手をふってまかり通ってきたことへの反省に基づく提唱であるが、河合氏の〝人間科学〟の内容をより豊かにする提言であることは明瞭である。

ここまで河合氏の、宗教と科学の接点に位置する〝人間科学〟をめぐる冒険を辿ってきた。このこと自体、かつてわが国では試みられたことのない大冒険であったと言えるだろうが、この後河合氏は、さらに高い山を目指して足を踏み出すことになる。次章以下で、われわれもその果敢な登山に同行することにしよう。

# 第四章　仏教への関心

## 1　菩薩とマンダラ

「都市の会」についてはすでに見たが、一九七〇年代の後半に、雑誌『世界』を場として開かれていた会合に、「例の会」というのがあった。メンバーは作家の井上ひさし、大江健三郎、詩人の大岡信、建築家の磯崎新、原広司、作曲家の一柳慧、武満徹、演出家の鈴木忠志、映画監督の吉田喜重、それに清水徹、高橋康也、東野芳明、中村雄二郎、山口昌男、渡辺守章といった学者の諸氏であった。その会合を私が引き継ぎ、そこから「叢書・文化の現在」（編集委員＝大江健三郎、中村雄二郎、山口昌男、全13冊、一九八〇―一九八二年）が誕生することになる（詳しくは拙著『理想の出版を求めて』第四章参照）。

「例の会」には、「都市の会」のメンバーであった中村雄二郎、山口昌男氏、それに私も加わっていたので、河合氏は「例の会」に親近感を抱いていたと思われる。だから、第5巻「老若の軸・男女の軸」の執筆者の一人として河合氏が参加したのは、ごく自然なことであった。「元型としての老若男女」をまとめてくれた（後に『生と死の接点』、岩波書店、一九八九年に収録）。一九八二年のことである。

「元型としての老若男女」は、河合氏にとって画期をなす論稿であった。なぜかと言えば、それは河合氏が仏教に関して言及した最初のものだったからである。これ以降、氏の仏教に対する関心はたかまり、一九八七年には、『明恵　夢を生きる』（京都松柏社）の出版にまで至る。本章では、その間の経緯を辿ることにしよう。しかしその前に、河合氏がどのようにして仏教に出会うことになったのか、一九九五年にアメリカのテキサスで行なわれた「フェイ・レクチャー」（後に『ユング心理学と仏教』、岩波書店、一九九五年、としてまとめられる）での河合氏の言葉を聞いておこう。

まず幼少時のエピソードから。これは前著第一章でも触れていることだが、河合氏が四歳のときに弟が死んだ。出棺の折に、河合氏は「棄てるな」と棺にとりすがって泣いた。母は弟の死に強いショックを受け、以後毎日仏壇の前で泣きながらお経をあげた。河合氏にとっては、お経とか仏教というものは、死に結びつく恐れや不安を誘発するものになった。一方、父からは禅の言葉、「日々是好日」とか、「直指《じきし》人身《にんしん》　見性成仏《けんしょうじょうぶつ》」などを聞かされていた。また、達磨大師の「面壁九年」といった話を聞いた。しかしそれらの体験は、河合氏に仏教についての関心を喚起するものではなかった。根っからの西洋好きの河合氏に、仏教はほとんど何の影響も与えなかったのである。

ところで、仏教との接触は全く思いがけない機縁から生じることになる。「それは私がアメリカに留学したことから始まります。私は東洋の宗教に出会うために、まずアメリカにそして続いてスイスにまで旅をしなくてはならなかったのです」。「ロスアンゼルスにいる間に仏教との少しの接触が生じました。分析の過程のなかで、ある日、分析家が禅の十牛図を見せてくれたのです。私は情ないことにそんな図が東洋にあることを全然知りませんでした。すでに述べたように、父親の影響もあって、禅には少し親近感があり、特にその「一瞬の悟り」ということに強い関心があったので、十牛図によって悟りの境地が十枚の図による「過程」として示されていることに強い印象を受けました」（実は、後にこの考えが十分でなかったことを、河合氏自身明らかにするのだが）。

また、ユング派のパーティに出席した折に、ある分析家からオイゲン・ヘリゲルの『禅と弓術』を読んだことがあるかと訊かれ、中学生のときに読んで深い感銘を受けたことを思い出した。「禅についての関心が高まってきて、ユングの序文〔大拙の本への〕などに刺戟され、鈴木大拙の禅仏教に関する書物〔*Zen Buddhism*, Doubleday & Co., 1956〕を英語で読みました」。禅にはこのようにして興味を抱き始めたが、その時点では、悟りの境地に達するとか、「その修行によって自分の心理療法家としての能力を高める、というようなことは考え及びませんでした」。

ユング研究所に留学して以降は、当然のことながら、ユングの著作を通して、マンダラをはじめとして仏教に関係することを多く学んだと思われる。しかし、どんなことをどのように学んだか、河合氏はほとんど語っていない。これは一つの謎である。

一九六五年に、分析家の資格を取得して帰国した。直ちに心理療法の仕事を始める。河合氏がユングの考えを紹介するに当たって、どれほど慎重であったかについては、これまでたびたび詳述した。

最初に河合氏のところに来た十三歳のクライエントが、三回目の面接時に語った夢は、次のようなものだった。

自分の背の高さよりも高いクローバーが茂っている中を歩いてゆく。すると大きい肉の渦があり、それに巻きこまれそうになり、おそろしくなって目が覚めた。

河合氏によれば、この不登校の症状を持つ少年は、太母の吸い込む力の前で、その脅威に圧倒されていたという。「少年の夢を聞いたとき、否定的な太母のコンステレーション（布置）が、この少年の背後になどと言わず、日本の全土にわたってできていると直覚したのです。すべての日本人――私も含めて――がその影響下にあるのです」。欧米と比較すると、日本文化では母性原理が圧倒的に優勢である。そこで河合氏は、「日本で分析を行なう際に、まず母元型の強さということを考慮することが重要である」と考えた。逆に言えば、日本人に元型について説明するときに、「まず太母の話からはじめるとよく理解されることがわかりました。日本人であるかぎりその元型のはたらきに強く影響されているので、説明するのに好都合なのです。それと日本では「母」と言えば絶対的と言えるほどの肯定的イメージが強かったが、日本が西洋文化の影響を受け、近代的自我の長所を知るに及んで、母の否定的側面がにわかに意識されはじめたという事実も、日本人の意識化を促進させる効果があったと思います」。

分析をはじめて数年後、ふと気がつくと、分析を受けにくる人の三分の一強がクリスチャンであった。しかし、「夢の中では、日本の神社や仏閣が重要な意味をもって出現するので驚く人も多くありました。だからと言って、私はその人にキリスト教をやめたり、仏教徒になることをすすめたりはしませんでした」。

また、十九歳の赤面恐怖症の男子は、夢の中で菩薩があらわれて、重要な役割を果したと、河合氏に語った。分析を始めてから数年経過し、症状もほぼ消失し、終結を考えていた頃のことだ。「この夢はクライエントが治療の終結を決意する契機になった夢であります。菩薩が同行してくれるならば安心で、彼も分析家に頼る必要はないであろう。外出することに強い不安を感じていた人が内的な「同行者」を獲得し、治療関係を終ってゆくことに感激しましたが、このクライエントも私も仏教にはまったく無関心であるのに、菩薩が顕われたことは驚きでありました。このような深い体験をしつつ、なお仏教に近づく気がなかなかしなかったのだから、私の仏教拒否も根が深かったと言わねばなりません」。

帰国後、河合氏が最初に行なったのが箱庭療法であったことについては、前著でも書いた。それは箱庭療法の方が夢分析よりも、日本人に向いているし、箱庭の写真をスライドで示すので、イメージのはたらきを直接的に認識してもらえる、と考えたからであった。この考えは見事に的中し、箱庭療法は日本中に広がった。しかし最初のうちは、箱庭に示されるものの象徴性とかマンダラについては、全く触れなかったという。

「箱庭療法による治療の成功例がつぎつぎと報告され、私はそれについてコメントするときに象徴性についても説明するようにしました。非常に興味深かったことは、マンダラについては治療者もクライエントも何の予備知識もないのに、重要なときに重要な意味をもってそれが出現することがわかったことです。マンダラ像が自然に出現したときに、私はマンダラについて述べたので、誰もが体験を通じてその意味を把握できたと思います」。そんなこともあって、河合氏は密教におけるマンダラについての知識を習得した。その道の専門家に話をきく機会もあった。ただ仏教学の伝統があまりにも強く、その体系があまりにも複雑なので、そこに深入りすると、目の前にいるクライエントの存在すら忘れてしまうのではないか、と危惧した。

最後に、ある中年女性のクライエントから河合氏が教えられたことについて、紹介しておこう。この女性の治療はなかなか困難だった。ある時、試しに箱庭をつくることをすすめたところ、彼女は予想以上に熱中する。それを見て河合氏は「よかった。これで治すことができる」という予感を持った。ところが次回に箱庭をすすめると、彼女は作ることを拒否した。「どうしてですか」と問うと、「この前箱庭をつくったとき、先生はこれで治せると思ったでしょう」と言う。河合氏は肯定せざるを得なかった。すると彼女は、「私は別に治して欲しくないのです。私はここに治してもらうために来ているのではありません」「ここに来ているのは、ここに来るために来ているだけです」と答えた。

彼女の言葉は、もっとも重要なことを教えてくれた、と河合氏は言う。誰かを「治す」ときに、深層心理の理論を「適用」できないことは言うまでもないが、「箱庭で治す」などという操作的な考え――それは近代の科学・テクノロジー的思考パターンに他ならない――が適切でないことも明らかであろう。彼女はその点を鋭敏に感じ取って、拒否したのだ。大切なのは、二人の人間が共にそこに「いる」こと。それは「治す人」と「治される人」がいるのではない。二人が共に「いる」

間に、「治る」という現象が生じるのだ。「そうなると、いったい治療者は何をしているのでしょうか、治療者の役割は何なのでしょうか。このあたりのことを真剣に考えはじめたところで、私にとって仏教ということが大きい意味をもちはじめました。仏教の教えに従って心理療法をしていたのではありませんが、自分のしていることの意味を考える上で、仏教の教えが役立つことに気づきはじめたのです」。

## 2　阿闍世物語と十牛図の検討

この節では、「元型としての老若男女」の内容を検討することにしよう。この論稿では、世に〝開成高校生殺人事件〟といわれる事件を考えることから始められる。この事件は、〝家庭内暴力〟をふるう一人息子の高校生を父親が殺し、父母は心中を試みたが果たせず、公判中に母親が自殺したというものだ。河合氏は、なぜこのような悲劇が今日生じることになったかを考える。

洋の東西を問わず、神話をひもとくならば、親が子を殺し、子が親を殺すというような話に満ちていることが分かる。かつて神々によって演じられたドラマが、今日ではそのまま人間世界で演じられている、と言うことができるかも知れない。それは、深層心理学で言うコンプレックスに、エディプス、ディアナ、カインなどの神話の登場人物の名が用いられていることからも、分かることだ。

この事件でも、両親は世間的な基準で言えば立派な人であったし、息子もよい子であった。しかし、子どもの心の無意識的な深層においては、母なるものというイメージが作用し、息子としてはそれと現実の母とを区別することは難しかったのだろう、と河合氏は言う。「人間の無意識内のイメージに注目すると、そこには、すべてを受け容れ抱きしめてくれる、慈母観音の像や、子どもを取って食べてしまう恐母としての鬼子母の像が存在していることが解る。これらの像を現実の人間に投影するとき、先に示したような悲劇が生じるのだが、古来から人間は、それらの像を神々の像として外在化し、それに対する畏怖の感情や、尊崇の態度を宗教的な儀礼によって示すことにより、それらの像に日常生活において直面することを避けてきたのである。無意識内に存在する凄まじく超人的なはたらきは、神のこととして奉り、日常の世界にそれが侵入してくるのを防いでいたので、人間は家族たちのつき合いを、人間のレベルで行なうことができたのである」。

近代になると、宗教の世界は縮小され、日常の世界が肥大化してくる。自然科学の発達は、宗教に伴う〝迷信〟を除去した。しかし同時に、家族に対する宗教的な〝守り〟を破壊してしまった。その結果、「昔は神々のこととして行われた、家族間の殺人や近親相姦が、人間のこととして行われねばならなくなったのである」。換言すると、「人間がその内包する意味を明確に知ることなく行為してきた神々に対する多くの儀式を廃すると共に、その儀式のもつ意味を明確に意識化することを必要とし、また可能とする時代が訪れてきた、ということができる。この意識化の努力を怠り、単に神々の存在を否定したり、儀式を廃したりするときは、人間は家族内で、人間のレベルを超えた憎しみや怒りを体験しなくてはならないのである」。

フロイトは、人間が成長していく上で両親との関係が重要であることを見抜き、エディプス・コンプレックスの存在を主張した。フロイトがソフォクレスの悲劇「エディプス王」に惹かれたのは、そこに父と息子の激烈な戦いが描かれていたからである。西洋文化にあって、意識的には、息子は父に従い、父と同一化して成長する。しかし無意識的には、父に対して激しい敵意を持つ、とフロイトは考えた。つまり、「人間は意識的には自分と同性の親をモデルとし、それに従って自我を形成してゆくが、無意識内には、異性の親に対する愛着、同性の親への敵意、罰せられることの不安を骨組としたコンプレックスが根強く存在している」というのだ。

このようなフロイトの考えに対して、わが国の精神分析学の草分け的存在である古沢《こさわ》平作が異論を提起した。古沢はフロイトの下で学んだのだが、一九三一年に「罪悪意識の二種」（小此木啓吾編『現代のエスプリ』148「精神分析・フロイト以後」、至文堂、一九七九年、所収）という論文を書き、そこで〝阿闍世《あじゃせ》コンプレックス〟という考え方を展開する。

まず、古沢の言う〝阿闍世物語〟を見てみよう（フロイト選集第三巻『続精神分析入門』訳者あとがき、日本教文社、一九五三年）。

王舎城の頻婆娑羅《びんばしゃら》王の王妃は韋提希《いだいけ》といった。彼女には子どもが無く、容色が衰えてきたので、王の愛を失うのでは、と恐れている。ある予言者に相談したところ、裏山の仙人が三年後には死んで彼女の腹に入り、立派な王子として生まれ変わるであろうと言った。王妃は待ち切れずに、仙人を殺してしまう。仙人は「わたしがあなたの腹に宿って生まれた子は将来かならず父親を殺す」と予言して死ぬ。こうして生まれたのが阿闍世であった。彼は立派な青年に育ったが、もう一つ気分が晴れない。あるとき釈迦の敵対者である提婆達多《だいばだった》が、阿闍世に対して彼の前歴を語る。阿闍世は父王を幽閉してしまうが、王妃は瓔珞《ようらく》(頭や頸にかけた装身具)に蜜をつめて王に差し入れ、王は生きながらえる。一週間後に母の行為を知った阿闍世は、怒って母を殺害しようとした。が大臣によって阻止される。阿闍世は流注《るちゅう》という病気になってしまう。阿闍世の苦悩は深まるが、釈迦によって救済される。

このような物語の上に、古沢は〝阿闍世コンプレックス〟を主張した。その内容は、小此木啓吾氏の要約によれば、次の三点ということになる(「日本人の阿闍世コンプレックス」、同名の中公文庫、一九八二年所収)。「①理想化された母への一体感＝甘え、②母によるその裏切り＝怨み、③怨みを超えたゆるしの通じ合い」。つまり、フロイトのエディプスコンプレックスでは、父親殺しという罪悪感を土台に形成されるのに対して、阿闍世コンプレックスの場合には、子どもが自分の罪を許されることによって生じる罪意識が土台になる、というのだ。ここには明らかに、ユダヤ＝キリスト教の峻厳な神の姿と、仏教における寛容な仏の姿の相違を見てとることができる。

ところで、古沢の語った阿闍世の物語は、実はその出典である『涅槃経』とは異なっているのだ。古沢の改変がどのようになされたかについて、河合氏は次の如く言う。「仏陀は男性である。しかし、その救いの基礎には母性原理がはたらいている。古沢平作がこのことを感じとっていたため、阿闍世の物語を意識的か無意識的か、父親殺しの話から母親殺しの話へと改変してしまったものと思われる」。

改変の具体的内容について記すことは、ここではしない。ただ最後に、河合氏がフロイトと古沢の考え方の違いをどのように捉えているかを、見ておくことにしたい。「ここでエディプスと阿闍世の比較に立ち戻ってみよう。古沢版阿闍世物語を基礎とすると、エディプスのスフィンクス退治に相応するものが存在しないこと、阿闍世は母親を殺そうとして殺し得なかったことが極めて印象的である。既に述べたように、わが国の文化は母親殺しを達成していないところに特徴をもっている。そして、スフィンクス殺しを達成したエディプスは母親と結婚する。つまり、母に対するエロス的な愛情の存在が、ひとつの大きい要素となっている。これに対して阿闍世と韋提希の間にエロス的感情ははたらいていない。男女の軸を結ぶエロスは、この物語においては象徴的な次元において、あまり大きい意味をもっていないのである」。

次に河合氏は、フロイトと古沢の考え方の違いの背景にある、西洋と東洋における個性化の過程あるいは自己実現の過程の違いを明らかにするために、西洋の錬金術と、東洋の禅における〝十牛図〟を比較検討する。

まず、一五五〇年に出版された『賢者の薔薇園』（*Rosarium Philosophorum*）を取り上げ、それをユングがどのように読み解いているかを紹介する。なおユングは、これを「転移の心理学」（"Die Psychologie der Übertragung," in *Praxis der Psychotherapie*, GW. 16）の中で書いている。『賢者の薔薇園』では、以下の10の図について説明が行なわれる。図1 メルクリウスの泉、図2 王と王妃、図3 裸の真実、図4 浸礼、図5 結合、図6 死、図7 魂の上昇、図8 浄化、図9 魂の回帰、図10 新生。

各図について、最小限必要と思われる説明を記すことにする。図1は錬金術的象徴の中心を示し、錬金術の「作業《オプス》」の神秘的な基礎を表わす。図2では、図1で明確に示されていなかった相対立す

図3　裸の真実

図1　メルクリウスの泉

図4　浸礼

図2　王と王妃

図5　結合

賢者の薔薇園

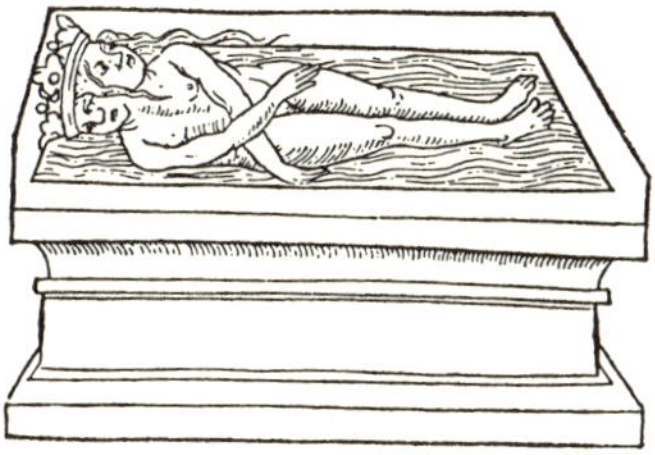

図6　死

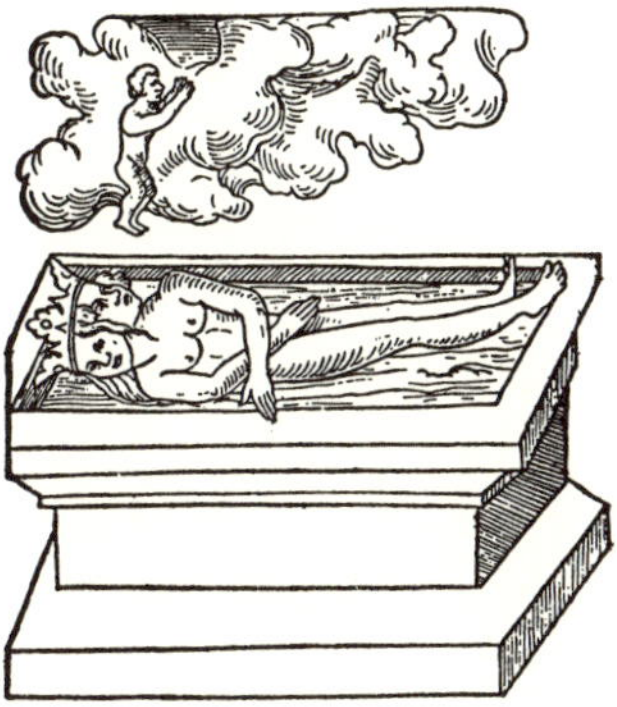

図7　魂の上昇

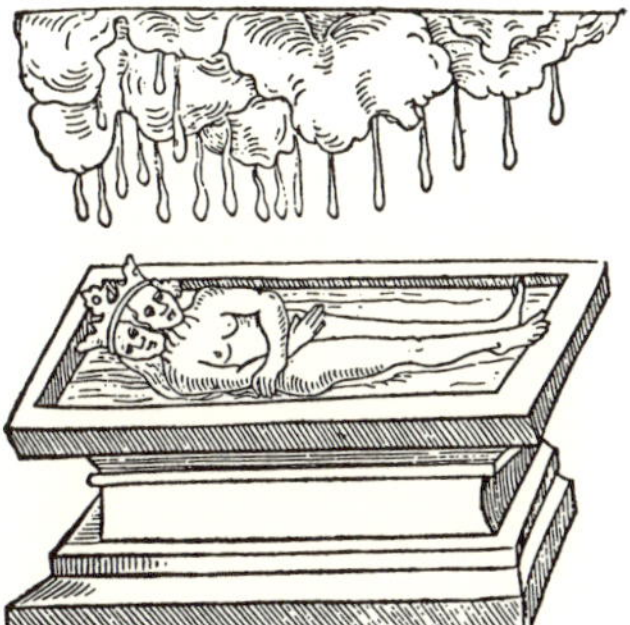

図8　浄化

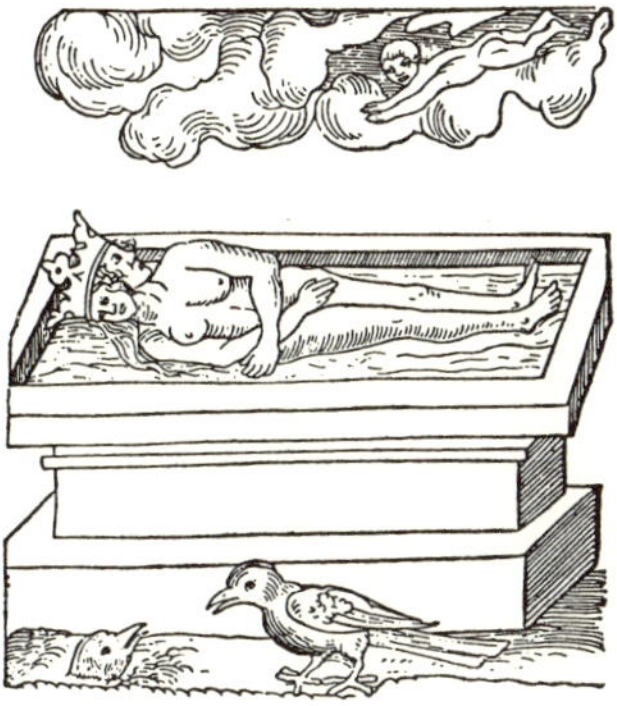

図9　魂の回帰

図10　新生

るものの結合という主題が詳細に示される。つまり、象徴的な意味での近親相姦の主題である。図3では、図2で宮廷服をまとっていた王と王妃が、衣服を脱いで裸の姿で相対している。図4では、王と王妃は液体につかっている。盤の中には図1のメルクリウスの液体が入れられている。これは〝溶解〟の状態をあらわす。王は精神を、王妃は身体をあらわし、それらを〝結ぶもの〟としてメルクリウスの水と鳩が描かれている。

図5では、王と王妃の海の中での結合が示される。図6は死をあらわす。王と王妃は二つの頭をもつ一つの身体となって横たわる。これは〝腐敗〟と〝受胎〟を意味する。「腐敗に到る死の過程を経てこそ、新しい生命の再生が生じる」。この死は近親相姦の罪に下された罰であり、錬金術の〝ニグレド（nigredo）〟の段階に当たる。「ニグレドは黒化を意味し、暗黒であるが、そこから新しい生命が生まれてくることが予感される」。

図7は、死体から脱け出た魂が上昇しているところを描く。「これに関連して、ユングは自分の患者たちから、横になっているときに魂が自分の体を抜け出した報告を受けたことに触れている」（河合俊雄『ユング　魂の現実性』、講談社、一九九八年、二三七頁）。前章で見た臨死体験の場面を思わせ、興味深い。図8では、天から雫《しずく》が降りてきて、黒い身体が浄化される。「これは錬金術におけるニグレドに続く、アルベド（白化）の段階であ」る。図9では、横たわった身体に息吹きをあたえるべく、天から魂が降りてこようとしている。

図10は新生をあらわし、これによって一連の過程は完結する。死より再生したのはヘルムアフロディテで、左半身は男、右半身は女で、月の上に立つ。

ユングが書いたこの『賢者の薔薇園』について、河合氏は次のように言う。「この過程に示された秘儀は、キリスト教の父性的な天上における精神的なものに対して、母性的な地上の物質的なものが強調されていると感じさせられる。つまり、ヨーロッパにおいては、その意識の確立にあたって、父—息子の軸が強く、自我は壮年男性像によって示すのが適切であるが、そのことを前提として、それを補償し、全体性を回復するものとして、両性具有的なイメージが出現してきたと考えることができる」。

次に、北宋の末に廓庵《かくあん》禅師によって作られた〝十牛図〟を見ることにしよう。『賢者の薔薇園』と同様に、ここでも以下の十枚の図によって自己実現の過程が示される。図1 尋牛《じんぎゅう》、図2 見跡《けんせき》、図3 見牛、図4 得牛、図5 牧牛、図6 騎牛帰家《きぎゅうきか》、図7 忘牛存人《ぼうぎゅうそんにん》、図8 人牛俱忘《にんぎゅうぐぼう》、図9 返本還源《へんぽんげんげん》、図10 入鄽垂手《にってんすいしゅ》。

図1では、一人の若者が何かを探し求めている。図2では、その若者が牛の足跡を見つける。図3、4、5については、特に説明を要しないであろう。図6では、若者は牛の背に乗って笛を吹きつつ家に帰ろうとしている。図7は家に帰ったところだが、そこには牛の姿が見られない。それは「自己が真に自己であるところへと帰着した境位である」。「牛と全く一つになり切ったので、牛が完全に自己化され、もはや牛として客観的に見られるところがなくなった」のだ。

図8では、前図で牛が消えたのにさらに人まで忘れ去られる。「1から7までの全過程は、ここで絶対否定され、一切のものを消し去った絶対無の境地になる。ここに7から8にかけて決定的な非連続の飛躍がある」。「この絶対無を始源として、第9、第10へと動きが生じる」。

図1　尋牛

図2　見跡

図3　見牛

図4　得牛

図5　牧牛

図6　騎牛帰家

図7　忘牛存人

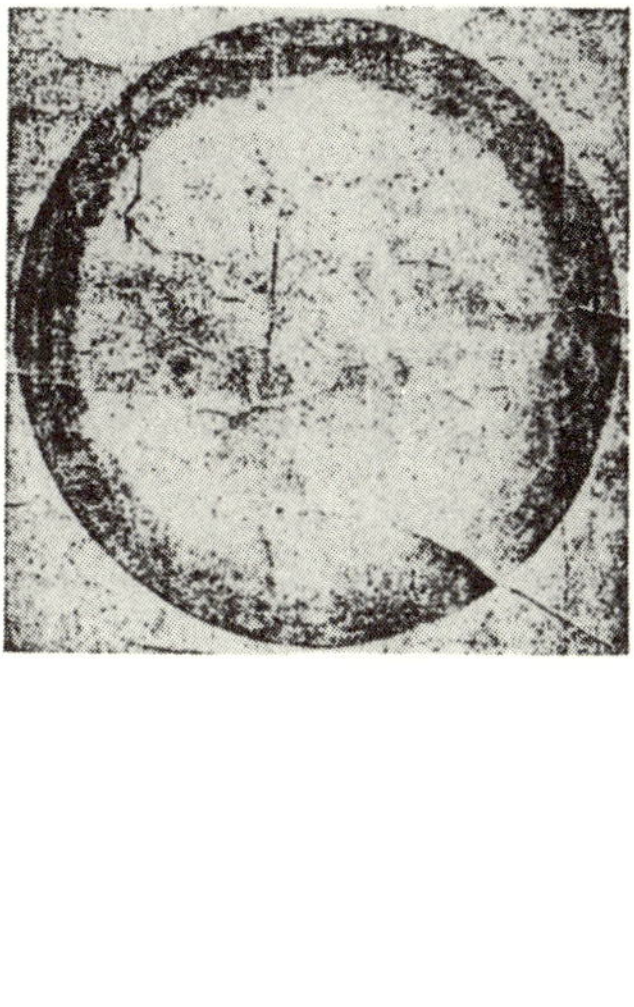
図8　人牛倶忘

図9　返本還源

図10　入鄽垂手

廓庵禅師十牛図

図9では、「川の流れと岸辺に花さく木が描かれ」ているが、「これは人間の内的状態を表わしたものとか、いわゆる心象風景などというものではない」。描かれた山水は「自己ならざる自己」を、「非対象的に具現しているもの」に他ならない。

図10では、「なんの変哲もない路上で出会う」老人と若者が描かれている。「入廛垂手とは、廛すなわち街《まち》に入って、手をさしのべて衆生のために尽すことを意味している」。「真の自己」は「向い合った二人」なのだ。「これは、錬金術の図の王と王妃が一体となっているのに対応している。二にして一なのである」。

以上で〝十牛図〟についてのごく簡単な説明を終える。その上で、錬金術の図とこれを較べるとどうなるか。まず、類似点について考えてみよう。両者は、図としては相当異質なものである。しかし、両者ともに10の図を通して、底流として「真実の自己」を求める過程を描いたものだ、と言うことができる。ただ、「それを把握する意識構造の差のために、その表現に差があると言えるのである」。

ただ重要な違いも、両者には示されている。錬金術の方では、それらは「心の内奥に生じていることを図示したわけであり」、したがってそれを見ている「自我」はそれに示されていない。一方、〝十牛図〟の牧人つまり「真の自己を求めている自己」は「自我」の姿であり、「十牛図には自我が図のなかに描きこまれているのである」。

本来、人間の自我＝意識のあり方は、多様なはずである。しかし、近代の西洋で確立された自我の優位性は、自然科学とそれに基づく技術の驚異的発達によって、他を圧倒するものとなった。

「欧米の自我＝意識は、男性、それも母親殺しを成しとげた英雄によって表わされるものである。これを、壮年男子の意識とでも名づけることにしよう」。この英雄は母親殺しの後に、世界との関係の回復を求めて女性との結合をはかろうとする。

ところで日本の場合は、どうなるのか。確実に言えるのは、「日本人における母性の優位」ということだ。しかし、ここで問題なのは、母性というものがすべてのものの区別を曖昧にし、全体として包みこんでしまうことである。おまけに、日本人の意識は、西洋との接触によって「相当の危機」に追い込まれている。このようなことを念頭に置きつつ、〝十牛図〟の最後の図の意味を考えてみよう。「西洋の図像が男女の共存によって、全体の回復をはかったように、こちらの図は、老若の共存によって、老の意識を補償し、全体性の回復をはかったのであろうか。しかしながら、十牛図のなかの若者が西洋流の英雄たらんと欲するなら、彼は第1図の尋牛の道にもどり、ウロボロス的な円環性に満足できるであろうか。彼は円環的な充足性よりも、直線的な進歩を願い、敢えて十牛図の円の外に突出することを欲するであろう。（中略）日本の若者たちは、現在のところいくら努力しても、太母の手のひらの上で跳びまわっている孫悟空のようなことになりそうに思われる」。

最後に再び阿闍世の物語に立ち戻ろう。それは本来、仏陀という高次の女性原理の下で展開された父親殺しの話であり、男たちのドラマであった。しかし古沢平作は、その日本的改変を行なうに当たって、「母性原理を顕在化させるために、意識的・無意識的に、それは母—息子関係を強調する物語に変えられていった」。そして仙人殺しを行なったのは韋提希としたのであった。彼女の行為は極めてエゴ中心的である。つまり彼女は、「極めてプリミティブな男性原理の体現者」として、描かれているのである。

このような古沢の改変を考慮に入れた上で、河合氏は次のようにまとめている。「ともあれ、仙人殺しをなしとげた女性像は、ひょっとすると、日本人の自我を象徴するのに最も適切な姿ではないか、と思われてくる。それは、父性原理と母性原理の共存した姿を提供する。その共存の仕方は奇妙であり、まだまだ洗練を要するものであろう。しかし、日本人の深層心理を説明しようとして苦闘した先覚者である古沢平作の無意識内に、最も適切なイメージが生じてきた、と考えることはできないであろうか。男性の聖者を殺害し、しかもそれを我が子として育てる女性像は、怨念と感謝の軸上にたって、強くエゴを主張する。日本人の自我の今後の在り方を考えてゆく上で、古沢の提供した韋提希のような女性像は示唆するところが大きいのではなかろうか」。

## 3　明恵『夢記』との出会い

「元型としての老若男女」に先立つこと八年、一九七四年七月のこと、河合氏は湯川秀樹氏などが主宰していた雑誌『創造の世界』（小学館）の会で夢分析についての話をした。その折に湯川氏が、「明恵上人という人が夢をたくさん記録している」と教えてくれた。また、この会に参加していた梅原猛氏も、明恵の『夢記《ゆめのき》』を研究するように示唆してくれる。しかし、「当時は私は仏教に抵抗を感じていたので、せっかくの助言を生かせず、気にはしながらも長年にわたって放置していた」

（「仏教と深層心理学」）。

河合氏が京都大学教育学部助教授に就任したのは、一九七二（昭和四十七）年の四月だった。そこには『禅仏教』などの著作で知られた上田閑照氏がいた。上田氏は〝十牛図〟などについて、河合氏に詳しく解説してくれ、そうしたことを通して河合氏は、禅をはじめとする仏教に次第に関心を深めていく。「元型としての老若男女」も、こうした過程を経た上で、執筆された。

このような状況のなかで、「ふとした機会に『夢記』を読み感心してしま」った河合氏は、その時の明恵との出会いを次のように記している（同）。

明恵の『夢記』をはじめて読んだときの感激は忘れることができない。「日本人で、自分の師と仰ぐ人を見出すことができた」と思った。（中略）臨床心理学を学ぶ上において、自分の師と感じた人は、すべて欧米人であった。臨床心理学、あるいは、心理療法の場合は、学問上の師は人生の師と重なってくる。尊敬すべき人生の師を見出せたことは有難いが、それがすべて日本人ではない、というのは残念なことであった。しかし、明恵上人という師をとうとう見出すことができたのである。

河合氏の感激が率直に伝わってくる。この体験以降、河合氏は明恵の伝記や明恵についての研究を次から次に読破した。同時に、明恵の生きた時代と、その当時の仏教のことなどについても学んだ。そうした蓄積の上に、河合氏は『明恵　夢を生きる』（京都松柏社）を執筆した。一九八七年のことである。湯川秀樹氏から明恵の存在についての教示を受けてから、十三年という時間が経っていた。

以後、本章では『明恵　夢を生きる』の内容を概観することにしよう。

まず、全体の章立てを見ることから始める。第一章「明恵と夢」、第二章「明恵とその時代」、第三章「母なるもの」、第四章「上昇と下降」、第五章「ものとこころ」、第六章「明恵と女性」、第七章「事事無礙」。

第一章では、心理療法家である河合氏がなぜ明恵について研究するのか、その意味を明らかにする。

明恵房高弁《みようえぼうこうべん》は、一一七三（承安三）年に生まれ、一二三二（貞永元）年に没した。それは、平家から源氏へ、源氏から北条へと政権が移動した激動の時代であった。また、法然、親鸞、道元、日蓮といった名僧たちが活躍した、日本歴史の中でも際立って特異な時代でもある。

明恵は名僧といわれるが、右にあげた僧たちのように自らの宗派を起こしたわけではないし、その教えによって多くの人々が大きな集団をつくり、現代にまで至っているということもない。「しかし、彼は世界の精神史においても稀有と言っていいほどの大きい遺産をわれわれに残してくれた。それは、彼の生涯にわたる膨大な夢の記録である」。「彼の生涯は夢と現実とをそれぞれ縦糸横糸として織りあげた偉大な織物のようであり、分析心理学のユングが個性化、あるいは、自己実現の過程と呼んだものの素晴らしい範例であるとさえ感じられる。このことが、仏教にはまったく素人である筆者をして、明恵について一書を書こうと思いつかせた強い動機なのである」。

明恵が自らの夢を書きとめたものが『夢記《ゆめのき》』であるが、そのうち約半分が現在まで伝えられている。それは十九歳の時に始められ、死亡の一年前まで続けられた。この他に聖教の奥書などにも、明恵は夢の記録を記した。さらに弟子による明恵の伝記が残されているが、そこには外的な事象とともに明恵の見た夢についても記されている。したがって、『夢記』の欠けている部分に関しても、われわれは相当知ることができる。

ところで、明恵はなぜ、夢にそんなにこだわったのだろうか。彼は自分の見た夢を記すとともに、その夢の解釈も書いている場合があるので、そこから彼の考え方を知ることができる。具体的に例をあげる。明恵が四十八歳、一二二〇（承久二）年二月十四日の夢である。河合氏はこれに「禅観の夢1」と名づけている。

一、同二月十四日の夜、夢に云はく、一つの池を構ふ。僅かに二三段許《ばか》りにして、水少なくして乏し。雨、忽ちに降りて水溢る。其の水は清く澄めり。其の傍に又大きなる池有り。古き河の如し。此の小さき池に水満つる時、大きなる池を隔つる事一尺許りなり。今少し雨下らば、大きなる池と通ふべし。通ひ已《をは》りて、魚・亀等、皆小さき池に通ふべしと思ふ。即ち、心に二月十五日也と思ふ。今夜の月此の池に浮かびて、定めて面白かるべしと思ふ。
　案じて云はく、小さき池は此《これ》禅観也。大きなる池は諸仏菩薩所証の根本三昧也。魚等は諸の聖者也。一々に深き義なり。之を思ふに、水少なきは修せざる時也。溢るゝは修する時也。今少し信ぜば諸仏菩薩通ふべき也。当時、小さき池に魚無きは初心也と云々。

夢の内容は、水の少ない池があり、雨が降って水が溢れ、もう少し降り続ければ、傍の大きな池とつながる、そうすれば、大きな池の魚や亀などが小さな池に通うだろう、というものである。これに対して、「案じて云はく」以下で、明恵は自身の解釈を述べる。つまり、この夢は禅観のことだと言うのだ。小さい池は禅観であり、大きなそれは「諸仏菩薩所証の根本三昧」である。修行（雨が降ること）によって二つの池はつながり、禅観が諸仏菩薩に通うという解釈である。河合氏は、「これはまったく、まさに水が低きにつくような自然の解釈で、われわれのような現在の夢分析の専門家もこれに従うのではなかろうか」と言う。

明恵の夢と現実に対する態度を示すために、河合氏は『明恵上人歌集』から次の歌を取り上げる。

ながきよの夢をゆめぞとしる君や
　さめて迷へる人をたすけむ

これは、明恵の出家を導いたといわれる叔父の上覚の、次のような歌に対する返歌である。

みることはみなつねならぬうきよかな
ゆめかとみゆるほどのはかなさ

上覚の歌は、当時の教養人としての常識的な考えを示すものである。が、明恵の返歌はそれに対して、浮世が夢であると知るならば、そこから覚めて迷える人を助けては、と至極積極的である。「このような発言は、おそらく当時の仏僧のなかでは珍しいものではないだろうか。現実的で合理的な態度と言っていいだろう」と河合氏は言う。このように合理的で積極的な姿勢であったからこそ、明恵は生涯にわたって夢を記録することができたのだ。「この世を夢と見るような態度から、はっきりと覚醒し、その目ざめた目で、彼は自らの夢を見ていたのである」。

人類は古来より夢に関心を抱いてきた。旧約聖書には十例をこえる夢が記載されているというし、新約聖書にも数例あるらしい。東洋でも多くの例をあげることが可能である。「摩耶夫人が釈迦を身ごもるときに、菩薩が白象に乗って胎内にはいる夢を見たという話もあるし、あの合理主義者の孔子でさえ、年老いて三日間も周公の夢を見なかったと嘆く有様である」。

とは言え、ある特定の個人が生涯にわたって夢を記録し続けたという例は、ほとんど見当たらない。例外的に、日本では、明恵の影響を受けた多聞院英俊（一五一八―一五九九）が、日記の中で多くの夢を記している。またフロイトの『夢判断』で取り上げられているフランスのサン・ドゥニが十九世紀末に、長期にわたって夢の記録を残している。

このように見てくると、明恵の『夢記』の重要性がよく分かる。「生涯にわたって夢の記録を書き続けることは、思いのほかに心的エネルギーを必要とすることなのである」。「明恵があの時代に、夢の記録を書き続けたという事実は、彼の強靱な精神力が測り知れぬものであることを示していると言わねばならない」。

明恵が突出した存在であったことは明らかであるが、同時代の仏僧たちも夢を大切なものと考えていたようだ。当時刊行された仏教説話集には、夢に関わる多くの話が収録されているという。菊池良一氏の研究（『中世説話の研究』、桜楓社、一九七二年）などによれば、次のような状況だったと思われる。

まず、夢に対する仏教の側の評価には様々なものがあって、明確な判断が示されている訳ではないようだ。『大智度論』第六では、夢に対して否定的な見方がなされているが、『大毘婆沙論』では、「心・心所が縁によって転ぜられる」ものとされている。河合氏は「精神の相互作用によって生じてくるとでも考え」ていたのか、と言う。また『大毘婆沙論』には、夢は「病気、天神鬼神の誘引、前兆による」などという諸説も紹介されている。『過去現在因果経』には、摩耶夫人の夢が記されている。さらに『阿難七夢経』では、阿難の見た七つの夢について、仏がその意味を解いている。これは明恵も読んでいたと思われる。「このように、夢は吉凶いずれかの前兆を示すものとして読みとられることが多く、仏典にそれらの例が散見されるのである」。

また、夢を宗教体験として評価するものに、中国の遼道㲉編著の『顕密円通成仏心要集』がある。これは夢を観想に通じるものとし、観想・夢想の功徳を示す。仏教の目的は成仏ということであり、顕密の区別を論じるのはおかしい。「顕密それぞれの成仏のための必要を集め、成仏達成のための円通を得さしめようとの主旨で編集され」、明恵もこの書から影響を受けているらしい。夢想の中で功徳効験のあるものとして、次の十の例があげられている。(1)仏菩薩聖僧天女、(2)空中に自在に高くあがる様、(3)大河江河を浮かび渡る、(4)高楼や樹上に登る、(5)白山に登る、(6)師子白馬白象、

(7)美味な果実、(8)黄衣白衣の僧、(9)白きものを呑み黒きものを吐く、(10)日月を呑む。

このような「好相」を見ることが成仏につながるという考えは、やがて夢を見ることが修行の重要な手段だとする見方にまで至る。それは夢の体験が宗教体験となることでもある。親鸞の六角堂における夢告をはじめとして、高僧や祖師の伝記などで、「その原体験とも言うべき宗教体験が夢想・夢告によってなされたと語られる事実」がある所以であろう。

その一例として、時宗の開祖である一遍をあげることができる。一遍は、明恵の没後七年目の一二三九年に生まれた、浄土教の流れに属する僧である。よく知られているように、彼は南無阿弥陀仏という名号を刷った札を人々に与えつつ、旅を続けていた。ところが、熊野権現へ参る途中、一人の僧から札の受け取りを拒否され、大いに悩む。一遍は熊野本宮に参籠する。深更に熊野権現（本地は阿弥陀仏）の次のような夢告を受けた。「融通念仏すゝむる聖、いかに念仏をばあしくすゝめらるゝぞ。御房のすゝめによりて一切衆生はじめて往生すべきにあらず」。つまり、往生は仏の誓いであり、一遍はひたすら「信不信をえらばず、浄不浄をきらはず、その札をくばるべし」ということであった。その結果一遍は、遊行賦算《ゆぎようふさん》の行為に専念することになる。

明恵は、『阿難七夢経』やその他の経典にある夢に関する記述を自ら編集し、『夢経抄』という冊子をつくっていた。とすれば、仏典にあらわれた夢について、明恵は相当な知識を持っていたはずである。しかし『夢記』では、それらにとらわれることなく、自由な態度で自らの夢を記述し、解釈を行なっていた。その例を次に示そう。それは先に見た「禅観の夢1」の翌年の夢である。最近の研究で一二二〇（承久三）年のこととされる。河合氏は「禅観の夢2」と名づけた。

一、同日の夜、夢に云はく、清く澄める大きなる池有り。予、大きなる馬に乗りて此の中を遊《ゆ》戯《け》す。馬は普通に能く飼《よ》へる馬也。又、将《まさ》に熊野に詣でむとして出で立つと云々。
　案じて云はく、此の前《さき》二三日前の夜、夢に、予戯れて云はく、「熊野に参らばや」と云ふ。真証房有りて云はく、「不実《ふじち》に此の如くに云ふ」とて之を呵《いさ》ふ。即ち、自らは「我、此の如くならず」と云ひて誓言を立つ。今此を翻するに、即ち、実《まこと》に詣でむと欲するは即ち吉相也。又、大きなる池は禅観にして、馬は意識也。之を思ふべし。


「清く澄める大きなる池」があって、明恵は馬に乗って、その中を遊行している。前の夢（「禅観の夢1」）では、小さい池があって、そこに大きな池から水が通ってくるというものであった。またそこに明恵自身が登場することはない。明恵はその夢を「見ていた」のだ。しかし今回は、中心人物として登場している。「これは明恵自身の自我の関与の深さを示している。夢の中に自分が登場しないときは、その人の自我がそれにあまり関与していないと見なすべきである」。

　ところで、〝解釈〟の中で明恵は、「馬は意識也」と言っている。フロイトが自我とエス（本能エネルギーの貯蔵庫、無意識の領域）を、騎手と馬にたとえたことは有名であるが、興味深いことに、フロイトなら「馬は無意識なり」と言うべきところを、明恵は「馬は意識なり」と言うのだ。この点については、ずっと先になって再び論じる機会がくるだろう。

　それはともかく、明恵の「夢を生きる」とでも言うべき態度を、彼の〝解釈〟の中に明確に読み取ることができる。「将《まさ》に熊野に詣でむとして出で立つ」のであるが、明恵はこれについて次のように述べる。二、三日前の夢で戯れに「熊野に行こう」と言ったら、真証房にうそを言ってはいけないと叱られた。しかし今夢の中で、実際に熊野に詣でようとしているのは吉相に他ならない、と明恵は考える。つまり、彼はそれ以前に見た夢との連続性を認め、それを実現するのは吉相だと言うのだ。もちろん、当時霊的な中心地であった熊野に行くのだから、吉相だと言えるだろう。このような夢に対する明恵の態度は、「明恵が当時、彼独自の考えとして開拓したものではないかと思われる。そして、このような態度は、現在のユング派の夢分析の立場とまったく一致するのである」。

ユング派の夢分析について、河合氏は次のように言う。「意識の在り方がある程度夢に影響を与えるし（中略）、夢が意識の在り方に影響を及ぼす。意識と無意識の相互作用によって、そこに意識のみの統合を超えた高次の全体性への志向が認められてくる。このような過程を通じてこそ真の個性が生み出されてくると考え、ユングはこのような過程を個性化の過程、あるいは自己実現の過程と呼んだ。従って、彼の考えによると、夢を記録し、夢を生きることは自己実現のための極めて重要な手段となるのである」。事実、ユングの『自伝』を見れば、彼の自己実現の過程で、夢が重要な役割を果たしていることがよく分かる。それとほとんど同様のことを、明恵はすでに十三世紀に行なっていたのである。なぜそのようなことが可能になったのか、以下で探ってみることにしよう。

## 4 日本人と夢

この節では、『明恵 夢を生きる』第一章の後半部分を見ることにする。明恵の『夢記』が、世界の精神史においても極めてユニークであることを、前節では明らかにした。が、彼の夢に関わる仕事も突然あらわれた訳ではなく、日本文化の流れの中に生じたことも確かである。以下、できるだけ簡略に、日本人と夢の問題を考えてみよう。

『古事記』や『日本書紀』には、夢に関わる話がかなり記されている。もっとも、両者ともに、神代には夢の話がなく、人の世になってそれが生じてくるのである。これは興味深いことだ。

次に『古事記』と『日本書紀』の双方に記されている話を示そう。

カムヤマトイハレヒコの命《みこと》（神武天皇）は兵を率いて熊野にきた。その時、熊が現われ、天皇も兵も気を失って倒れてしまう。そこへ熊野のタカクラジという人物が、太刀を献げようとやってきた。天皇がそれを受けると皆目覚め、熊野の悪神たちは自然に倒れてしまった。タカクラジは、なぜ太刀を献呈しにきたのかと尋ねられ、自分が見た夢のことを語った。「夢に天照大神と高木の神が現われ、カムヤマトイハレヒコが困難に出会っているので、タケミカズチにそれを助けるように命令される。タケミカズチは自分が出かけなくとも、自分の太刀を授けることにします。そのためには、自分の太刀をタカクラジの倉の屋根に穴をあけてそこに落し入れますからと言う。そして、タケミカズチが私に対して、目が覚めたらその太刀を取って天つ神の御子に奉るようにと言った。

朝起きて倉に行ってみると、ほんとうに太刀があったので、この太刀を奉るために持ってきました」。

この話の特徴は、夢告のことが語られているだけでなく、夢の話と外的事実がつながっているところにある。タケミカズチが太刀を倉の中に落とすのは夢の中のことであるが、翌朝倉に行くと実際に太刀があった。つまり、夢の世界と現実界が交錯しているのだ。このような夢と現実が交錯する話は、中世においても見られる。『平家物語』には、次のような話が記されている。平清盛が厳《いつく》島《しま》に参詣して通夜をした折に、天童から小長刀を賜わる夢を見た。翌朝目覚めると、枕上に実際に小長刀があった。「このような例を見ても、日本人にとって夢とうつつの世界の境界は稀薄であり、夢によって神のお告げを受けるという考えは相当に強かったことがわかる」。

奈良時代から平安時代においても、夢を神のお告げと考えていたようで、物語、日記、仏教説話などで多くの例を見ることができる。その中の一つ、『今昔物語』巻十九第十一話「信濃国の王藤《わとう》観音、出家の語《こと》」を取りあげてみよう。

ある人が夢を見た。翌日の午時《うまのとき》に観音様が湯浴みに来られるという。年齢や容姿などもはっきりしている。翌日、人々が待っていると、夢のとおりの人が現われた。皆は礼拝するが、本人は何のことか分からない。どうして私を礼拝するのかと問うと、一人の僧が夢の話をする。それを聞いた男は、「我ガ身ハ然《さ》レバ観音ニコソ有ルナレ」と納得した。そして比叡山に登り、覚朝僧都《かくちょうそうず》の弟子になったという。

『更級日記』や『蜻蛉日記』などにも、夢の話が記されているが、明恵の場合のように夢そのものが記録されるということはない。しかし、多聞院英俊の『多聞院日記』には、多数の夢が記録されていて、近代以前では、明恵に次ぐものと言われている。一五一八（永世十五）年に生まれ一五九九（慶長四）年に没した彼は、興福寺の僧であった。『多聞院日記』は六部構成で、第一、二部は他の僧の手になるが、第三部以下は英俊の記したものである。二十二歳から七十八歳に至るまで記された日記には、多くの夢と彼の解釈を見ることができる。芳賀幸四郎氏の研究によれば、記された夢の数は五百六十余件に及ぶという。

英俊は、二十八、九歳の頃に信仰生活に危機が訪れたようで、寺を離れようとまで考えるに至った。寺を出る決意を固めた英俊は、最後に春日神社で百日の参籠《さんろう》を試みる。結願《けちがん》に近い夜、夢うつつのうちに「受ケヨナヲ時雨ハツラキ習《ならひ》ナレド、月ノ宿カル紅葉バノ露」と誰かが吟ずるのを聞く。これを聞いた英俊は、寺を離れることを思い直した。こうした体験があった故に、英俊は夢を記録し続けたものと思われる。

ところで、河合氏は英俊の夢に対する全般的な姿勢について、「敢えて極論すると、それは悪しき夢判断の犠牲というべきである。このため、彼がせっかく生涯にわたって多くの夢を記録しながら（中略）、そこから彼はあまり多くを得ていないし、われわれが読んでも興味深いものが少ない」、と批判的である。

その批判の要点を、具体的に見ることにしよう。一五八六（天正十四）年正月元旦、英俊は「昨夜夢に発句、誰トモ知レズニ、花ちりて色も香もなき梢哉、とありしニ、愚、おとづれ帰るかりの一つら、ト付ケ了《をはん》ンヌ。夢ノ如クンバ、三月末ニハ当国衆古里へ帰ルベキカト解キ了ンヌ」と記した。その下には小さな字で「後日云、少シモアワズ、雑夢々々」と書き加えられている。天正十三年、豊臣秀長は大和に入り、筒井氏は伊賀に国替えされた。英俊は秀長を嫌い、筒井氏の復帰を願っていた。それを英俊は、「おとづれ帰るかりの一つら」というイメージに託したのだ、と自ら解釈した。

しかし、夢は極めて多義的なので、これ以外にも「英俊の心の状態の他の側面に関係することとして見ることもできるだろう」。「真に夢分析を行う場合には、この夢から筒井氏復帰のことを連想するならば、その現実的可能性について検討してみて、そのなかで、筒井氏復帰を一連の雁の姿として見たことが意味をもつかどうかを考えてみる。そして、現実的可能性が極めて少ないと判断したなら、この夢を筒井氏と関連のない夢として、もう一度考え直すか、あるいは、それほど可能性の少ないことに対して、このようなイメージに託してなお願望している自分というものの在り方について考え直す必要がある」。にもかかわらず「少シモアワズ、雑夢々々」というのでは、自ら反省することなく、夢を非難しているかの如くだ。「それでは夢分析の本質をまったくはずれていると言わねばならない。夢分析ということは、極めて倫理的な仕事を強いるものである」。

このように、英俊の態度は夢に密着しすぎていた。つまり、夢を外的現実と直接的に結びつけようとし過ぎた。その結果、生涯にわたって夢を記録し続けていたにもかかわらず、それを建設的な方向に生かすことができなかった。これに対して、夢についてより冷静に距離を置いて見ることのできた人がいた。青砥《あおと》左衛門尉《ざえもんのじょう》藤綱《ふじつな》である。

よく知られた『太平記』のなかの話は、次の如くである。相模守があるとき鶴岡八幡宮で通夜をした。夢の中に一人の老翁が現われ、青砥藤綱を賞することが世のためになると告げた。相模守は目覚めた後に、大庄八箇国を藤綱に与えようとする。驚いた藤綱はその理由を尋ね、それが夢のお告げによることを知り、それは受ける訳にはいかないと断った。なぜなら、「もし私の首を刎ねよという夢を見られたら、咎はなくとも夢のとおりに行われるのでしょうか。報国の忠が薄いのに莫大な賞にあずかることはできません」と考えたからである。

この藤綱の態度こそ、「啓蒙期を経た後の近代人の夢に対する態度と一致するものである」、と河合氏は言う。

とするならば、現代に生きるわれわれにとって、夢とは何なのであろうか。どのような立場で夢に向かい合えばよいのか。「それは一言にして言えば、近代合理主義に対する反省の上に立っていると言えるだろう。合理主義によって武装された自我は強力であるが、それは完成したものではなく一面的存在であることを免れ得ない。現在の自我の状態に安住することなく、常にその成長を願うならば、現在の自我の状態に対して何かをそれにつけ加えようとし、あるいは、それに対する批判を加える存在を必要とする。そのような存在がわれわれの無意識であり、夢は無意識からのメッセージを睡眠中の自我がそれなりに意識化したものと考える。従って、夢の内容を自我の合理性に固く縛られてみるかぎり、ナンセンスと思われることが多いのであるが、その内容を自我を少し超え、現在の自我をより高次なものへと引きあげるための異質な世界からのメッセージとして見るときは、大きい意味をもってくることがある」のである。

そして河合氏は、次のように続ける。「このように考えると、夢分析を行おうとするものは強力な合理性を身につけ、なおそれを超えて、敢えて非合理の世界と向き合う姿勢をもっていることが必要であることが了解されるであろう。強い合理性をもっていないと無意識の餌食となってしまうし、合理性にのみ固執しているときは、夢の意味を見出すことは難しい。明恵はその点で、夢分析を自ら行ってゆくのにふさわしい能力をそなえた、稀有の人であったと考える」。

という次第で、これから明恵と明恵の夢の検討に入っていくのだが、その前に『夢記』をはじめとする明恵の夢について概観しておく必要がある。

すでに見たように、明恵は十九歳の時以降、四十年にわたって夢を記録し続けた。そして示寂《じじやく》する前年に、それを弟子の空達房定真《くうたつぼうじようしん》に托した。この『夢記』は、時代の経過とともに散逸するが、約半数が高山寺に現存している。その他に、陽明文庫、京都国立博物館、上山勘太郎氏蔵として、それぞれまとまったものが存在する。また明恵の字が能筆として茶人などに好まれたことで、『夢記』の断簡が掛軸などの個人蔵として残されている。これらは一般に「夢之記切」として珍重された。

その他、弟子たちの書いた明恵の伝記には、明恵自身が語ったものとして、多くの夢が記載されている。その主たるものとして、『高山寺明恵上人行状』（以下、『行状』と略記）と『梅尾《とがのお》明恵上人伝記』（以下、『伝記』と略記）がある。前者は義林房喜海《ぎりんぼうきかい》の手によるものだが、彼は一生明恵に随従した人なので、信頼性が高いと言われる。上、中、下三巻のうち中巻が欠けているが、『行状』の漢文訳が伝えられているので、中巻部分は漢文訳によって知ることができる。『伝記』については、これも義林房喜海の手になるとされていたが、その後の研究によって、彼によるものでないことが明らかにされた。その意味で、『行状』に比して『伝記』の評価は低いようだが、読み物としては『伝記』の方が面白いとも言われている。

明恵の夢についての研究は、少なからず発表されており、それらは日本人研究者によるものばかりでなく、F・ジラール氏というフランス人のものもある。河合氏はその一つひとつについて解説しているが、ここでは奥田勲氏の『明恵――遍歴と夢』（東京大学出版会、一九七八年）だけをあげておこう。なお奥田氏は、高山寺の『夢記』を読み下し注釈を加えて出版している（高山寺典籍文書綜合調査団『明恵上人資料第二』東京大学出版会、一九七八年。これには『夢記』の影印本文も収められている）。なお『明恵　夢を生きる』における『夢記』の引用は、原則的に「明恵上人夢記」（久保田淳・山口明穂校注『明恵上人集』、岩波文庫、一九八一年所収）によっている。

## 5　明恵の生きた時代

本節では、第二章「明恵とその時代」を検討する。前節で、夢を解釈するためには、その人の意識状態を知っておく必要があることを明らかにした。したがってここでは、日本史においても格別に変動極まりない時代にあって明恵がどのように生きたかを、概観しておこう。

明恵は、一一七三（承安三）年一月八日、紀州有田郡石垣庄吉原に生まれた。この年に親鸞も誕生している。父は平重国《たいらのしげくに》で平家に属する武士、母は平家の有力な家人の一人、湯浅宗重の娘であった。保元の乱（一一五六）や平治の乱（一一五九）を経て政権を獲得した、平家のいわば全盛時代である。しかし、それも長くは続かなかった。

一一八〇（治承四）年、明恵八歳の時、源頼朝が伊豆で挙兵。その戦乱の中で、父の重国が上総《かずさ》で戦死してしまう。すでにこの年の正月に母も病没していたので、明恵は一時に両親を失った訳である。

一一八一（養和元）年、母方の叔父である上覚を頼って高雄の神護寺に入山。上覚について聖《しょう》教《ぎょう》を学ぶ。この年に平清盛が没し、諸国は大飢饉に見舞われる。

一一八四（元暦元）年、十二歳になった明恵は、神護寺出奔を決意するも、夢告によって思い止まる。この年一月、源義経が入京し、木曾義仲は敗死する。二月には一ノ谷の戦があった。

一一八五（文治元）年、壇ノ浦の合戦にて平氏滅亡。この年明恵は捨身《しゃしん》を試みるが、果せなかった。

一一八八（文治四）年、明恵十六歳のときに、上覚について出家。東大寺戒壇院で受戒。

一一九〇（建久元）年、明恵十八歳。『遺教経』に接し、釈迦の遺子たることを自覚する。この年十月には、奥州を平定した頼朝が上洛。

一一九一（建久二）年、十九歳の明恵は、仏眼仏母尊《ぶつげんぶつも》を本尊として、仏眼法を修する。この年から『夢記』を書きはじめた。栄西が宋より帰国し、臨済禅を伝える。

一一九五（建久六）年、明恵二十三歳。秋に、一両年来の東大寺出仕を止め、神護寺を出て、紀州白上の峰にこもる。この年三月には、建久三年に幕府を開いていた頼朝が入洛。

一一九六（建久七）年、白上で明恵は自分の右耳を切断する。その翌日、文殊菩薩の顕現する夢想を得た。

一一九八（建久九）年、二十六歳。八月、高雄に戻るが、秋になると再び白上に帰り、生地に近い筏立《いかだち》に移る。法然『選択本願念仏集』、栄西『興禅護国論』成る。

一二〇二（建仁二）年、明恵三十歳。この年、筏立近傍の糸野で天竺《てんじく》行を計画するが、翌年正月の春日明神の神託によって中止。

一二〇三（建仁三）年、源実朝、将軍となる。

一二〇五（元久二）年、三十三歳の明恵は、再び天竺行を計画したが、中止せざるを得なくなる。『新古今和歌集』成る。

一二〇六（建永元）年、後鳥羽院より高山寺の地を賜わる。また九条兼実《かねざね》の邸で修法を行なう。

一二〇七（承元元）年、三十五歳になった明恵は、院宣により東大寺尊勝院の学頭となる。この年二月、法然と親鸞が配流される。

一二一二（建暦二）年、正月、法然没。その著『選択集』が九月に出版され、明恵は直ちに『摧《ざい》邪輪《じゃりん》』を著して批判する。鴨長明『方丈記』もこの年に成立。

一二一六（建保四）年、明恵は住房の石水院を建立。それまで庵室（練若台《れんにゃだい》）に住していたが健康によくないので石水院を建てた。同時に、北峰中腹に楞伽山《りょうがせん》と名づけた庵室をつくり、折々に坐禅。

一二一九（建久元）年、正月、実朝が暗殺され、源氏滅亡する。秋に高山寺金堂が落成。

一二二〇（承久二）年、四十八歳の明恵は、百余日にわたる仏光観の修行を行なう。その後、明恵の主著と称される『華厳修禅観照入解脱門義』を著わす。

一二二一（承久三）年、五月、承久の乱。六月、幕府軍入洛。後鳥羽院以下の三上皇が配流。明恵はこの間、六波羅探題北条泰時に対面する。

一二二三（貞応二）年、明恵は善妙寺を建て、朝廷方貴族の子女を収容する。この年、道元入宋。

一二二四（元仁元）年、六月、北条泰時執政となる。五十二歳の明恵は、冬期に楞伽山にこもり、坐禅入観につとめる。親鸞の『教行信証』成る。

一二二七（安貞元）年、明恵は『光明真言加持土沙義』を著す。道元帰国し、曹洞宗をひらく。

一二三〇（寛喜二）年、五十八歳の明恵は、二月中旬より「不食の病」をわずらう。泰時、見舞いの歌を送る。

一二三一（寛喜三）年、四月に紀州施無畏《せむい》寺本堂供養に下向する。十月、前年来の病状悪化。この年大飢饉。

一二三二（貞永元）年、六十歳の明恵、正月十日に重態になる。十九日に示寂《じじゃく》。この間、多くの人が明恵の死の予知夢を見たと言う。八月に泰時が「貞永式目」を制定。

その後、道元は一二五三（建長五）年に『正法眼蔵』を完成し、没する。この頃、日蓮は鎌倉で布教を始めた。一二六二（弘長二）年には、親鸞が没し、前後して『歎異抄』成る。

このように見てくると、明恵がいかに激動の時代に生きていたかよく分かる。平氏が滅亡し、源氏が興り、やがて源氏も滅亡する。年号は目まぐるしく変わり、明恵の生涯の間に二十回近くも変わった。時代の激動に応ずるかの如くに、日本を代表する宗教者が次々に現われ、重要な著作を多数残した。

ところで、日本の仏教史上、明恵はどのように位置づけられるのだろうか。一般的には、鎌倉時代の新仏教の台頭の中で、奈良仏教の再興に尽力した旧仏教の優れた存在、と言われる。つまり、仏教思想史上、微々たる位置を占めるに過ぎない、という訳である。

しかし河合氏は、明恵の宗教性そのものに注目することによって、仏教史上にその真の位置を与えようとする。新仏教の錚々たる指導者がイデオロギー的に尖鋭な存在だとすれば、明恵は仏教そのもののコスモロジーを体現する存在である、として理解するのだ。「コスモロジーは論理的整合性をもってつくりあげることができない。コスモロジーはイメージによってのみ形成される。その人の生きている全生活が、コスモロジーとの関連において、あるイメージを提供するものでなくてはならない。明恵にとっては、何を考えたか、どのような知識をもっているか、などということよりも、生きることそのものが、深い意味における彼の「思想」なのであった」。

また、山本七平氏が指摘する（『日本的革命の哲学』、ＰＨＰ研究所、一九八二年）ように、明恵は北条泰時の制定した「貞永式目」の思想的支柱であった。その意味では、保守主義者という通常の評価とは異なり、〝革命的〟な存在であったとも言える。周知の如く貞永式目は、従来の律令体制を根本的に変革するものでありながら、泰時はこれが、何ら法理論上の典拠に基づくものでないことを、明言しているのである。「ただ道理のおすところを被記《しるされ》候者也」というのだ。その背景に、明恵の言う「あるべきやうわ」の思想がある。つまり泰時は、明恵の生き方に啓発され、その人格的存在を支えとした、ということだろう。

貞永式目は明治に至るまで、六百年以上にわたって、日本人の秩序意識に決定的な影響を与えた。それとともに『明恵上人伝記』は、明恵の考えと生涯を記した書物として、実に長い間、多くの人に愛読された〝ロングセラー〟であったことも、忘れる訳にはいかない。

その理由の一つとして、明恵こそ、わが国の名僧のなかで唯一の不犯の清僧であったことが考えられる。つまり、仏教では〝戒〟は、「戒・定・慧」の三学の一つとして非常に重要なものであるのにもかかわらず、日本仏教においては守られてこなかった。この点も、明恵の思想にではなく、その生き方に関わっていることは明らかであろう。

以下、具体的に、明恵の夢を検討することによって、明恵の生き方そのものを考えていくことにしよう。

## 6　捨身と再生

明恵が最初に見た夢は、『伝記』によれば、九歳のとき、高雄の神護寺に入ったその夜のことである。

其の夜、坊に行き着きて、臥したる夢に、死にたりし乳母、身肉段々に切られて散在せり。其の苦痛夥敷《おびただしく》見えき。此の女、平成罪深かるべき者なれば、思ひ合せられて殊に悲しく、弥能《いよいよ》き僧に成りて、彼等が後生《ごしやう》をも助くべき由を思ひとり給ひけり。

乳母の身体が、切りきざまれて散在していたという、凄まじい夢である。このような身体切断の主題は、その象徴性の高さの故に、神話や宗教でよく認められる。ユングは様々な仕方でこの主題について論じているが、ここでは先にも見た錬金術における議論を見てみよう。ユングは、錬金術を人間の個性化の過程を描いたものとして捉えたが、最初の段階として未分化な原料が、次第に「分離」あるいは要素へと分解する過程を考えた。そしてこの分離の段階は、身体の切断や動物の犠牲などによって示されるという（前出のユングの論稿、「転移の心理学」）。

またユングは、「ゾシモのヴィジョン」という論稿（C. W. of C. G. Jung, Vol. 13 所収）で、三世紀の錬金術師パノポリスのゾシモの幻像《ヴィジョン》について書いている。ゾシモの幻像《ヴィジョン》とは、十五段の階段の上に祭壇があり、そこに司祭が立っている。その司祭によって、ゾシモは刀で身体を切断され、頭皮をはがれ、肉も骨も焼かれてしまう。身体は変容し、霊《スピリット》になるという、苦悶の体験をする。ユングは、この幻像を「分離」の段階として解釈する。そして「そのなかの犠牲を供するもの、犠牲となるもの、それを切る刀の間に密かな同一性が存在していること、そこに苦悶、苦行ということが重視されていることを明らかにし」た。

明恵の夢は、身体切断、犠牲、苦悶などの点で、明らかにゾシモの幻像と共通している。「そして極めて重要なことは、身体を切断されているのが乳母であるという事実である。切断されるべきもの、犠牲に供されるべきもの、として乳母が現われている。ユングの言う密かな同一性ということに想いを致すと、乳母は明恵自身でもあると言えるだろう」。

　また、明恵自身はこの夢を、母性的観点から受けとめている。つまり、乳母の苦しみに同情し、罪深い人間であったので、その後生を助けるために自分も精進しよう、と考える立場である。しかし同時に、九歳の明恵にとって「分離」とか「切断」という父性的な機能が働いていることも、明らかである。夢の中の乳母を母性一般のイメージとして置きかえるなら、「母性の切断、分析などという、日本人にしては極めて稀有な主題が、明恵には既に与えられていた。父性と母性との相克、共存などに伴う苦悶、苦悩ということが予定されていた、とも言うことができるであろう。明恵は日本人に珍しく、父性原理においても強い人であったと思われる」。

『伝記』によれば、十二歳になった明恵は、「真正の知識を求めて、正路を聞かずんば、徒《いたづ》らに心の隙のみ費して、得道の益あるべからず、大なる損なるべし。況《いは》んや又、生死速かなり、後を期すべきにあらず。急ぎ正知識を求めて、猶《なほ》山深き幽閑に閉ぢ籠りて修行せん」と思い、高雄を出る決意を固める。その夜、次のような夢を見た。


　高雄山を出発して三日坂まで下りてきたが、路に大蛇が横たわり、鎌首をもちあげ向かってくる。そこへ、八幡大菩薩の御使いとして、四寸か五寸もある大きい蜂が飛んできて、「汝、此の山を去るべからず。若し押して去らば、前《さき》に難に遇ふべし。未だ其の時節到来せざるが故に、道行《だうぎやう》又成ずべからず」と言う。

ここで、明恵の決意を「未だ其の時節到来せざる」として阻止したのが、蛇と蜂であったことは興味深い。地を這うものと空を飛ぶものとの対比が示されている。蜂は八幡大菩薩の御使いだったが、蛇は鎌首をもちあげて向かってきたのだから、「明恵が高雄を出る前に正面から対決しなくてはならない何かを示しているものと思われる」。

十三歳になったとき、明恵は自殺を企てる。『行状』によれば、「又十三歳の時心ニ思ハク、今ハ十三ニナリヌレバ、年スデニ老イタリ、死ナムズル事モチカヅキヌ、何事ヲセムト思フトモイク程イキテ営ムベキニアラズ、同ジク死ヌベクハ、仏ノ衆生ノ為ニ命ヲステ給ヒケムガ如ク、人ノ命ニモカハリ、トラ狼ニモクハレテ死ヌベシト思ヒテ」墓地に行き、夜じゅうそこに横たわっていた。つまり、死体を食べにくる犬や狼に自分も食われて、死のうとしたのだ。しかし、「別ノ事ナクテ夜モアケニシカバ、遺恨ナルヤウニ覚エテ還リニキ」。

ところで、十三歳にして「年スデニ老イタリ」というのは、どういうことなのだろうか。河合氏は、子どもたちを観察していると、思春期の一歩手前の時点で、それなりの「完成」に達するのではないかと言う。つまり「性」抜きの状態での「一種の完成があり、それを土台として、思春期という人間にとっての大変な危機状態に臨んでゆくのではないかと思われる」。明恵の場合も、そのような一種の完成の意識によって、一度は高雄を去る決意をした。しかし、蛇と蜂という動物的なもの――明恵の心の中に生じつつある性衝動――によって、時期尚早であるとして阻止される。「明恵は自分の身体、性との対決を経ずに、ただ単に山に籠ることは許されなかったのである」。

また、明恵の捨身については、仏典に記された雪山童子《せっせんどうじ》や薩埵《さった》王子などの例にならったもの

(『行状』)だが、狼や犬に食われる手段を選んだ理由として、「九想観《くそうがん》」の影響が考えられる。九想(相)とは、人間の死体が土に帰するまでの九段階の変相を指すが、九想観とは「この変相を観想して肉体への執着を断ち、無常を悟って解脱をはかること」(『岩波仏教辞典』)である。それを絵画化したのが「九相詩絵」であり、若い女性の死体が犬や烏に食われる様子をリアルに描いている。当時の僧は、この絵を見て「人間の不浄を覚知」したと言われている。

しかし、九想観の影響があったにしても、「明恵は他の高僧たちのように女性の死を観じるのではなく、自らの身体を棄てることによって、それに対抗しようとした」のである。つまり明恵は、「女性を見殺し」にできなかったのだ。河合氏は言う。「明恵は自分の体を張ってでも、女性を殺すことを避けようとしたのである。(中略)日本の仏教の主流は、このような若く美しい女性を殺すことを前提として進んできたのである。これに対して、明恵にとっては、西洋の文化においてアニマと呼ばれているものが、重要な課題となったのである」。

日本文化は「母なるもの」が主流であり、ユングが魂のイメージとして若い女性像で表現したような側面は、「九相詩絵」に見られるように、否定されてきた。「仏僧たちが修行の過程において、若い女性像の腐爛を観想している時代のなかで、明恵は彼の記憶している最初の夢として、母性的存在の切断のイメージを見たのである。(中略)彼は同時代の他の仏僧とは異なり、母なるものの膝に抱きしめられることのみを救いと感じることに、満足できない運命を背負っていたのである。母なるものを腑分けすることによって、そこから生じてくる新しい女性像とどう対処してゆくか。明恵の課題は極めて重く、かつ、困難なことであった」。

明恵は十六歳のとき、上覚上人について東大寺戒壇院で具足戒を受け、出家した。その頃明恵は、河合氏が「狼に喰われる夢」と呼ぶ、次のような夢を見ている。

狼二疋来リテ傍ニソイヰテ我ヲ食セムト思ヘル気色アリ、心ニ思ハク、我コノム所ナリ、此ノ身ヲ施セムト思ヒテ汝来リテ食スベシト云フ、狼来リテ食ス、苦痛タヘガタケレドモ、我ガナスベキ所ノ所作ナリト思ヒテ是ヲタヘ忍ビテ、ミナ食シヲハリヌ、然而《しかして》シナズト思ヒテ不思議ノ思ヒニ住シテ遍身ニ汗流レテ覚メ了《をはん》ヌ

二匹の狼に食べられ、苦痛は耐え難かったが、なすべきことだと思って忍び、全部喰われてしまった、という凄まじい夢である。河合氏によれば、夢で自らの死を見ることは稀にある。しかし多くの場合、死の直前に目覚めるが、特別に死が深い意味を持つときには、死ぬところまで見る。そしてそれは、人生上の急激な変化に対応している場合が多いと言う。

明恵自身、後に「此ノ夢ハ覚時ニ好楽《このむ》トコロヲ夢中ニシテナシ試也」と語っているが、好むところが死であるとは、常人に考えられることではない。しかし明恵にすれば、この夢で彼は捨身を成就したと言える訳であろう。そしてその捨身は、明恵の性衝動と関連していたと同時に、当時の仏僧たちの物欲や名誉欲と関係していたと思われる。というのは、最初の捨身の夢を見た後に、明恵は「大きい巌の上に美しい灌頂堂を立て、師匠を灌頂の受け手として、灌頂を授ける」という夢を見たことがあった。その当時、明恵はこの夢の意味が分からなかったが、後に「大知恵ヲ得ベキ瑞

相」であったと考えた（『行状』）。つまり、「明恵は当時の多くの僧がそうであったように、真言師として加持祈禱の類をすることで謝礼を多く得たり、あるいは、学者となって、その知識のために人に尊敬されたりする道にはいりたくなかったのである。彼はただただ仏陀の教えに従い、努力し修行したいと念じていたのである」。

明恵の捨身は、象徴的次元の成就であったが、それは再生につながるものであった。それを導いたのは、仏眼仏母《ぶつげんぶつも》尊である。『行状』によると、「十九歳ノ時金剛界伝受ス、其ノ後仏眼ヲ本尊トシテ恒《つね》ニ仏眼ノ法ヲ修スルヲ業トス」とあり、その修行中に「好相幷《ならび》ニ夢想等、種々不思議ノ奇瑞多シ」と記されている。明恵は十九歳の時から『夢記』を書き始めるが、それはこのような仏眼にまつわる体験が基になっているはずである。

『岩波仏教辞典』の「仏眼仏母」の項には、次のように記されている。「仏眼を通して仏智が得られるため、仏眼は仏の能生《のうしょう》の徳、すなわち仏の母徳を有するところから〈仏眼仏母〉という。仏眼仏母には、大日如来の所変として胎蔵界曼荼羅遍知院に位する仏眼（虚空眼）がある。明恵上人讃のある画像（高山寺）が知られる」。河合氏の言葉では、「仏眼は仏の目を人格化したものであり、また一切の諸仏の母とも考えられている」ということになる。

明恵は、このような仏眼仏母に、深く帰依したのであった。その意味について、河合氏は次のように書く。「明恵はその像を本尊とすることによって、狼に喰われる体験の継続として、母なるものの胎内に戻り、そこから再生してくる過程を体験したものと思われる。仏眼仏母は明恵にとって、彼の個人としての母を超え、もっと大きい母なるものとしての意味合いをもっていたのであろう」。

『行状』には、この頃に明恵が見たいくつかの夢について記述されている。まず、「天童が明恵をきれいな輿に乗せ、仏眼如来仏眼如来と呼び歩くので、自分は既に仏眼になったと思う」という夢がある。このような明恵の仏眼との一体感について、河合氏は「まず、母子一体の境地があり、次にそれが分離するのである」と言う。

また、「荒れはてた家に自分が居て、その下を見ると蛇や毒の虫が無数にいる。そこへ仏眼如来が現われ、自分を抱いてくれたので、恐ろしいところを免れることができた」という夢がある。さらには、「馬に乗って険路を行くときに、仏眼が手綱を引いて先導してくれた」という夢もある。前者は保護者としての仏眼を、後者は先導者としての仏眼を表わしている。その他、仏眼の懐に抱かれて養育される夢や、仏眼より手紙をもらうがその表書には「明恵房仏眼」と書かれていた、という夢もある。いずれも、仏眼との深い一体感が表現されている。

ところで、高山寺蔵の仏眼仏母像には明恵自筆の讃があり、「モロトモニアハレトヲホセワ（ママ）仏ヨキミヨリホカニシル人モナシ　無耳法師之母御前也、南無仏母哀愍《あいみん》我、生々世々不暫離、南無母御前〳〵、南無母御前〳〵、釈迦如来滅後遺法御愛子成弁紀州山中乞者敬白」と記されている（田中久夫『明恵』、吉川弘文館、一九六一年）。

明恵は二十四歳の時に耳を切ったので、「無耳法師」とあるところを見ると、讃が書かれたのはそれ以降のことになる。仏眼との一体感を体験している最中には、このように歌をつくる余裕はなかったであろうし、仏眼を母として位置づけることができるためには、数年間という時間と耳を切断する行為が必要であったと考えられる。明恵が仏眼との深い一体感を体験していた頃には、「仏眼はまた明恵の愛人としても体験されたのではないかと思われる。もちろん、ここに愛人といっても、それはあくまで母＝愛人の未分化な状況であり、性心理的表現で言えば、母子相姦的関係であったと言えるであろう」。

『行状』によれば、明恵は仏眼の法の修行をした後に、さまざまな共時的体験をしたことが記されている。一例をあげると、行法の途中で明恵は、侍者の良詮に対して、手水桶《ちょうずおけ》の水に虫が一匹落ちて死にかけているので助けるように言った。良詮が見にゆくと、蜂が一匹溺れていた。前章でも見たように、修行によって深い無意識層まで下降すると、このような共時的現象がよく生じるものと考えられる。

『伝記』には、明恵が十九歳の時に、夢の中でインド僧が『理趣経』を教授しようと言った、と記されている。九歳で高雄に登り、華厳の勉強などをしていて分からないことが生じた折に、夢の中でインド僧が疑問を解明してくれることがあった。その後、明恵の夢には度々インド僧が出てくる。耳を切った直後にもインド僧の夢を見ている。こうしたことは、明恵が「仏教をいかに仏陀と直結したものとして受けとめようとしていたかを示すものであろう」。

『理趣経』については、真言密教の極意を示す重要な経典とされる一方で、男女の愛欲を肯定する、「密教の宗教理想たる諸仏の大楽《たいらく》の境地に冥合《みょうごう》せんとする革命的な思想を宣明するもの」（『岩波仏教辞典』）としても、理解されているようである。明恵が『理趣経』についてどのように理解したかは、明らかでない。が、「欲望の肯定という考えに接したことは事実であろう。（中略）明恵は欲望を拒否したり、抑圧したのではなく、それを肯定しつつ、なお戒を守るという困難な課題に取り組んだのである。（中略）捨身に続く仏眼法の修行は、厳しく、清らかになされつつ、それはまた欲望の肯定というパラドックスを内包しつつなされたのであり、すべてを包み許してくれるものとして、仏眼仏母は存在したのであろう」。

## 7　耳を切る

第四章「上昇と下降」では、まず、高雄を出た明恵が、紀州白上の峰に草庵を立て、修行に専念した時代が描かれる。それは二十三歳から二十六歳で高雄に戻るまでの三年間である。

前節で見たように、「明恵は捨身の象徴的な成就の後に、母胎への回帰を体験し、仏眼仏母との一体感を体験した。彼がより一層成長してゆくためには、そこから出てゆくこと、いわば再生の過程が必要であり、その過程のハイライトとして、彼が自らの耳を切る、という行為があったと考えられる」。それは白上に移った翌年、明恵二十四歳のことである。明恵は、釈迦の在世からはるかに遅れて誕生し、しかも釈迦の教えが行なわれた土地からは遠隔の辺土にいることに、常々残念極まりない思いを抱いていた。加えて、周囲の仏僧たちは世俗的な物欲や名誉欲にとらわれている。

こうした状況の中で、明恵は俗世から離れ、仏道への志を確たるものにするために、自らの耳を切ることを決意する。『伝記』によれば、それは「五根の闕《か》けたるに似たり。去れども、片輪者にならずは、猶も人の崇敬に妖《ばか》されて、思はざる外に心弱き身なれば、出世もしつべし。左様にては、おぼろけの方便をからずは、一定損《いちぢやう》とりぬべし」と考えたからである。そして、「志を堅くして、仏眼如来の御前にして、念誦の次《つい》でに、自ら剃刀を取りて右の耳を切る。余りて走り散る血、本尊幷《ならび》に仏具・聖教等に懸《か》かる。其の血本所に未た失せず」という凄まじい行為に及んだのであった。

この行為について、河合氏は次のように考える。それまで明恵は、母なるものの世界にいたが、その世界から出て、父なるものの世界と接触する必要が生じてきた。つまり、自らの修行だけではなく、社会と触れて他人のためにも尽くす運命が待っていたのである。そのためには、母性性とあわせて父性性を持つ人格にならなければならない。そのために白上での修行が必要だったのである。「そして、その完結のためには、今まで一体であった母なるものに対して捧げるべきいけにえが必要であったし、父性的な強さを立証するための試練に耐えることも必要であった。これらの意味をかねそなえた自己去勢の行為として、明恵の耳を切る行為を解釈することが妥当のように思われる」。

それは明恵が、〝母殺し〟ではなく、自己去勢の道を選んだことを意味している。同時に、母なるものとのつながりを残している訳で、明恵が通常の日本人とは異なった道を歩みながらも、直ちに西洋的な父性原理に連なるものではないことを、示しているのだ。

耳を切ったその夜、明恵は次のような夢を見る。またもやインド僧が現われ、自分は身体を仏法のために惜しまぬ行為をしたことを記録する者である、このたび、明恵が耳を切って如来を供養したことを記録に留める、と言った。そして大きな本に書き込んだ。この夢は明白に、明恵の行為を承認するものであろう。また「如来を供養」したとあるのは、耳切断という自己去勢が、母なるものへ捧げる犠牲《いけにえ》であることを示している。

その翌日、『華厳経』を読んでいる時に、明恵は文殊菩薩が顕現するのを目の当たりにする。世尊が菩薩に教えを説く様子を音読しているうちに、明恵は世尊の慈顔を拝する心地になり、涙を流しつつ本尊を仰いだ。「眼の上忽ちに光り耀《かがや》けり。目を挙げて見るに、虚空に浮びて現に文殊師利菩薩、身金色にして、金獅子に乗じて影向《やうがう》し給へり。其の御長《おんたけ》三尺許《ばか》りなり。光明赫奕《かくえき》たり。良久《やや》しくして失せぬ」（『伝記』）。

『夢記』には次のような記述がある。これは現存する『夢記』の最初の部分である（これ以前は失われ、『伝記』などによって知る以外に方法が無い）。

一、同廿五日、釈迦大師の御前に於いて無想観を修《しゆ》す。空中に文殊大聖現形《げんぎやう》す。金色《こんじき》にして、獅子王に坐す。其の長《たけ》、一肘量許《いつちうりやうばか》り也。

これが『伝記』の記述と同一のことか否かは分からない。が、晩年に至っても、明恵は弟子たちに語っているので、重要な体験であったであろうと推測できる。

『夢記』に記されているこの年に見た五つの夢のうち、「建久七年八月、九月」という日付のあるものを、左に示す。

一、夢に、金色の大孔雀王有り。二翅あり。其の身量人身《にんじん》より大きなり。其の頭・尾、倶《とも》に雑《くさぐさ》の宝・瓔珞《やうらく》を以て荘厳《しやうごん》せり。遍身より香気薫り満ちて、世界に遍《あまね》し。二つの鳥、各、空中を遊戯《ゆけ》飛行《ひぎやう》す。瓔珞の中より微妙《みめう》の大音声を出し、世界に遍し。其の音声にて、偈《げ》を説きて曰はく、「八万四千の法、対治門《たいぢもん》、皆是、釈尊所説《しよせち》の妙法なり。」人有り、告げて曰はく、「此の鳥、常に霊鷲山《りやうじゆせん》に住み、深く無上の大乗を愛楽《あいげう》して世法の染著を遠離《をんり》す」と云々。鳥、此の偈を説き已《をは》りし時、成弁の手に二巻の経を持つ。一巻の外題には仏眼如来《ぶつげんによらい》と書き、一巻の外題には釈迦如来と書けり。是は、彼の孔雀より此の経を得たる也と思ふ。成弁、此の偈を聞く時、歓喜の心熾盛《しじやう》也。即ち、「南無釈迦如来、南無仏眼如来」と唱へて、涙を流し感悦す。即ち二巻の経を持ちて歓喜す。夢覚め已るに、枕の下に涙堪へりと云々。

「大孔雀王の夢」と河合氏が呼ぶこの夢は、先に見た「高雄出奔の夢」と関連していて、興味深い。孔雀明王とは、「古くから成立した尊格で、毒蛇を食す孔雀を神格化し、一切諸毒を除く能力を持つ」（『岩波仏教辞典』）ものとして、信仰された。それは金色の孔雀に乗ったイメージとして描かれる。「高雄出奔の夢」では蛇と蜂が出てきて、地を這うものと空を飛ぶものという対比があった。この対比は、今回の夢でも同様である。「明恵の夢に現われた二羽の孔雀は、その姿の素晴らしさ、その香気、そして大音声をもって空から偈《げ》を説くところなどに、明恵の精神の高揚を示し、高雄を脱け出ようとしたときに対面した「蛇」との戦いに、ひとつの勝利がもたらされたことを告げている」。

　夢の中で明恵は、二羽の孔雀から一巻ずつ経を渡される。そこには「仏眼如来」と「釈迦如来」と、それぞれ記されていた。つまり明恵は、ここで「母性と父性という二元的態度を共に一手に受けているのである」。ここに見られる二元性は、明恵誕生の折以来、この後も様々な形で現われるものであり、そうした二元的対立の中で、彼は心身を鍛えられていったと思われる。ちなみに、誕生の折の話とは、明恵が生まれた時に叔母が二つの柑子をもらう夢を見たことを指す。それを明恵自身、後に華厳と真言の二宗を表わすものと解釈した。

現存の『夢記』では、この「大孔雀王の夢」以降、四年間のブランクがある。その間の夢については、『行状』に記載があるので、それによって見ることにしよう。

河合氏が、「塔に昇る夢1」と呼ぶ夢は次のようなものである。

或ル時夢ニ見ル、一ノ塔アリ、我昇ルベシト思フ、スナハチ一重コレヲ昇ル、ソノ上ニ又重アリ、随ヒテ又昇ル、此ノ如クナム重トモナク昇リテ今ハ日月ノ住処ヲモスギヌラムト思ヒ、最上ノ重ニ昇リテ見レバ九輪アリ、又是ヲノボル、流宝流星ノ際ニイタリテ、手ヲ懸クルト思ヒテ覚メヲハンヌ。

これは上昇の夢である。日月の住処も過ぎて、流宝流星の際まで昇るというのだから、尋常なことではない。「流星」とは、塔の九輪の一番上のものである。河合氏は、その長い夢分析の体験でも、このような上昇のケースはないと言う。しかし驚くべきことに、明恵は続いて次のような夢（「塔に昇る夢2」）を見るのである。

其ノ後ノボリヲハラザルコトヲ恨《うら》ミ思フトコロニ、廿余日ヲ経テ後、夢ニ又此ノ塔ニアヘリ、先日ノボリヲハラズ、今昇リキワムベシト思ヒテ、重々是ヲ昇ル事サキノ如シ、今度ハ流宝流星ノ上ニ昇リテ、其ノ流星ノ上ニ立チテ見レバ、十方世界悉ク眼前ニミヱ、日月星宿モハルカニ足下ニアリ、是ハ色究竟天ヨリモ高クノボレル心地シテ、其ノ後又地ニ降リ立ツト見ル。

「色究竟天《しきくきょうてん》」より高く昇ったというのだ。それは色界に属する最上の天のことを意味する。仏教では、世界を欲界、色界、無色界の三界から成ると考える。色界とは、「清らかな物質から成り立つ世界で、欲望を断じ、肉体を存する世界」（『岩波仏教辞典』）である。

さらに明恵は、この夢に続いて、河合氏が「五十二位の夢」と呼ぶ夢を見る。五十二位とは、仏教における求道者の修行――それは五十二に分けられる――の位を指すものである。

夢ニ大海ノ中ニ五十二位ノ石トテ其ノ間一丈許《ばか》リヲ隔テテ大海ノヲキニ向ヒテ、次第ニ此ヲ並ベ置ケリ、我ガフミテ行クベキ石ト思ヒテ其処ニイタルニ、信位ノ石ノ所ニハ僧俗等数多ノ人アリ、而《しか》ルニ信ノ石ヲオドリテ初住ノ石ニ至ルヨリハ人ナシ、タヾ一人初住ノ石ニイタル、又ヲドリテ第二住ノ石ニイタル、カクノ如ク次第ニヲドリツキテ十住ノ石ニイタリテ、又初行ノ石ニイタル、一々ニフムデ乃至第十地等覚妙覚ノ石ト云フマデニ至リテ、カノ妙覚ノ石ノ上ニ立チテ見レバ、大海辺畔ナシ、十方世界悉クサハリナク見ユ、来レル方モ遥カニ遠クナリヌレバ、此ノ所ハ人是ヲ知ラズ、今ハ還リテ語ラムト思フ、又逆次ニ次第ニフミテ信位ノ石ノ所ニ至リテ、諸人ニ語ルト見キ云々。（「五十二位の夢」）

これらの夢は、明恵が厳しい修行によって、常人には及びもつかぬ精神的な高みにまで、至ったことを示している。しかし、それは身体を切り離しての〝上昇〟であったようで、明恵は病気になってしまう。周りの人々が治療をすすめても、修行のために死ぬのなら本望だとして全く顧みない。そうした折に、明恵は次のような夢を見た。

数日ノ後、夢ニ一人ノ梵僧来リテ、白キ御器ニアタタカニシテ毛立チタル物ヲ一杯盛リテ、此ヲ服スベシトテ授ケ給ヘリ、心ニアザミノ汁カト覚ユ、皆是ヲ服シヲハンヌ、其ノ後覚時ニナヲ其ノ味口中ニアリ、即時ニ其ノ病、気分ヲウシナヒテ平癒セリ。（「病気平癒の夢」）

ここでもインド僧が現われる。その僧が与えてくれたものを飲んで、明恵は回復する。自らの身体と和解した明恵は、新たな段階に入る。自らの内に深く沈潜し、それだけに夢の中では高みに昇るという修行を続けてきた彼が、外界との関係を持ち始めたのだ。

一一九八（建久九）年、明恵は白上の草庵を出て、再び高雄に戻る。そして『探玄記』の講義を始める。『行状』によれば、夢も「春日大明神、此ノ宗ノ伝道ヲヨロコムデ、縁ニ立チテ舞ヒ給フ」というイメージを送り、支持した。「此ノ宗」とは華厳宗であり、『探玄記』は『華厳経』に対する法蔵の注釈である。

この頃、明恵は重要な夢を見ている。『行状』によると、次のようなものである。

夢ニ大ナル亀アリ、忽チニ老翁ト成リテ弓箭ヲ持セリ、則チ告ゲテ云ハク、我相具シ奉リテ、花厳法門ヲ授ケム、仍《よ》リテ彼ニ随ヒテ行クニ、一ノ穴ノ前ニ至リテ、此ノ内へ入ルベシト云ヒテ、老翁マヅ其ノ内へ入リヌト見ル、心ニ思ハク、是龍宮ナリ云々。

亀が現われ、翁に変じる。華厳の教えを授けてくれるというので、ついて行くと、一つの穴に入る。明恵はそれを龍宮だと思う、という夢である。元来、『華厳経』は龍樹が龍宮からもたらしたものと考えられているので、明恵がこのような夢を見ても不思議ではない。しかしここでは、第二章で見た浦島の話との関係を考えてみよう。当時のその物語は、『丹後風土記』にある「浦嶼子」の話と近いと思われる。それは、浦島が五色の亀を釣り上げると、たちまち絶世の美人になり、浦島にプロポーズして二人は結婚する、という話である。ところが明恵の夢では、亀は老翁に変じているのだ。

この変化について、河合氏は次のように言う。「日本の昔話においては、美しい女性の背後に老翁が存在していることが実に多いのである。明恵の夢の場合、彼にとって今すぐに亀の変化《へんげ》した亀姫に出会うことは、あまりにも受け入れ難いことだったのであろう。従って、亀は美女への媒介者としての翁に変じたと思われる。夢の中で、翁は華厳の教えを授けると言っているが、明恵が龍宮に至るのだと思っていることは、彼が華厳を学ぶ過程のなかで、何らかの形で女性と出会うべきことを予感しているものと思われる。事実、この夢は筆者が重要視している「善妙の夢」〔本書二八九頁参照〕へとつながっていくのである」。

しかしそれは、約二十年後のことである。人間の個性化の過程が、いかに時間をかけてゆっくりと進むものであるかを、如実に示しているといえるだろう。

明恵は、高雄に長く留まることがなかった。再び白上に戻り、すぐ山間にある筏立《いかだち》という所に移る。これ以後、三十二歳のときに京都の槙屋に行くまで、いずれも生家近くの糸野、星尾などに住んだ。華厳の研究と修行に努めた明恵は、次第に周囲の人々に影響を与えるようになり、外界との接触も増してくることになる。

## 8 明恵の意識の変遷

本節では、第五章「ものとこころ」を検討する。よく知られているように、西洋近代では、ものとこころを「物質」と「精神」として分断し、「精神」の確立と向上を目指した。その結果、西洋の近代文明が誕生した。しかし、第三章で見たように今日では、ニューサイエンスをはじめ様々な仕方で、西洋近代の意識とは異なる、人間の意識の在り方が考えられるようになった。

そのような様々な意識の在り方を参照しながら、明恵の意識がどのようなものであったかを考えてみよう。そのために、まず明恵が島に対して手紙を書いたというエピソードを検討する。

『行状』には、ある月夜の晩に、明恵が弟子とともに船に乗って、紀州の苅磨《かるま》の島に渡ろうとした時のことが記されている。その折の美しい情景を語る文に続いて、「更ニ此ノ外ニ何ノ聖教ヲカ求メム」と書かれている。それは、美しい自然に接し、その心を知ることができたので、これ以外に経典を読む必要はない、ということである。明恵の自然に対する姿勢がよく表現されている。

明恵はこの島に一通の手紙を書いたのである。彼は、どこへ届ければよいのかと問う弟子に対して、「苅磨の嶋に行き、梅尾《とかのを》の明恵房からの手紙だと高らかに呼んで打ち捨てて帰って来なさい」と答えている。この手紙自体は残存していないが、『伝記』や『行状』に詳しい記録が残されている。それらによれば、手紙では最初のうち島そのものについての議論が展開されている。島は欲界に属するものだが、感情を有しないからといって他の生物と区別する必要はない。国土とは、仏の十身中の最も大切なもので、毘盧遮那《びるしゃな》仏の体の一部である。つまり島も如来そのものである、といった具合に『華厳経』の教えが語られる。

しかし途中から急に調子が変わり、明恵自身の思いが綴られる。左に『伝記』の一部を引用する。

かく申すに付けても、涙眼に浮かびて、昔見し月日遥かに隔たりぬれば、磯に遊び嶋に戯れし事を思ひ出されて忘られず、恋慕の心を催しながら、見参する期なくて過ぎ候こそ、本意に非ず候へ。

このように書かれた明恵の手紙を見ると、彼にとっては人も物も区別がないようで、もののところについても「限りない相互浸透性」を持っているように思われる。

有名な「明恵上人樹上坐禅像」を見ても、樹上で坐禅を組む明恵の周囲には、小鳥やリスなどの小動物が描かれている。これは、小鳥に説教したと伝えられる聖フランチェスコにも通じる、特別な意識のありようを示すものと思われる。

ところで、明恵の信仰は釈迦に対する強い思慕の念に立脚するものであった。彼は「ワレハ天竺ナドニ生マレマシカバ、何事モセザラマシ。只、五竺処々ノ御遺跡巡礼シテ、心ハユカシテハ、如来ヲミタテマツル心地シテ、学問行モヨモセジトオボユ」（『却廃忘記』）と書いたほどである。そうした思いの行きつくところ、明恵はインドに渡ることを企てるまでになる。

一二〇二（建仁二）年頃から、明恵は弟子の喜海たちと共にインド行を語り合っていた。しかし、春日明神の託宣によって、それは取り止めになる。その間の経緯を、明恵自身「託宣正本の記」として書いたのだが、後に自ら破棄してしまう。弟子の喜海はそれを惜しんで、明恵没後に『明恵上人神現伝記』を書き、それが現存している。また明恵も一二〇五（元久二）年に紀州に伽藍を建立した時に、「秘密勧進帳」を記し、春日・住吉両明神の宝殿を併設した由来を明らかにしている。そこで以下に述べる奇瑞《きずい》について、明恵は言及した。併せて『行状』には、相当詳細な記述が見られる。これらの記録によれば、明恵のインド行をとりやめさせた出来事は、次のようなものであった。

一二〇三（建仁三）年の正月二十六日、明恵の伯父に当たる湯浅宗光の妻に春日大明神が降り、自分は明恵のインド行を思い止まらせるために来たと述べた。それを聞いた明恵は、この託宣が真実のものであるか否かを知るために起請《きしょう》し、もし真実ならば重ねて霊告を垂れてほしいと祈った。

二十九日に再び降託がある。この時の宗光の妻は、顔面が透明になり、声は哀雅極まりなく、全身から香りを発した。最後に降霊は「罷《まか》リ去リナントテ、左右ノ御手モテ上人ヲ横抱キテ御面ヲ合セテ、糸惜《いとほし》ク思ヒ奉リ候ナリトテ、双眼ヨリ涙ヲ流シ給フ、必ズ〳〵我ガ詞《ことば》ニ違越アルベカラザルナリ」と述べる。明恵は声を上げて泣き、人々も泣き叫んだという。

一二〇五（元久二）年、明恵は再度インド行を計画する。綿密な計画を立てた「印度行程記」が高山寺に現存している。ところが、明恵が計画を立て始めると、不思議な病気に悩まされるようになった。それで明恵は、くじによってインド行の可否を問うことにする。結果は「渡るべからず」であった。以後二度とインド行を計画することはなかった。

インド行を模索していた頃の明恵は、多くの夢を見ており、その中には女性についての夢が登場するようになってくる。『夢記』の一二〇四（建仁四）年の項には、河合氏が「糸野の御前の夢」と呼ぶ次のような夢が記されている。

一、同二月、此の事を聞きて後、此の郡の諸人を不便《ふびん》に思ふ。夢に云はく、屛風の如き大盤石の纔少《ざんせう》の尖《とが》りを歩みて、石に取り付きて過ぐ。此の義林房等、前に過ぐ。成弁、又、同じく之を過ぐ。糸野の御前は、成弁とかさなりて、手も一つの石に取り付き、足も一つの石の面を踏みて過ぎらる。成弁あまりに危ふく思ひて、能々《よくよく》之を喜びて過ぐ。安穏に之を過ぎ了りて行き、海辺に出づ。成弁、服を脱ぎ、将に沐浴せむとす。善友の御前、服を取りて樹に懸く。沐浴し畢りて後に、二枝の桃の枝を設けて、其の桃を折れば、普通の桃に非ず、都《すべ》て希《まれ》に奇《あや》しく未曾有之桃也。白き毛三寸許りなる、枝に生ひ聚《あつま》りて、毛の端そろひなびきて、其の形、手の如し。尾、其の毛、并に葉の中にひたる如くなる桃あり。之を取りて之を食ふ。今一枝をば、向ひの方を見遣《みや》りたれば、三丁許り去りて、殿原おはします。一番に弥太郎殿見らる。彼の処に之を遣はし了んぬ。

危険な岩場を越えるのに、明恵と糸野の御前は手足を重ねるようにして渡る。海辺に出た明恵は、裸になって沐浴する。そこに善友の御前が現われる。沐浴した後、二枝の桃を取って食べた。三丁ほど離れたところに弥太郎殿（明恵の従兄弟）らがいるので、一枝をおくる。このような内容の夢であるが、河合氏は明恵と女性との関係を考える上で、前に見た最初の「乳母の死の夢」についで、画期的な意味をもつものだと言う。

糸野の御前とは、春日明神の託宣を告げた湯浅宗光の妻のことであり、明恵とは浅からぬ因縁があった。『行状』によれば、明恵は一二〇一（建仁元）年に、霊物にとりつかれた彼女を、祈禱によって治療したことがあったのである。すでに見たように、彼女に明神が降霊した際に、彼女は明恵を左右の手で横抱きし、「糸惜《いとほし》ク思ヒ奉る」と涙を流し、明恵も号泣した。

加えて、夢の中で桃を食べることが出てくる。桃が女性の象徴とされるのは周知のことだが、『古事記』ではイザナキがイザナミに追われて逃げるときに、後方に向かって投げつけたと記されている。つまり、桃は「太母の否定的な面に対して、それを祓う呪術的な力をもっていたわけである」。

明恵は彼女と手足を重ね、共に危険な場所を乗り越えた。それは、明恵が女性的な面を自らのものとして統合し得たことを示すものである。その後、彼は衣服をとって沐浴する。衣服はペルソナを表わすものとすれば、それは明恵が社会的規範にとらわれずに、本来の姿に立ち返ったことを意味する。「当時の僧が、女性との関係では、タテマエとホンネの間であいまいなごまかしを行っていた中で、明恵はあくまで厳しい戒律を守りつつ、さりとて、木石のような干からびた人間になるのでもなく、内面的には女性性との関連を深めることを行ったのである。これは当時の日本人としては極めて稀なことであったと思われる」。

この後河合氏は、明恵が体験したさまざまな超常現象を説明するために、共時性の問題やテレパシーの現象、意識の次元といったことについて説明しているのだが、それは第6節で詳しく見たことなので省略する。ただ、意識の次元ということに関わって、「禅観の夢2」で、明恵が「馬は意識也」と書いたことについてだけ触れておこう。フロイトなら馬が無意識で、それに乗っている明恵が意識だ、と言っただろう。しかし、意識の次元が多様であることを考えるなら、馬で表現される意識もあり得るわけで、「明恵はまさにその上に乗っかっているのである。明恵がテレパシーなどは別に不思議なことではない、と弟子たちに説明したとき、「法の如く行ずる事の年積るまゝに、自然《じねん》と知れずして具足せられたる也」と言ったことがここで思い出されるが、馬の上の明恵はただ、「自然《じねん》と知れずして」いるのであろう。そうすると馬は自然に熊野に向かって、うまくことが運ぶのである。このような意識の把握の仕方は、まったく東洋的な感じを与えるものである」。

一二〇六（建永元）年十一月、明恵が三十四歳の時に、後鳥羽院より高山寺の地を賜わる。これ以降、明恵はほとんどこの地で過ごすことになる。それは、紀州の地で修行に明け暮れたそれまでと異なり、貴顕との交わりをも受容することを意味した。つまり、この年に明恵は内面的にも社会的にも、大きな変化を経験したのである。その変化は、夢にも表われてくることになる。まず、同年五月の夢二つを取り上げてみよう。

一、同廿九日の夜、夢に云はく、一人の童子有り。遍身に宝鬘瓔珞《ほうまんやうらく》を帯び、懌《よろこび》の面にして来りて親近《しんごん》すと云々。又、十余人の童子有り。皆悉く愛好也。来りて親近すと云々。

一、同卅日の夜、夢に云はく、一人の女房有り。鉢に白粥を盛り、白芥子《びやくけし》を和合して、箸を以て之を挟み取り、成弁をして之を含み之を食はしむと云々。其の以前に、幽野《いうや》に詣でし事、在田の諸人、成弁を待つと云々。

これらの夢で、明恵は子どもや女性と親しく交わっている。三十日の夢の場合、かつてインド僧からあざみの汁らしきものを与えられたことを想起させるものだが、インド僧から女房に変化していることが重要だ。これらの夢は、明恵が俗界と関係を持ち始めたことを示すものだろう。「今までひたすらインド、すなわち釈迦への直接的な結びつきを求めて努力していた彼が、このあたりから、日本の人々との交わりのなかに、生きる意味を見出すことになるらしいことを、これらの二つの夢は示している」。

次に六月の夢をいくつか引くが、最初の夢は河合氏が「鰐の死の夢」と呼ぶものである。

一、同六日の夜、夢に云はく、石崎入道之家の前に海有り。海中に大きなる魚有り。人云はく、「是鰐也。」一つの角生ひたり。其の長《たけ》一丈許り也。頭を貫きて之を繋ぐ。心に思はく、此の魚、死ぬべきこと近しと云々。

石崎入道は湯浅一族の者と推察されているので、紀州の海でのことであろう。大魚がいて、それは近々死ぬと明恵は思う。このような大魚の死は、明恵の内界における大きな変化を予示している、と河合氏は言う。

一、同月八日の夜、夢に云はく、縁智房《えんちばう》来りて告げて曰はく、「一々に留守を置き候はばや。今より御分に成るべく候也。僧都知るべからず候」と云々。
一、又、真恵僧都《しんゑそうづ》之許に到る。饗膳を設けて、成弁丼に義林房《ぎりんばう》を饗応せらると云々。
一、又、上人の御房、奇異なる霊薬を以て成弁に与へて曰はく、「此《これ》を態《わざ》と御房に進《まゐ》らせむとて、他人の乞へども与へずして置ける也。」即ち之を給ふ。仙薬等の類かと覚ゆ。即ち之を食ふ。心に思はく、長寿等之薬かと。かむ〳〵覚め了んぬ。
　此の間に随分に祈請興隆之事。
一、同十日の夜、夢に、法性寺《ほふしやうじ》の御子かと思ふ人より、御手づから舎利十六粒を賜はると云々。

右の夢のうち三つが、明恵が他の人から何かを与えられることを示している。先の転換期を予想させる夢に続いて、これらの夢は明恵が何か貴重なものを得ることを予測させる。これらの夢に続いて三つの夢が記されているが、それらについては後述する。その前に、六月十六日の夢を見ることにしよう。河合氏は「二桶の糖の夢」と名づけた。

一、同十六日の夜、夢に云はく、成弁、糖《あめ》二桶を持つ。人に語りて云はく、「前の自性《じしやう》の糖一桶、之を失ふ。今、相応等起《さうおうとうき》の糖二桶、之在り」と云々。
此の間に世間心に符《かな》はざるに依りて散乱す。之に依りて此の如く成らざる事等有り。然りといへども、相応等起の如く悉地《しつち》有るべき相也と云々。

明恵は、本来持っていた（自性の）糖一桶を失ってしまったが、今は、事に応じて出現する（相応等起の）糖二桶を持っている、という夢である。これについての明恵の解釈（二字下げの部分）によれば、世間的に心にかなわぬことがあり心を乱していたが、事に応じた変化が生じ、事が成就するだろう、としている。

とすれば、「鰐の死の夢」に続く一連の夢は、明恵が後鳥羽院から高山寺の土地を賜わるための、内的準備を示すものであったかも知れない。二十三歳の時に、法師くささを嫌って神護寺を出た明恵。その彼が約十年の後に、同じ神護寺の別所を院より賜わることになるわけで、明恵は「相応等起」の感を抱いたことであろう。

先に後述するとした、「二桶の糖の夢」の三日前に見た夢を、次に引く。「糸野の御前の夢」に連なるもので、河合氏は「十五六歳の美女の夢」と名づけた。

一、同十三日より、宝楼閣小呪十万返、之を始む。同十四日、日中行法の時に、幻の如くして、殊勝なる家有るを見る。御簾《みす》を持ち挙ぐるに、十五六歳許りの美女、□を懸け、白き服を著て、成弁を見ると云々。

「乳母の死の夢」以来、母性的な女性像は変化してきたが、ここに至って、男性に対する女性としての姿を表わす。高山寺に入る内的準備をする一方で、明恵はこのような女性（「美女」）とどのような関係を築くかが、課題として生じてきたと言える。

『夢記』には、「建永元年十一月、院より、神護寺の内栂尾《とがのを》の別所を賜わる。名づけて十無《じふむ》尽院《じんいん》と曰ふ」とある。時折、明恵は現実の記録も『夢記』に記しているのである。

次に、右の「美女の夢」に連なるものとして、十二月四日の夢を示す。

一、同四日の夜、夢に云はく、成弁、法性寺殿下に参る。自ら成弁を呼ばしめ給ふ。其の御詞に云はく、「阿闍梨御房、此に坐せしめ給へ。」以ての外に敬重《きやうぢう》せしめ給ふ。召しに応じて参る。御座之如くなる処へ請じ、坐せしめ給ふ。入道殿幷に女院《にようゐん》と思《おぼ》しき人、又法印の御房と思しき人、居幷びておはしますと云々。「法門の義を申せ」と仰せらるれば、将に之を□申さむとすと云々。法印の御房、成弁之行法の御仏供すくなきを下知しに、暫く立たしめ給ふと思《おぼ》ゆ。又、殿下の姫君の御前と思しき人二人と共に、成弁以ての外に親馴《しんじゅん》之儀を成す。横さまに之を懐《いだ》き奉りて、諸共《もろとも》に車に乗りて行くと云々。但し、車に乗る事は、成弁と又姫公《ひめぎみ》と二人也。五節の棚の様なる物に油物《あぶらもの》等の物等、雑《くさぐさ》の食物《じきもち》を置くを、御前に取り寄せて、「此《これ》に水をかけて御房にまゐらせよ」と仰せらると云々。

この夢を河合氏は、「姫君の夢」と名づけた。登場人物が誰のことかは、諸説分かれるところであるが、ここで重要なのは、姫を「横さまに之を懐《いだ》き奉りて、諸共《もろとも》に車に乗りて行く」ところである。宗光の妻に明神が降霊した折にも、横抱きにする場面があったが、その時は女性が明恵を抱いたのだった。しかし今回は、男性が女性を抱いている。つまり、母―息子関係が、男性―女性の関係に変化したとも言える訳だ。

この夢に続いて、明恵は次の二つの夢を記している。

一、十二月七日の夜、夢に云はく、同行六七人と共にして、有る処に行きて、既に到り已りて将に家へ入らむとする道に、二段許り、糞穢《ふんゑ》充満せり。同行等又箸を以て之に浸す。

一、同十二月中旬、夢に云はく、蜈《むかで》懐中に入ると云々。又、一巻の書に縈《まつは》りて縁の下に入ると云々。其の中に小さき樹の枝の生ひたるに、之に糟《かす》等を塗りて、□如く置きて充満せりと云々。

（以下略）

前者では糞が、後者ではむかでが出てくる。高山寺に入るに際して、明恵は相当の「汚れ」を経験しなければならなかったのだろう。また「美女」との関係も、それを深めるためには、このようなおぞましいものとの対面が必要とされたと思われる。「人間が真に宗教的に生きようとするとき、清く美しいもののみでなく、必ず汚くおぞましいものとも直面しなくてはならないのではなかろうか」。

高山寺には一枚の欅の掛け板が現存している。そこには、明恵たちが高山寺で生活を送るに当たって守るべき規律（清規《しんぎ》）が記されていて、冒頭に「阿留辺幾夜宇和《あるべきやうわ》」と書かれている。「あるべきやうわ」は、明恵の根本的な思想を表現した言葉として、様々な人が様々な解釈を加えているが、ここでは河合氏の次の文章を引いておこう。

> 明恵が「あるべきやうに」とせずに「あるべきやうわ」としていることは、「あるべきやうに」生きるというのではなく、時により事により、その時その場において「あるべきやうわ何か」という問いかけを行い、その答を生きようとする、極めて実存的な生き方を提唱しているように、筆者には思われる。戒を守ろうとして戒にこだわりすぎると、その本質が忘れられてしまう。さりとて、本質が大切で戒などは副次的であると思うと、知らぬまに堕落が生じてくる。これらのパラドックスをよくよく承知の上で、「あるべきやうわ何か」という厳しい問いかけを、常に己の上に課する生き方を、明恵はよしとしたのである。

## 9　明恵と女性たちとの関係

次に、第六章「明恵と女性」を検討しよう。まず、一般的に仏教のなかで女性はどのように考えられてきたのだろうか。仏陀が仏教を創始した時には、男性ばかりが彼の教えに従い、女性は修行の邪魔とさえ考えられた。そのため、女性はいやしむべき存在であり、女性の成仏は難しいと考えられるに至る。例えば、『涅槃経』には、女性一人の業障は三千世界の男性すべての煩悩の総和に等しい、などと述べられている。

しかし大乗仏教になると、出家のみならず在俗の信者のことも考慮に入れる必要が生じてくる。そこで女性についてどう考えるかが、大きな問題となる。「大乗仏教的な救いは、原理的には母性原理が優位になる。従って、女性に対する拒否を一方で感じつつ、反面では母性というものを高く評価せざるを得ないというジレンマをかかえこむのである」。

こうしたこともあって、『法華経』や『大無量寿経』では、女人成仏に関わる話が登場する。しかし、主人公の女性は男子に変わって（変成男子《へんじょうなんし》）成仏するのであって、真に女性が成仏することとは違う。法然の場合も、女性の往生について教学的な基礎を固めようとしたが、やはり「変成男子」の考えを脱することはできなかった。日蓮も『法華経』に基づいて女性の成仏について論じたものの、成功したとは言えないようである。

しかしながら、仏教が最初にわが国に伝来したとき、最初の出家になったのは女性たちである。

それは、土着信仰で神のよりましとなるのは女性たちであったことから来ているのであろう。つまり、「古来からある地母神的な母性崇拝がその受け容れに一役買ったので」、その結果、わが国の仏教では、母性の尊重ということが前面に押し出される。「母性原理はすべてを受け容れるところにその特徴があり、母性的な観音の姿に示されるように、すべてを和らげることをよしとする立場に立つと、戒律によって行動を厳しく律することに、あまり価値をおかないようになってくる。その上、性ということが、男性的な強さを弱めてしまうもの、欲情によって人間の意識をおびやかすもの、などとしてよりは、母なるものとの合一、一体感の体験として、むしろ高い価値を与えられる。このような心理的背景があるために、日本においては、仏僧が婬戒を守ることが難しく、また、それを破ることを黙認する傾向が生み出されてきたものと思われる」。

それでは明恵の場合はどうだったのだろうか。明恵と女性との関係は、右に見た仏教の一般的あり方とも、日本的な固有のあり方とも異なっている。この点にこそ、明恵の宗教性のあり方が顕著に示されているのだ。

明恵の周囲には多くの女性がいた。承久の乱の際には、敗れた朝廷側の公卿や武士の未亡人などを、明恵はかくまった。当時そうした女性たちに宛てた明恵の手紙が残っているが、それらには女性に対する細やかな配慮が記されている。そうした明恵の、当時の仏僧とは異なる女性への対し方は、彼の夢においても見てとれる。

『夢記』に、明恵が三十六から三十八歳頃に見たと推定される夢を、次に引こう。

一、同十一日の夜、夢に云はく、一つの大きなる河を渡る。中嶋の尼御前と思《おぼ》しき人の乗れる馬の尻に我乗りて、渡らむと欲す。彼の馬、尤も小さし。尼御前、馬を下りて将《まさ》に之に乗せむとす。成弁、小さきに憚《はばか》りて之に乗らず。只歩みて之を渡る。水腰に到りて□渡り了《をは》んぬ。我が乗るべき馬をば、小児に之に乗す。小児は我が後に立ちて之を渡し了んぬ。（「河を渡る夢」）

河を渡るのは、何らかの変化を生じさせようという決意を表わすことが多い。中嶋の尼御前なる女性は不明。彼女は馬に相乗りするように言ってくれるが、馬が小さいので辞退し、歩いて渡る。「馬が小さすぎて止めるというイメージは、女性との結合を達成するには、動物的な衝動が弱すぎたとも言えるし、動物的衝動を明恵が「卑小」なものと判断したと言えるであろう」。

四十歳の時に、明恵は『摧邪輪《ざいじゃりん》』を書き、法然の『選択集《せんちゃくしゅう》』に対して烈しい批判を加えた。翌年、『摧邪輪荘厳記』を著わし、さらに厳しく批判する。その批判の要点は、法然の、一、菩提心を捨てる過失、二、聖道門を群賊に譬える過失、の二点に絞られるという。それはともかく、『摧邪輪』執筆前後の夢を検討した河合氏は、「意識的には明恵は法然を烈しく非難しつつ、無意識には法然を評価した」のではないかと考える。

ところで、この頃、明恵は女性に関わるものとして、どんな夢を見ていたのだろうか。『摧邪輪』の執筆の前年、一二一一（建暦元）年十二月の夢（京都国立博物館蔵）を見てみよう。

建暦元年十二月六日夜、夢に云はく、端政(正)の貴女有り。二人の従女を相従ふ。其の本□、若年の如く面皃(貌)端政なり。高弁、之に謁すと云々。其の八日、京に出づ。九日、民部卿入道殿に謁す。時に故女院の御念珠を得たり。同十日、御手習の反古等を得て、即ち寺に入る。其の初夜、行法の次《つい》でに、此の御具足等を持ちて道場に詣づ。衆徒に対座し奉り、御菩提を祈り奉る。其の夜、四つの夢相を得たり。

一、故女院の恒《つね》に御坐《おはしま》しし処を見るに、張台・御衣《おんぞ》等あり。之を見て哀傷すと云々。

一、十七八歳の女房、薫の如き物のある処に居す。其の向ふに一尺許《ばか》りを去りて座を設《まう》けて、渡し居ゑ《す》奉ると惟《おも》ふ。然して顔を見ず。覚め了《をは》んぬ。

一、前の女房、疲れたる形なり。顔さき少しき高くして、面長き躰《てい》にて色白し。之に謁すと云々。同十六日、京に出で、慈心房に謁す。樋口の宿所に還り、臥眠す。其の暁の夢に云はく、

一、紀州の類親等を相朋《あひともな》ひ海辺に出でて遊戯す。其の日の晩、一所に宿す。夜暁けて物へ行く。其の路、泥地なり。田を鋤き還《かへ》したるが如し。此を踏み越して行く。行きて野山の如くなる処に出づ。見遣《や》りたれば、高き木等の葉も無き多く見ゆ。此処を過ぎて人舎に到るに、二人出合へり。此処にして足をすすぎて又行く。山の峰に到るに、一人の貴女有り。端政奇異なり。□はひきの処にあり、此の人は山の峰に在り。心に思はく、仏事をせられむずるに、願文の如きか等の物を書かるべきに、高弁を待ちて証と為す。誠に書かるべし。さて待ち給ひけりと云々。高弁が共に、倫性房・円宗房両人あり。人はあまたあると思ふとも、余人は眼前には見えずと云々。此の貴女、円殊(宗?)房の手をとらへ給へり。高弁思はく、此《かく》の如き人は中《なか》〳〵かく御《おは》坐《しま》すか。即ち思惟す、此《これ》はせめて高弁がゆかり(縁者)とて、むつまじく思《おぼ》し召してこそ、かくあれ、

と思ふ。さて、其の後、書かる物一枚許りなり。其の末を読み給ふを聞けば、「御房の御志を以て」と云々。此の下《しも》はよくも覚えず。慥《たし》かにも聞かず。ただ心に思はく、来生に行き遇《あ》はむなれ、と躰に書かるるか。又、読まれもするか、と覚ゆ。さて結句に録して、「以て述ぶ」と読まる。時に高弁、同行の顔を見廻すに、心に思はく、此《これ》は此の貴女に謁せるをいたく面目がましく思ひて見廻するや、思ひ賢しと思ふに、きと散乱する心地すれば、慥かに聞くべきの事と思ひて、問ひて曰はく、「何《いか》にとあそばし候ひつるぞ」。貴女答へて曰く、「以て述ぶ、と書き候ひぬるぞ。述べ候とや書くべく候。正月にて候はんずるに」と仰せらる。高弁思はく、此は十二月なり。来たる正月に何事ぞの有るべきや、と思ふ。祝ひの月なれば、御文字をや置くべしと思し召すにこそ、と思ひながら、何にも御心にてこそは、と思ひて、うちこまして御返しも申さず。さて、還《かへ》るに、高く人家の上を踏みて還る。二三段許りにて見遣り奉れば、高弁を見送りて御坐《おはしま》すと云々。覚め了んぬ。

十二月六日の夢に、端正な面立ちの女性が現われる。以前の夢では、十五、六歳の美女がこちらを見ているだけだったが、今回は明恵（前年、高弁と改めた）は「之に謁」しているのだ。続いて、故女院（不明）の菩提を祈った夜に見た、三つの夢があげられる。最初は故人の不在をいたむ夢。続けて十七、八歳の面長き色白の女房の夢を見る。女性は疲れているようだった。その次は長い夢で、山の峰で一人の貴女と出会う。それは女性の「高さ」を暗示している。この女性が明恵と同行した円珠（宗）房の手を取った。それ以降の記述の意味は、あまりよく分からない。ただ帰る時に、明恵は「高く人家の上を踏みて」帰った、と記されている。「彼はこの女性に会ったことで宙を飛ぶ気持だったと言えるし、それはまた、彼を見送ってくれているこの女性が、超自然的な存在であることをも暗示しているのであろう」。

これらの夢から分かることは、明恵と女性の関係が次第に深化しているということだろう。そして遂に、十二月二十四日の夢で、明恵は女性と合体する。河合氏が「性夢」と名づける夢は次のようなものである。

一、同廿四日夜の夢に云はく、一大堂有り。其の中に一人の貴女有り。面皃ふくらかを(顔)にして、以ての外に肥満せり。青きかさねぎぬを着給へり。女、後戸《うしろど》なる処にして対面。心に思はく、此の人の諸様、相皃、一々香象《かうざう》大師の釈と符合す。其の女の様など、又以て符合す。悉《ことごと》く是れ法門なり。此の対面の行儀も又法門なり。此の人と合宿、交陰す。人、皆、菩提の因と成るべき儀と云々。即ち互ひに相抱き馴れ親しむ。哀憐の思ひ深し。此の行儀、又大師の釈と符合する心地す

この夢は、明恵にとって画期的なものであったはずである。夢の中とはいえ、女性と明白に関係を持ったのだから。女性が肥満体であったというのは、その肉体性が強調されているからだと思われる。ただ、その合体を明恵は、華厳の教えと符合するものとして確信しているようだ。香象大師とは華厳教学の集大成者である法蔵のことであり、明恵は法蔵の『華厳五教章』や『探玄記』を書写したり、これらの講義を行なったりしている。

これらの夢とほぼ同時期のものと考えられる『夢記』の一部が、京都国立博物館に蔵されている。

又同夜の夢に、二条の姫宮、帳垂れたる輿《こし》に乗りて、眷属済として奈良へ御詣かと思ふ。輿の内より、高弁を見出し給へりと思ふ。

一、同二月六日、日中眠り入りし夢に云はく、一人の若き尼公有り。墨染の衣を着、京よりと思《おぼ》しくて、来給へり。語りて曰く、「我が父母、極《きは》めて之を愛念す、寵愛……せめてのまいりたさに、きと参るなり」と。即時に還らると云々。

一、同二月十五日の夜、念仏の時、纔《わづか》に眠り入りし夢に、高弁の右方より、一人有り。白衣にして仏前を白《まう》して入ると云々。又、眠り入る。仏の左方に卅許《ばか》りの尼公ありて、懌面して、同高□居給へり。同じく白衣を着給へりと云々。

一、同月廿六日、酉剋《とりのとき》、鳥羽の御墓所に参る。其の夜の夢に、十八九なる女房有り。術《すべ》無くむつまじげにて来たる。予、曰はく、「弁が右に副《そ》ふて寄り懸《かか》り給へ」と。あはれみかなしく思ひて、はたらかずと思ひ、痛はしく思□云々。

ここでも女性が、次々に登場している。最後の夢では、「むつまじげに来たる」女房に、私に寄り懸りなさいと声をかけているのだ。

これらの一連の、女性に関わる明恵の夢について、河合氏は次のように言う。「明恵は性欲を抑圧していたのではない。むしろ女性に対しても性に対しても開かれた態度をもっていて、それだからこそ、彼自身が語っているように、何度も性関係をもつ機会があったが、なんとかそれを乗り越えてきたのである（後述）。彼は性をいやしいもの汚いものとしたのではなく、その存在を認めつつ、また一方ではどうしても戒を守らねばならぬという葛藤を生き抜いたのである。だからこそ彼は、女性の夢や性的な夢を隠すところなく記載したのであるし、そこに宗教的な意味をさえ見出そうとしたのである」。

そして、続けて次のように書いた。「ここに示した一連の夢における多くの女性の出現には感嘆させられる。日本人の場合は母性性が極めて強いので、このようなアニマ像の出現は、現代の日本男性でも珍しいと言うべきである。この時期に、明恵の内界には強烈なアニマの布置《コンステレーション》が生じていたと思われる。明恵が激しい修行と隠遁生活の後に、自他ともに許す高僧として京都の高山寺に地位を確立したとき、彼は内界とのより深い関係の確立を必要とし、アニマの強いコンステレーションが生じたのである。一般にこのようなことは四十歳前後に生じ、それが人生後半の課題となることをユングは繰り返し強調しているが、まさにそのことが明恵に生じ、彼の夢における女性像の集中的な出現となったのである」。

一二二一（承久三）年に承久の乱が起こる。それはわが国の歴史において、まさに革命的なものであった。朝廷の勢力は幕府の権力にとって替わられ、長年続いてきた律令制度は崩壊し、「貞永式目」が制定される。このように激変する社会の中で、明恵の内界にも大きな変動が生じることになる。それは『夢記』の内容に影響を与えないはずはない。しかしここでは、明恵の女性に関わる夢を、可能な限り検討することにしよう。

すでに見たように、明恵の夢の中の女性像は次第に発展してきた。その頂点とも言うべきものを、われわれは一二二〇（承久三）年の「善妙の夢」に見ることができる。五月二十日、明恵は『夢記』に次のように記している。

一、同廿日の夜、夢に云はく、十蔵房、一つの香炉茶垸《ちやわん》也を持てり。心に思はく、崎山三郎貞重、唐より之を渡して十蔵房に奉る。之を見るに、其の中に隔て有りて、種々の唐物有り。廿余種許り、之在り。両《ふたつ》の亀、交合せる形等あり。心に、此は世間之祝物也と思ふ。其の中に、五寸許りの唐女の形有り。同じく是、茶垸也。人有りて云はく、「此の女の形、大きに唐より渡れる事を歎く也。」即ち、予問ひて曰はく、「此の朝に来れる事を歎くか、如何。」答へてうなづく。又問ふ、「糸惜《いとほし》くすべし。歎くべからず。」即ち頭を振る。其の後、暫時ありて取り出して見れば、涙を流して泣く。其の涙眼に湛ふ。又、肩を湿《うる》ふ。此《これ》、日本に来れる事を歎く也。即ち、語を出して云はく、「曲問《ごくもん》之人にてやおはしますらむに、其の事無益《むやく》に候」と云ふ。予答へて云はく、「何《いか》に僧と申す許りにては然るべき、思ひ寄らざる事也。此の国には随分に大聖人之思《おぼ》え有りて、諸人、我を崇むる也。然れば糸惜くせむ」と云ふ。女の形之を聞き、甚だ快心之気色ありて、うなづきて、「然れば御糸惜み有るべし」と云ふ。予、之を領掌《りやうじやう》す。忽ちに変じて生身の女人と成る。即ち、心に思はく、明日、他所に往きて仏事有るべし。結縁の為に彼の所に往かむと欲す。彼の所に相具すべし。女人悦びを為して、相朋《あひともな》はむと欲す。予、語りて云はく、「彼《かしこ》に公之有縁之人有り。」心に、崎山の尼公、彼の所に在り。聴聞の為に至れる也。三郎之母の故なり。此の女の形は、三郎渡れる故に此の説を作す 即ち、具《とも》に此の所に至る。十蔵房有りて云はく、「此の女、蛇と通ぜる也。」予、此の語を聞きて、蛇と婚《ま》ぎ合ふに非ず、只、此の女人又蛇身有る也。此の思ひを作《な》す間、十蔵房、相次ぎて云はく、「此の女人は蛇を兼したる也」と云々。覚め了んぬ。

案じて曰はく、此《これ》善妙也。云はく、善妙は龍人にて又蛇身有り。又茶垸なるは石身也。

最後のところに、明恵はこの夢についての自らの解釈を記し、「此《これ》善妙也」としているので、河合氏はこれを「善妙の夢」と名づけた。善妙とは、明恵が編纂した『華厳宗祖師絵伝』（華厳縁起）に登場する女性である。この『絵伝』は、『宋高僧伝』に登場する新羅の華厳宗の祖師、元暁《げんぎょう》と義《ぎ》湘《しょう》の物語を絵巻にしたものであり、詞書《ことばがき》の原文は明恵の作とされる。

まず、夢の内容を検討しよう。十蔵房が唐から渡来した香炉をもってきた。そのなかに仕切りがあり、いろいろな唐物が入っている。交合した亀や五寸ばかりの女性の焼き物がある。ある人が、この女は唐から日本に来たことを嘆いていると言うので、明恵がそうなのかと問うと、人形はうなずいた。明恵が「糸惜《いとほし》くすべし。歎くべからず」と言ったら、人形は頭を振って拒否した。その後しばらくして取り出してみると、涙を流して泣く。その次の文章の意味は不明であるが、人形はそんなことは無用のことだと言う。そこで明恵は、自分は単に僧侶であるだけではなく、日本では大聖人として諸人にあがめられているのだ、と答えた。それを聞いた人形は嬉しく思い、「然れば御糸惜み有るべし」と言った。明恵が諒解すると、人形はたちまち生身の女になる。明恵は、明日の仏事にこの女を連れて行こうと考えた。行ってみると十蔵房がいて、この女は蛇と通じたと言う。

明恵は、女は蛇と婚したのではなく、ただ蛇身を持ち合わせているのだと思う。こう思っている間に、十蔵房が、この女は蛇を兼ねているのだと言った。そこで目が覚める。

この夢の意味を考えるためには、元暁と義湘の物語を検討する必要がある。しかしその前に、とりあえず二、三の問題を考えておくことにしよう。

まず、明恵が自身で〝大聖人としてあがめられている〟と言っている点について。『伝記』には以下のようなエピソードがある。建礼門院がある時、明恵の戒を受けることになった。院は、明恵を下段に坐らせ、御簾《みす》の内で戒を受けようとした。それに対して明恵は、自分の地位は低いが、僧として授戒・説法するためには常に上座につくべきで、国王や大臣にも臣下の礼をとることはできないと言った。院は非を悟って、明恵を上座に坐らせ、戒を受けたという。

このことは、人形が唐からの由来物であることにも関係している。仏教は中国経由でわが国に到来した。その間に中国化・日本化してしまったが、明恵はあくまで釈迦その人と教えに魅せられていた。その意味で明恵は、仏教の魂が石化して日本に到来した、と嘆いていたのではないか。人形は「石化した魂」であったのかも知れない。

それが生きた姿をとり戻したのだ。生身のものが石化したり、石化した人間が生き返るというテーマは、昔話や神話でおなじみのものといえる。ここで「善妙の夢」の五カ月後の夢を見ておこう。
一、同十月三日の夜、夢に云はく、木像の不空羂索《ふくうけんざく》観音は即ち変じて生身《しやうじん》と為り、小巻の大般若を賜はる。法の如く頭上に戴き、涙を流して喜悦すと云々。

一、同十月十七日の夜、夢に云はく、生身の釈迦一丈六尺許りの身に見参に入ると云々。上師又、房之傍に在りと云々。

最初の夢では、木像の観音が生身になっている。明恵は、大般若経を与えられ、感激の涙を流す。次の夢では、生身の釈迦像を明恵は拝している。いずれも、明恵の仏教理解が生気に満ちていることを、具体的に示しているといえよう。

さて、善妙の話に戻るが、それを理解するために『絵伝』を構成する「元暁絵」二巻と「義湘絵」四巻の内容を、検討しなければならない。まず、善妙の登場する「義湘絵」から。

義湘と元暁の二人は、唐に行って仏教を学ぼうと企てた。旅の途中で雨に降られ、洞穴で一夜を明かす。翌朝、穴だと思っていたところが、実は墓地であったことが分かる。骸骨などが散乱していたのだ。二人は驚いたが、その日も雨が続き、出発できない。仕方なくそこに宿った。二人の夢に恐ろしい鬼が出てきて、二人を襲う。びっくりして二人は目を覚ます。

そこで元暁は悟った。前日に墓地と知らずにいた時は、安心して眠ることができた。が墓地だと知ってからは、鬼に襲われる夢を見る。「つまり、一切のことは皆自分の心から生じるので、心のほかに師を尋ねてみても意味がないと悟り、元暁は志をひるがえして、新羅に留まることを決意する。」

一方、義湘は旅を続け、一人で唐に渡る。唐に着いた彼は、さっそく里へ出て物乞いを始めた。そのうちに善妙という美しい娘と出会う。善妙は美男の義湘に一目ぼれをして、次のように言った。

「法師、高く欲境を出て、広く法界を利す。清くその功徳を渇仰し奉るに、尚、色欲の執着抑へ難し。法師の貌《かほ》を見奉るに、我が心、忽ちに動く。願はくは、慈悲を垂れて、我が妄情を遂げしめ給へ」。これに対して義湘は「心堅きこと石の如し」で、「我は仏戒を守りて、身命を次にせり。浄法を授けて、衆生を利す。色欲不浄の境界、久しくこれを捨てたり。汝、我が功徳を信じて、長く我を恨むること勿《なか》れ」と答えた。

これを聞いた善妙は道心を発して、以後義湘が衆生のためにつくすのを助けようと決心する。義湘は長安に行き、仏法の奥義を極め、帰国することになる。それを知った善妙は、贈物を持って港へかけつけたが、船はすでに出ていた。彼女が贈物の入った箱を海中に投じると、それは義湘の船に届く。さらに善妙は、義湘を守るべく大願を起こし、波に飛び込んだ。そして龍に変身して、義湘の船を背中に乗せて新羅に到着する。

新羅に帰った義湘は、自らの教えを広めようと、ある山寺を見つけた。しかしそこには「小乗雑学」の僧が五百人もいる。義湘が困っているのを見た善妙は、「方一里の大盤石」に変身して、寺の上で上ったり下ったりした。僧たちは恐ろしがって逃げ去ってしまう。義湘はその寺で華厳宗を興隆し、浮石大師と呼ばれるようになった。

次に「元暁絵」について。元暁は義湘と別れて、新羅に留まった。そこで懸命に学び、内外のすべての経典を知ることになる。がその一方、「或時は巷間に留まりて歌を歌ひ、琴を弾きて、僧の律儀を忘れたるが如し」という生き方をしていた。この話の元である『宋高僧伝』によれば、「居士に同じく酒肆・倡家に入り」もしていたらしい。しかしこうした行為とは別に、「経論の疏《そ》を作りて、大会の中にして講讃するに、聴衆皆涙を流す」状態であり、「或時は山水の辺《ほとり》に坐禅す。禽鳥虎狼、自ら屈伏す」というほどに高い徳をそなえていた。

ある時、国王が「百坐の仁王会《にんのうえ》」に元暁を招こうとした。が、ある人が元暁を中傷したので、とり止めになる。その頃、国王の后が重病になり、祈禱や医術も効果がない。そこで唐に助けを求め、勅使を派遣した。海上で勅使は不思議な老人に会い、その案内で龍宮に導かれる。そこで龍王から一巻の経を授けられ、新羅に帰国して大安聖者にその経典を整理させ、元暁に注釈を頼むようにすれば、后の病いは直ちに平癒するであろうと言われる。

| 義　湘 | 元　暁 |
|---|---|
| 唐土に行く（教えを外国に求める） | 途中で帰国（教えを内に求める） |
| 性の拒否（善妙の愛を拒絶） | 性の受け入れ（娼家へ出入りする） |
| 女性（善妙）に助けられて教えを伝える | 教えを伝えることによって女性（王妃）を助ける |

**義湘と元暁の対応関係**

勅使は帰国して詳細を国王に報告した。国王は直ちに大安聖者に経を整理させ、続いて元暁に注釈をほどこさせる。その注釈について講義するように求められ、再び心なき人の邪魔を受けるが、結局無事に講義を終え、后の病いも癒えた。元暁のその注釈は金剛三昧論と名づけられ、世に広がることになる。

これが元暁の物語である。義湘のそれと比べるならば、両者は極めて対照的である。それは、明恵の内面における対立的要素を表現しているものであろう。河合氏は二人の対応関係を、上のようにまとめている。

まず、唐土へ行くか否か、の問題である。次に性に対する態度の違い。義湘は性を拒否する。したがって、善妙の求愛も拒絶してしまう。一方、元暁は性を受け入れ、娼家にも出入りした。第三に女性との関係がある。

義湘は善妙の求愛を拒絶したにもかかわらず、善妙は龍になったり、大盤石になったりして、義湘の布教を助ける。元暁の方はと言えば、仏の教えを伝えることで后を救う。

元暁の場合、二種類の女性つまり娼婦と王妃が存在している。娼婦は不特定多数の男性の存在を意味し、王妃は一般の男性には接触不可能である。ただ、王妃を国民全体の母と見るならば、国民のすべてを精神的に包み込むものとなる。王妃―娼婦は、したがって母性の軸における両端となろう。

義湘の方は、善妙の関係を見る時、あくまで個人的な関係が貫かれているが、それはアニマの軸上でのことである。善妙の義湘に対する強い情念は拒絶されるが、そのことによって「彼女の愛は浄化され、宗教的なものへと高められる。海の底を泳ぐような龍から空へ浮かぶ石への変身は、その高さへの昇華を示しており、物語はその宗教的な価値に重点を置いて語られる」。

ところで、「石化」は何を意味しているのであろうか。「石化はその永続性を示すものである一方、そこに生じた情念が生命力を失うことを意味する。義湘と善妙が成した偉大な仕事は、アニマ軸上における情念の石化という犠牲の上に立ってなされたと言えないだろうか。石化された善妙は、いつの日か再活性化され救済されることを待って、そこに立ちつくすことになったと思われる」。

ここで二つの物語を基に、明恵における女性像を、河合氏は次頁のように描いた。M軸の上下、A軸の左右は、究極的にはそれらの両端は円を描いてつながり得る、というパラドックスを内包している。元暁の場合、M軸の下方へ落ち込むことによって、王妃との接触が可能になった、と言えるかも知れないのだ。同様にA軸に関して言えば、「明恵は左端の女性像の限りない左への移動、つまり、戒を守り切ることによって、右端への飛躍をなしとげたのである。女性との肉体的接触を拒否することによって、はじめて女性との真の接触を可能にしたのである」。これこそ、明恵が石化していた善妙を活性化したことに他ならないであろう。

「善妙の夢」に続く、一二二〇（承久二）年七月の夢を見よう。

一、夜、夢に、五六人の女房来り、親近《しんごん》して予を尊重す。此の如き夢想多々也。後日記せるが故に分明ならずと云々。

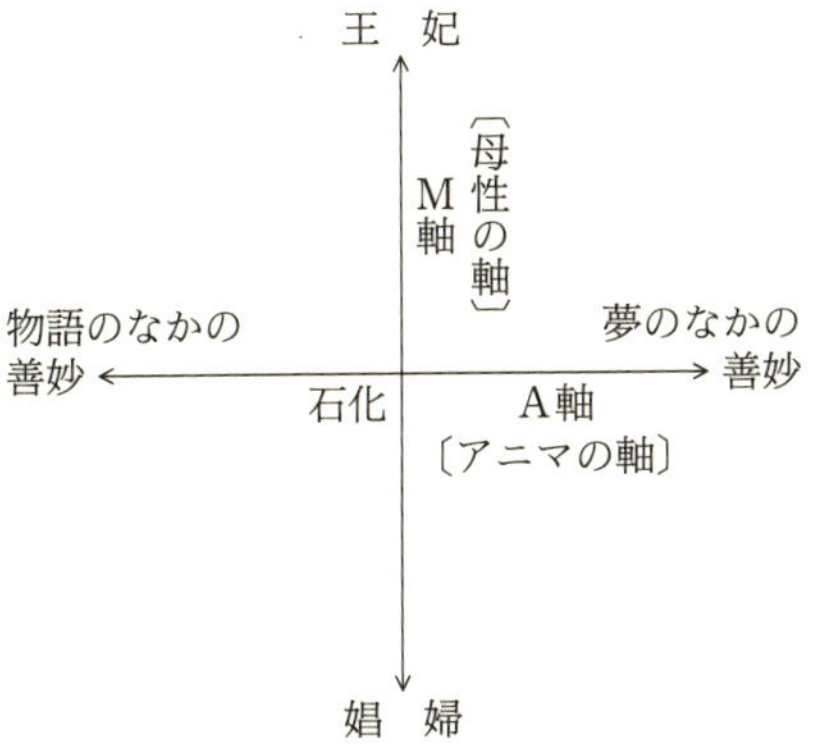


明恵における女性像

この夢からは、当時の仏僧と異なって、明恵が性的関係を抜きに、女性たちと親しく交わっていたことを、読み取ることができる。次に十一月七日の夢を見よう。

一、同十一月七日の夜、夢に、一つの大きなる池有り。広博也。上師有りて、樋口の女房に仰せて云はく、「此の池へ躍るべし。」水連なる時に躍る心地す　然るに、此の女房、飛ぶ鳥の如く横さまに飛びて、此の池に入る。後に来れる時、其の衣《え》服《ぶく》湿《うる》はず。上師等、之を御覧ず。

上師が樋口の女房に、池に飛び込めと言う。女房は鳥のように飛んで池に入った。が、衣服はぬれていなかった。河合氏はよく分からないがとしつつ、次のように言う。「「ぬれる」という表現は男女の性関係を連想させる言葉なので、何か相当に思い切ったことを行いながら、それは「ぬれる」関係にはならなかった、ということか、と思ったりもする」。

最後に、翌承久三年の夢と推定されている夢を引こう。

一、同十一月三日、申《さる》の尅《こく》、案に寄り懸りて眠り入る。夢に、三昧観の時の毘盧舎那《びるしゃな》像を見る。其の像の左右に、覆耳《ふに》の天衣の中程より黄なる珠を貫きて荘《かざり》と為すと云々。障子の光に非ずして、覆耳の天衣の半ばより懸れる瓔珞也。

一、同十一月六日の夜、夢に云はく、其の初夜の行法は、抑坐禅して行法を修せむと欲する間也一屋の中に端厳なる美女有り。衣服等奇妙也。而るに、世間之欲相に非ず。予、此の貴女と一処に在り。無情に此の貴女を捨つ。此の女、予を親しみて遠離せざらむ事を欲す。予之を捨てて去る。更に世間之欲相に非ざる也。此の女、一つの鏡を持つ。糸金を以て様々にからげたり。又、此の女、大刀を持せり。

案じて云はく、女は毘盧舎那也。即ち是、定めて妃也。

十一月三日に、明恵は毘盧遮那仏の夢を見た。『夢記』には、その絵まで描かれている。華厳宗の本尊である仏の姿を見て、明恵はどんなに感激したことであろう。

十一月六日の夢では、端厳な美女が明恵に親しく寄ってくるのを、無情にも捨て去る。また自らこの夢を解釈して、「女は毘盧舎那也。即ち是、定めて妃也」としている。これは明らかに、「善妙の夢」と相補的な関係にあるものに違いない。明恵は当時の仏僧としては、珍しく女性を大切に考えた。しかし、承久の乱後、多くの戦争未亡人を救うことで、高貴な女性との接触が増えた。とすれば、時に貴女を「無情に捨てる」ことも必要だったのではないか。戒を守り抜いた明恵としては、女性が親しく寄ってくる時、どう対処するかは大きな問題であったはずである。

『伝記』には、次のように記されている。

上人常に語り給ひしは、「幼少の時より貴き僧に成らん事を恋願ひしかば、一生不犯《ふぼん》にて清浄《じやう》ならん事を思ひき。然るに、何《いか》なる魔の託するにか有りけん、度々《どど》に既に婬事を犯さんとする便り有りしに、不思議の妨げありて、打ちさましくして終《つい》に志を遂げざりき」と云々。

明恵にしても、誘惑に負けそうになったことが何度かあった。しかし「不思議の妨げ」があって、戒を守り通したのだという。河合氏は言う。「性欲を感じないとか抑圧し切るのが素晴らしいのではなく、それを感じつつ、いかにそれと直面していったか、に重要な点があると思う。そして、確かに、そのような大きい問題の場合、人間の意志力のみでは対処することができない、と明恵は考えたのではなかろうか。彼が誘惑に負けそうになったことは、彼の意志力よりも性の力の方が強かったことを示している。しかし、そこに妨害が生じた。そのとき、それを「不思議」と判断すること、その判断には人間の自我のはたらきが関与しており、さらにそれを踏まえて、性欲を「打ちさまし〳〵」するところには、意志の力が作用している」。

そして、親鸞の場合と比較して（紙数の関係で省略せざるを得ない）、明恵の「あるべきやうわ」の意味を、河合氏は以下の如く明らかにしたのであった。「このことは、女性とのかかわりで言えば、既に示したような明恵と善妙のかかわり、先の図におけるアニマ軸の存在が関連してくる。戒を守り切ること、そこには強い自我の関与を必要とする。しかし、それだけでは駄目で、それは右方向への跳躍を必要としている。この跳躍によって、「自我」をあくまで重要としつつも、自我が世界の中心ではないことを学ぶことになるのである。自我の強さに頼ろうとしながら、この跳躍ができずにいる人は、しばしば「石化」してしまう。石化したために女性と交わらない人々は、戒を守っているのではない。何もかも石化して生命力を失ったものに、戒などをたてる必要もないのである」。

## 10　華厳の教えの夢

前節では、明恵の内的な成熟の過程を見るために、明恵の夢中の女性像の変化を見た。本節では、それと並行する形で、明恵の信ずる華厳の教えが、夢の中でどのように展開されていったかを見ることにしよう。それは、『明恵　夢を生きる』の最後の第七章「事事無礙」を検討することを通して、河合氏がなぜこれほどまでに明恵の夢に関わらざるを得なかったか、という理由を明らかにすることでもある。

華厳の教えに沿った夢の展開を考える場合、最初に来るのは現存する『夢記』の最初にある「文殊現形の夢」（二六四頁）である。それは一一九六（建久七）年、明恵二十四歳のことであった。その後、明恵が激変する社会の中でどのように生き、どのような夢を見たかは、これまで見てきた通りである。ここでは、明恵が四十八歳になった一二二〇（承久二）年の夢について検討する。

承久二年六月、明恵は次のような夢を見た。

一、六月の禅中に、兜率天上《とそつてんじやう》に登る。弥勒の宝前に於いて、金《こがね》の桶を磨きて沈香《ぢんかう》を之に入れ、一人の菩薩有りて、予を沐《あ》ましむと云々。（「兜率天に登る夢」）

兜率天とは、欲界の六天のうちの第四番目。弥勒菩薩がいる兜率天に登るのは、弥勒信仰の重要な要素の一つと言われる（『岩波仏教辞典』）。したがって、これは明恵にとっては大きな意味を持つ夢であったろう。事実、明恵はその著『華厳仏光三昧観冥感伝』に、この夢のことを次のように詳しく記述している。

承久三年夏六月、円覚経普眼の章に依りて坐禅す。其の坐禅中に好相を得たり。謂《い》はく、我が身、忽ち軽くして虚空に挙《あ》上《が》り、四天王に至る。四天王従《よ》り忉《たう》利天、夜摩天を越えて、即ち兜率天に到り、弥勒の楼閣の宝前に着す。然るに弥勒菩薩を見奉らず。楼閣の前に一人の菩薩有り。其の形、普賢菩薩の如し。忽ち沈水香を以て磨き、黄金の桶に入る。人間《じんかん》の足桶の如し。其の勢また同じ。即ち、其の香水を以て予の遍身を沐浴せしむ。身心適悦すと。即ち出観し畢《をは》んぬ。

承久三年と記されているが、奥田勲氏の研究によって、承久二年と推定されている。承久三年は承久の乱が起こった年であり、それ以前か以後かは、夢分析にも深く関係してくるはずである。弥勒菩薩は見当たらなかった（ということは、明恵がそこまで達していないことを示している）が、普賢菩薩が香水で身体を洗ってくれた。それは「身心適悦」であったと言う。

この頃明恵は、しきりに好夢を見たようで、『夢記』に記された、右の夢の次の夢を、次に掲げよう。

一、六月、天より一つの棹垂れ下る。其の端一丈許りは縄也。予之を取るに、其の末は晴天に属して之に付く。五十二位に分別すと云々。又、人月性房有りて云はく、「東大寺の大仏、年来思へるに似ず小さき仏也。又、片つ方に金《あかがね》薄くして、土の躰《てい》、現ぜり。下を土にて造れるが顕《あらは》ると覚ゆ。予、諸人に勧進して鋳奉らむと欲す。直ちに諸人之依用《えよう》も不定《ふぢやう》に思ひて結構せず」と云々。同夜の夢也

この夢について、明恵自身『冥感伝』の中で、次のような解釈を加えている。天より垂れ下がってきた棹は五十二重に分かれ、それは菩薩の五十二位を表わす。棹の端の一丈ほどの縄は、その五十二位のうちの最初の十信を意味し、次の十住位に達すれば、文殊の導きによって五十二位を巡る

仏の位に至る。このような明恵の考えは、後に見る「身心凝然の夢」でより明確になる。なお、夢の後半の、東大寺の大仏が思ったより小さく、鋳直す必要があるというのも、華厳の教えの受容について、明恵は異論を抱いていたことを表わすものかも知れない。

これらは、すでに見た「塔に昇る夢」（二六六—二六七頁）や「五十二位の夢」（二六七頁）などを想起させる。二十代に見た夢の上昇の主題が、長年月にわたって徐々に発展させられて、兜率天をめぐる夢として開花した、と言えるであろう。

承久二年七月二十九日、明恵は、『夢記』にも記されている好相を得た。ここではより詳細な『冥感伝』から引用する。

問ふ、何を以て此《これ》光明真言の、此の三昧に相応せる真言なるを知るや。答ふ、談ずること輙《たやす》からずと雖《いへど》も、冥《ひそか》に大聖の加被有り。予、承久二年夏の比《ころ》、百余日此の三昧を修するに、同じき七月二十九日の初夜、禅中に好相を得たり。すなはち、我が前に白き円光有り、其の形、白玉の如し。径、一尺許《ばか》りなり。左方に、一尺二尺三尺許りの白色の光明有りて充満す。右方に、火聚《くわじゆ》の如き光明有り。音《こゑ》有りて告げて曰はく、「此は是れ光明真言なり」と。出観の時、思惟すらく、甚だ深意あり、火聚の如き光明は、悪趣を照曜する光明なり、別本の儀軌にいはゆる「火曜の光明有りて悪趣を滅す」とは即ち此の義なり、と云々。

明恵は、「仏光三昧観」を修している時に、このような光の充満する世界を体験した。これは、すでに第三章で見た臨死体験における「光の生命」の体験と、極めて類似している。また『チベットの死者の書』の「光明《オエセル》」を想起させるものでもある。とすれば、「明恵の禅中の意識の状態は、臨死の状態に等しいほどの域に達することがあったのではなかろうか」。

八月七日、明恵は河合氏が「身心凝然の夢」と名づけた夢を見た。それは、兜率天に至る一連の夢の、ハイライトとでも称すべきものである。

一、同初夜坐禅の時、滅罪の事を祈願し、戒躰を得たり。若し好相現ぜば諸人に戒を授けむと祈願す。其の禅中、前《さき》の六月の如く、身心凝然たり。空より瑠璃の棹、筒の如くにて、其の中虚《むな》しき也と思ふ。其の末を取りて、人有りて予を引き挙ぐ。予、之に取り付きて兜率に到ると覚ゆ。其の筒の上に宝珠有り。浄き水流れ出でて、予之遍身に灑《そそ》く。其の後に、心に、予之実躰を見むと欲す。其の面、忽ちに明鏡の如し。漸々に遍身明鏡の如し。即ち、円満なること水精の珠の如し。動き転じて他所に到る。又、音《こゑ》の告げ有るを待つに、即ち声有りて云はく、「諸仏、悉《ことごと》く中に入る。汝今、清浄を得たり。」其の後、変じて大きなる身と成り、一間許りの上に七宝の瓔珞有りて荘厳すと云々。即ち観より出で了んぬ。又、其の前に真智恵門より出でて、五十二位を遍歴す。即ち、信位之発心は文殊也。仏智は十重を分ち、此の空智を現ず。此の十住の中に一切の理事を摂《せふ》して、諸法尽きぬ。即ち、文に云はく、十方如来の初発心《しよほつしん》は、皆是、文殊の教化《けうけ》の力なりといふは是也。文殊の大智門より十住の仏果を生ずるが故也。真智に於いて住果を生ずといふは、仏果の文殊より生ずる也。信位に於いて初住の一分を生ずといふは、文殊、仏果の弟子と為《な》る也。即ち、因果の相即する也。此の下十行は、之、普賢の大行の具足する也。十廻向は理智の和合也。此より十地を生じ、理智を作《な》すこと無く、又、冥合を証得する也。仏果は此《これ》、能生《のうしやう》也。定《ぢやう》の中に於いて忽ちに此の義を得るは、即ち、因果、時を同じくする也。之を思ふべし。紙筆に記し難しと云々。

この夢については、『冥感伝』にも述べられている。『夢記』にはない重要な部分もあるので、以下に引くことにする。

同八月七日に至り、初夜の禅中に、身心凝然として、在るが如く、亡《な》きが如し。虚空中に三人の菩薩有り。是れ、普賢、文殊、観音なり。手に瑠璃の杖を執《と》りたまふ。予、左右の手を以て堅く杖の端を執る。菩薩、杖の本を執り、予、杖の末を執る。三菩薩、杖を引き挙げたまふ。予、杖に懸《かか》りて速《すみや》かに兜率天に到り、弥勒の楼閣の地上に着す。其の間、身《しん》清涼として心《こころ》適悦す。譬《たと》へ取らんに、物なし。忽ち瑠璃の杖の、宝地の上に立つを見る。其の杖の頭に宝珠あり。宝珠より宝水流れ出で、予の遍身を沐浴す。爾《そ》の時に当たりて、予の面《おもて》、忽ち明鏡の如く、漸々に遍身明鏡の如し。漸々に遍身の円満なること水精の珠の如く、輪の如く運動す。其の勢、七八間許りの舎宅の如し。禅中に心想有るが如く、奇異の想ひを作《な》す。時に、忽ち空中に声有るを聞く。曰はく、「諸仏、悉く中に入る。汝今、清浄を得たり」と。其の後、本《もと》の身に復《かへ》るに、即ち七宝の瓔珞有りて虚空中に垂《た》れ荘《かざ》る。予、其の下に在りて、此の相などを得ると与《とも》に、定《ぢやう》を出で畢《をは》んぬ。

『夢記』には、「前《さき》の六月の如く、身心凝然たり」とあるので、六月の「兜率天に登る夢」の時にも、同様の状態になったことが分かる。『冥感伝』の方では、身心凝然について、「在るが如く、亡《な》きが如し」と説明されている。「おそらく身も心もひとつになり、しかも、それは秘めて軽やかな、あるいは、透明な存在となったのであろう。明恵の場合は、修行を通じて、その身体存在が心と共に変化するところが特徴的である」。

さらに『冥感伝』の方では、明恵が兜率天へ上昇する時に、棹をもって引き上げてくれたのが、普賢、文殊、観音の三菩薩であったこと、兜率天に到った時に「身《しん》清涼として心《こころ》適悦す」と感じたことが、記されている。そして宝水をあびて、明恵は身体の変容を体験する。その時に声が聞こえ、「諸仏、悉《ことごと》く中に入る。汝今、清浄を得たり」と言った。『夢記』では、これに続けて、成仏に至る過程を詳しく述べているが、「このような夢に接すると、明恵という人にあっては、その宗教における教義の理解、修行の在り方、またそれによって生じてくる夢想などのイメージが一体となり、統一的に把握され、それに今までに示してきたような彼の生活の在り方も関連してきて、「行住坐臥」のすべてが、深い宗教性と結びついていたことが解る」。

次に、奥田氏によって承久三年の夢とされているもののうち、最後に記録されたものを見ることにしよう。

一、六月二日の夜、夢に云はく、何処よりぞ物《(西?)》へ行かむと思ふ。然るに、一条の大臣殿之御門に到りて、一疋の黒き犬有り。足に纏《まと》はれて親馴を作《な》す。心に思はく、余、年来此の犬を飼へり。然るに、今日出でし時見えず、此の御門に到りて待ちけり。いつ此処へは来たりけるやらむ、今は相朋《あひともな》ひて離るべからずと思ふ。其の犬、小さき馬の如く、わかき犬にて、毛色、光り鮮かにきらめきて、櫛を以てけづれるがごとしと云々。

兜率天にまで登る宗教体験をした明恵が、ここでは一匹の黒犬を大切にかわいがっている。河合氏は言う。「人格の発展の過程において、高く昇ることと、深く下降することは共に必要である。兜率天において弥勒に接することも、地上で黒い犬と親しく遊ぶことも、共に重要なことである。もし、この黒犬のような夢が明恵の『夢記』にまったく出てこなかったら、筆者としてはおそらく、明恵の自己実現の過程に懐疑の目を向けたであろう。高いものも低いものも、白いものも黒いものも、善も悪も、すべてがその過程には含まれてくるのである」。

そしてこのことは、明恵の信奉した華厳の教えの根本にも関わることであった。それは『探玄記』の著者・法蔵の思想、「宇宙のなかのすべては互いに交わり合いながら流動しており、一のなかに一切を含み、一切のなかに一が遍満しており（一即一切、一切即一）、その宇宙全体を包括するものがすなわち毘盧遮那仏である」（『岩波仏教辞典』）という考えにも通じる。また、それは華厳思想の根本的特徴である「事事無礙《じじむげ》」、つまり「事物・事象が互いに何の障《さまた》げもなく交流・融合すること、いわゆる一即一切、一切即一の縁起の事態」（同）を明らかにすることでもあった。

河合氏は、井筒俊彦氏がエラノス会議で発表した論文（『思想』七三三号、一九八五年、に「事事無礙・理理無礙(上)——存在解体のあと」として掲載）を手がかりに、より詳細に「事事無礙」について論じているのだが、ここでは省略せざるを得ない。ただ、そのような華厳の根本的な考え方が、「身心凝然の夢」で見事に結晶化されているという、河合氏の理解を記憶しておく必要があろう。

晩年の明恵について簡単に触れる。彼は高山寺で講義を行ない、多くの聴衆を集め、同時に著書を執筆した。しかしそれに止まらず、五十二歳になった一二二四（元仁元）年には、高山寺の裏にある楞伽山《りょうがせん》に籠って禅定《ぜんじょう》に専念する。社会的地位の向上は、明恵を修行から遠ざけるものではなかったのだ。

楞伽山に籠った時には、夢に阿弥陀如来が現われ、「光明」が来て照らした、ということが『行状』に記されている。また、「塔に昇る夢」や「身心凝然の夢」に続くような夢を見ている。しかし、特筆すべきは、これらの夢に続けて次の如き夢を見た、という記述が『行状』にあることである。

又夢ニミル、十二縁起ト云フ物ヲ越ヘスグルニ、老死ト云ヒテ死人ノアルヲ超セムトスルニ、恐怖シヲボヘテコレヲ超セズ、後日又夢ヲ得タリ、サキノ如ク老死ノトコロニイタル、先日恐怖シテコレヲ超セズ、今度コヘスギナムト思ヒテソノ上ヲヲドリ超フト見ル云々。

最初の夢では、死人のいるところを恐ろしくて越えられなかったが、次には越えたという夢である。「明恵ほどの人でも、一回目は老死が恐ろしくて超えられない、というところが印象的である」。

この頃から、明恵の死に対する準備が始まったと思われる。

一二三〇（寛喜二）年、『夢記』の最後の記述として、次の二つの夢がある。明恵五十八歳のことである。


寛喜二年七月の晦《みそか》の夜、夢に云はく、高さ数十丈の所に、広さ一尺許りの板を二枚、之を立つ。予此の上に登りて、天竺等の道々を行く心地有り。其の上に一人有りて、予を助く。下に二人の女房有りて、予を押し上げて登らしむ。此、即ち煩ひ無くして登り了《をは》んぬ。心に思はく、年来登り得ざりし処に、今已《すで》に登り了んぬ。所作已に弁じたるの思ひを作《な》すと云々。

寛喜二年十二月、梵網伝の奥疏《あうしよ》を読むべき事、之を思ひ立つ。其の間、喜海法師に共不共《ぐうふぐう》之事を案ず。日数を経たる処、同十一日の夜、夢に云はく、故乗善房行俊、馬の医也 在生之間、過去を廻転《ゑてん》し、老年変じて十二三歳之少童と成る。高弁、子細有るに依りて、此の少童之師と成る。夢の中に如経観《によきやうくわん》を思ふ。過去一切劫、安立未来今、未来一切劫、廻益《ゑやく》過去世と云々。今此の廻転の事、此の経文の如く也と云々。即ち覚め了んぬ。時の香を見せしめたる処、答へて云はく、「丑の始めなり」と云々。燈下に望みて之を記し了んぬ。禅河院の草庵に於いてと云々。


前の夢では、「年来登り得ざりし処に、今已《すで》に登り了」った明恵であるが、それを助けたのは三人の女性なのである。「天竺等の道々を行く心地有り」とあるのを見れば、あれほど渡天竺を願っていた明恵にとって、この夢は大きな成就の感を抱かせるものであったに違いない。

次の夢では、詳細は不明であるが、老人が小童に変じたりして、輪廻についても語られているようである。

一二三一（寛喜三）年、十月一日より痔の再発を見、一時は臨終に近い状態になる。その後少し持ち直した時に見た夢が、『行状』に記されている。

大海ノ辺《ほとり》ニ大盤石サキアガリテ高クソビヘ立テリ、草木花菓茂鬱シテ奇麗殊勝ナリ、大神通力ヲモテ大海ト共ニ相具シテ十町許リヲヌキ取リテ、我ガ居処ノカタハラニサシツグト見ル、此ノ夢ハ死夢ト覚ユ、来生ノ果報ヲ現世ニツグナリ。

白上の峰を思わせる雄大な風景を、神通力で自分の居処の近くに置くという夢である。もう死ぬ準備は整った、と思ったのに違いない。「此ノ夢ハ死夢ト覚ユ」とあるのだから。

翌一二三二（寛喜四）年一月十九日、明恵は寂滅した。最後の言葉は、「我、戒ヲ護ル中ヨリ来ル」であった。「終生戒を守り切った明恵に真にふさわしい言葉であった」。

# 第五章　物語と人間の科学

## 1　現代作家たちとの交流

本章の主題である物語論に入る前に、それに間接的に関わる河合氏の仕事について、触れておきたい。

すでに河合氏は、児童文学の世界にも強い関心を持ち、従来にはなかった独自の読みを展開して、新風をまき起こしていた。それらの仕事は、『子どもの本を読む』（光村図書出版、一九八五年。新装版は楡出版、一九九〇年、後に講談社＋α文庫、一九九六年）にまとめられている。続いて『〈うさぎ穴〉からの発信』（マガジンハウス、一九九〇年、後に『「子どもの目」からの発想』と改題して講談社＋α文庫、二〇〇〇年、に収める）、『ファンタジーを読む』（楡出版、一九九一年、後に講談社＋α文庫、一九九六年）をたて続けに上梓した。

これらの本は、『子どもの宇宙』（岩波新書、一九八七年）、『子どもと学校』（岩波新書、一九九二年）などと相まって、河合氏の関心の広さと人間理解の深さを示すものであった。

一方、このような河合氏の仕事は、同時代を生きる現代作家にとっても示唆的なものと映り、さまざまな協働作業が誕生することになる。その最初の例を次に示そう。一九八九年三月十三日付け消印のある、私あての河合氏の葉書である。

前略　先日はせっかくお出で下《(ママ)》さったのに時間がなくて申訳ありませんでした。
　大江健三郎さんより拙文の「キルプの軍団から」に対して丁寧なお便りを頂き感激しました。拙文をひとつ〳〵取りあげて下さっていて、本当に誠実な方だと心を打たれました。あまり嬉しいので大塚さんにもお知らせすることにしました。会われる機会があればよろしく。
「心」に目下頭を悩ませています。

草々

『キルプの軍団』は、『へるめす』に連載された大江健三郎氏の小説で、単行本として一九八八年に刊行された。編集担当は私である。なお、最後の文章にある「心」とは、私のつくった講座「転換期における人間」（全十巻・別巻一）のための論文「心とは」のことである。

この小説に感銘を受けた河合氏は、さらに大江氏の手紙によって深く感動する。その後、河合氏は京大の自分の講義に大江氏を招いたりして、交流を重ねたのであった。

一九九六年には、村上春樹氏との対談『村上春樹、河合隼雄に会いにいく』（岩波書店、後に新潮文庫、一九九八年）を出す。河合氏が一九九四年にプリンストン大学に滞在していた折に、二人は会っていた。河合氏は、村上氏の『羊をめぐる冒険』の「羊男」と、夏目漱石の『三四郎』に出てくる「ストレイ・シープ」を比較して、興味深い青年論を展開している（『青春の夢と遊び』、岩波書店、一九九四年）が、今回の『会いにいく』では、村上氏の『ねじまき鳥クロニクル』を中心に語られている。

その後、一九九八年には、詩人の長田《おさだ》弘《ひろし》氏との対談『子どもの本の森へ』（岩波書店）を、二〇〇八年には、作家の小川洋子氏との対談『生きるとは、自分の物語をつくること』（新潮社）を出した。

このように、現代作家との交流を続けた河合氏であったが、これ以上の言及は止めて、先を急ぐことにしよう。

## 2　物語の意味

『明恵　夢を生きる』を執筆しながら、河合氏は当時の人々の考え方や男女の関係のあり方を知るために、数多くの文学作品に接しようと努めた。そこで出会ったのが、『とりかへばや物語』という王朝物語である。一九八〇年代の後半のことであった。

興味を抱いた河合氏は、井筒俊彦氏の推挙で一九八三年以降参加してきたエラノス会議で、『とりかへばや』について報告したいと考えた。ところが、調べれば調べるほど、この物語に対する文学史的評価が低いことが分かってきた。悩んだ末に、河合氏はドナルド・キーン氏に相談する。キーン氏は、自分が面白いと思うならアカデミズムの評価は気にしないでいいのでは、と言ってくれた。勇気づけられた河合氏は、一九八八年のエラノス会議で、"Torikaebaya : A Tale of Changing Sexual Roles" という報告を行ない、高い評価を得ることができた。

河合氏が、物語の意味について集中的に考え始めたのは、この頃のことだったと考えられる。そして九〇年代に入ると、その思索の成果を精力的に発表したのであった。その最初が、一九九一年九月の日本心理臨床学会第十回大会での特別講演「物語と心理療法」であった。また、一九九二年三月の京都大学定年退職記念講義では「コンステレーション」について、同年十月には京都市社会教育総合センターのシティセミナーで「隠れキリシタン神話の変容過程について」、さらに同年十一月には同じセミナーで、「『日本霊異記』にみる宗教性」について語っている。これらの講演は、他の二つの講演とともに、一九九三年七月に『物語と人間の科学』(岩波書店) として刊行された。ちなみに担当編集者は私である。

京大の退官に合わせて、河合氏はそれまでの心理療法に関わる体験と知識のすべてを総括する意図の下に、『心理療法序説』(岩波書店、一九九二年) を執筆した。その間の経緯は前著に詳しく記してある。

この本の第八章「心理療法の初期」には、次のような文章がある。「心理療法においては、「神話の知」が重要になってくる。心理療法においてクライエントは各自にふさわしい「神話の知」を見出すのであり、治療者はそれを援助するのだとさえ言うことができる。神話とまで言って、「神」を持ち出すこともないと思う人に対しては、各人が自分にふさわしい「物語」を創《つく》り出す、と言ってもいいであろう。／症状とか悩みとかいうものは、いうなれば本人が自分の「物語」のなかにそれらをうまく取り込めないことなのである。それをどうするかと苦闘しているうちに、それらの背後（あるいは上位）に存在しているものの視点から見ることが可能となり、全体としての構図が読みとれるようになる。そこに満足のゆく物語ができあがってくるのである」。

そして、河合氏の退官と二冊の著作（『心理療法序説』と岩波新書『子どもと学校』）の同時刊行を記念して行なわれた、講演とシンポジウムの記録である『河合隼雄　その多様な世界』（岩波書店、一九九二年）でも、河合氏の講演「現代人と心の問題」の中心テーマは物語であった。

講演の最後の部分で、河合氏は次のように言っている。「そうしますと、私の職業はどういう職業かというと、こられた方が自分の話をどうつくられるか、それを助けることです。（中略）こられた方が「私の人生をこうみていましたら、こう物語れるのです」というふうにいって、「しかも腹におさまったんです」「ああ、おさまりましたか」というところまでいかなくてはならない。そのあいだにもちろん私はいろいろ助けることができます。なぜ助けることができるかというと、私はたくさんの物語を知っているからです。そして不思議なことに、新しい物語はなかなか生まれてきません」。

さらに次のようにも言う。「ただしそれ〔ギリシア神話や日本の神話〕とわれわれの人生の物語とは同じではありません。どう同じではないかというと、私という人間がその物語をつくり、私という人間が物語をつくるだけではなくて、物語を生きるということがあると思います。つまり生きながらつくっていくのです。いま現在つくっているのです。だから、その人の個性がそこに出てくるのではないか」。

ここには、非常に重要な四つのことが述べられている。(1)心理療法とは、クライエントが自分の物語をつくるのを助けること、(2)しかも、それはクライエントの腹に収まるまでいかなければならない、(3)なぜクライエントを助けることができるのかと言えば、心理療法家はたくさんの物語を知っているから。そして新しい物語は、そうそう生まれるものではないこと、(4)人間は物語をつくるだけではなく、物語を生きているのだということ。

これらのことについては、本章を通して、くり返し立ち戻ることになるはずである。ただ、ここでは、これらの問題こそ、河合氏の提起する「新しい人間科学」の根幹をなすものであることを、言っておきたい。

ところで、河合氏はなぜ、このように物語に対して強い関心を抱くようになったのだろう。前著で詳しく見たように、河合氏は子どもの頃から物語好きであった。しかしそれだけではないはずである。一九九四年の暮れに執筆されたと思われる「物語の自己実現」（著作集12、『物語と科学』序説、一九九五年）を見てみよう。そこには次のような文章がある。

人間の生死について自然科学は詳細に説明してくれる。しかし「私」の生死については、私自身が納得する「物語」を見出すことが必要になってくる。アメリカとスイスと五年近い自分の分析体験のなかで、私は自分自身の「物語」探しをしていることに気づいてきた。そして、その素材が「日本神話」であることが夢分析を通じて明らかになってきたとき、驚きと抵抗を感じざるを得なかった。私の日本神話に関する傷については既に述べた〔前著参照〕。それでも、私が日本人であることは否定できない事実であるし、私がいくら西洋の精神に憧れていても、事実を曲げることはできない。ただ、日本神話から得られる私の物語は、欧米人に対しても「語り」得るものにならなくてはならなかったのだ。

（中略）

こんなわけで、私は私自身が生きてゆく上において日本人としての自分の物語を見出し、それを語ることの重要性に気づきはじめたが、それは最初に思っていたのとは異なる発展をはじめた。

また河合氏は、同じ文章の中で、次のようにも言っている。

日本人としての自分の物語を見出してゆく上で、明恵上人という「師」を得たことは望外の幸福であった。まず西洋で学び、日本神話に注目し、考えをまとめてゆくのでさえ、西洋人の師に助けられたので、何とか日本人の師を得たいとかねがね願っていた。それがかなえられたお蔭で、私の日本の物語に対する関心は一挙に拡大した。昔話の研究からそれははじまっていたが、明恵上人の導きで、日本の豊富な「物語」の世界や、思いもかけず、仏教の世界にまでつながっていった。

一九八二年には、再び欧米を訪ねた河合氏であったが、そこでは多くの人々が河合氏の話に真剣に耳を傾けた。「私が自分自身の物語ということから出発して、日本人としての物語として考えてきたことが、欧米人にとって彼らの物語を考える上においても相当な意味をもつ、ということであった。つまり、個より普遍に至る道はだんだんと深められてきた、と考えられる」(同)。

と同時に、河合氏はこの頃から、「新しい科学としての物語」ということを考え始めるようになる。かつて「都市の会」のメンバーと互いに刺激し合ったように、この頃河合氏は、清水博、中村桂子、多田富雄氏などと意見を交換することで、新しい人間科学を構想するための多くの示唆を得ることができた。すでに見たように、ヨーロッパ近代に生まれた自然科学は、ものごとを切断するところから出発した。その結果、私たちが現在それを享受しているような、驚異的な科学と技術の発達が見られた。しかし、それは同時に、「関係性の喪失」を生むことにもなる。自分と世界が切れ、精神と身体が切れてしまう。

こうした状況の中で、河合氏は新しい人間の科学を構想する。氏の言葉を聞こう。「来談する多くの人たちが「関係性の回復」へと向うとき、「物語」が重要な役割をもつ。従って、心理療法においては来談された人が「自分自身の物語」を見出してゆくことが重要な課題となり、われわれ心理療法家は、その物語の発見、あるいは形成の過程を共にする役割をもつ。そのような過程を適切な言葉によって「語る」ことも、新しい科学として考えられないだろうか。それを敢えて科学と呼ぶのは、その「語り」ができる限りの多くの人に受けいれられるように、つまり普遍性をもつようにする。「語り」の素材としては実際に生じた現象を用いる(つまり、うそはつかない)。語りの構成に当って、何らかの絶対者の存在を前提とはしない(絶対的な教義によって語らない)。以上のような要件を満たしているからである。しかし、あくまで「関係性」を前提として出発するところで、従来の自然科学とは異なるのである」（同）。

「関係性」の重視ということで言えば、第三章で見た最先端の科学の場合にも当てはまる。が同時にそれは、前章で見た華厳の教えに関しても言えることである。とすれば、新しい人間の科学は、まさに宗教と科学の接点に生まれてくるはずである。そこでは、仏教の性起や縁起の考え方に見られるように、継時的とともに共時的関係にも注目されなければならない。「共時的事象の把握を継時的に「語る」ときは「物語」になるとも考えられる」（同）のである。

このように新しい人間の科学を構想した河合氏は、その構想の実現のために、具体的なフィールドワークとも称すべき作業を積み重ねていく。本章では、その作業を追体験するために、多くの日本の物語の研究の中から、『とりかへばや』と『源氏物語』を中心に見ていくことにしたい。

## 3　『とりかへばや』の筋書き

まず、『とりかへばや』から始めよう。河合氏の著作『とりかへばや、男と女』（新潮社、一九九一年）に沿う形で話をすすめる。この物語については、作者も成立年代もはっきりしていない。作者については男性説と女性説があるが、河合氏は最終的に女性ではないかと推察している。成立年代に関しては、平安時代末期、『寝覚物語』『狭衣物語』『浜松中納言物語』などと、『無名草子』の間だと言われる。『源氏物語』以後の多くの物語群の、最後に位置するものと言えるであろう。

『とりかへばや』に対する評価は、大いに分かれる。現代について言えば、大正時代の末に著名な国文学者・藤岡作太郎が酷評を加えた。それ以降、国文学者は『とりかへばや』について自由に研究することが難しかったようである。一方、川端康成、永井龍男、中村真一郎などの作家は、その現代語訳を試みるなど、高い評価を与えている。

ところで、この物語の主人公は誰なのだろう。普通に考えれば、これから見るように、性のとりかえをするきょうだい（兄妹か姉弟かは不明）だということになるだろう。しかし、そうとも言い切れないようである。だから河合氏は、「この物語は、いわゆる「主人公《ヒーロー》」およびそれをめぐる一人一人の人たちの話なのではなく、川の流れのように滔々と流れる事象を全体として記述しているのであって、川の流れから水滴をひとつひとつ取り出してみても、「流れ」そのものを記述できないように、全体としての流れが大切なのかも知れないとも思えてくる」と言うのだ。

そうしたことを念頭に置きながら、以下に物語の梗概を見ることにしよう。

関白左大臣（物語の発端では権大納言・大将）は、一つの悩みを持っていた。彼は二人の奥方を持っていて、それぞれに娘と息子ができた。ところが、娘の方の性格がまったく男性的で、息子の方はまったく女性的だったのだ。仕方なく左大臣は、姉（便宜的にこう呼ぶ）を男として、弟（同）を女として育てようと決心する。

若君（実は姉）の美しさが評判になり、天皇は出仕を迫る。その結果、姉は男装し、中納言として内裏に出仕することになる。一方、弟の方は姫君として育ち、今では女東宮に尚侍《ないしのかみ》として仕えている。中納言は右大臣に強く望まれて、右大臣の四女（四の君）と結婚することになった。女同士なので、もちろん子どもはできない。そこに色好みの宰相中将が登場する。彼は、尚侍に恋心を抱いていたがままならず、せめて友人の中納言と親しく話をしようと訪問したが、宿直《とのい》で不在であった。その折に四の君の姿を垣間見て、侵入してしまう。結局、その後も関係は続き、四の君は妊娠する。

右大臣は娘の懐妊を知って喜び、左大臣に伝えた。左大臣はびっくりしたが、すべてを取りつくろってしまう。中納言は世をはかなみ、出家の志を抱き始める。

一方、弟の尚侍は、東宮に仕えていたが、女性同士の気安さで同じ御帳《みちょう》に眠るうちに、ついつい男女の関係になってしまう。最初は驚いた東宮も、やがて何くわぬ顔で関係を続けた。

その頃吉野山には、先帝の第三子が住んでいた。彼は若い時に唐に遊学し、唐の大臣の娘と結婚し、二人の娘を得た。しかし妻が亡くなり、仕方なく娘二人を連れて帰国する。彼は讒言《ざんげん》を受け、出家して吉野に住まざるを得なくなったのである。

中納言は出家の気持ちを抱いていたので、吉野の隠者を訪ねて相談する。隠者は快く相談に乗り、中納言はやがて人臣の位をきわめることになるであろうと予言した。そして隠者は、自分の娘たちを中納言に紹介する。中納言は姉姫とともに一夜を過ごした。

そうこうするうちに、四の君が女児を出産する。右大臣は大喜びしたが、中納言は生まれた子を見たとたん、宰相中将とよく似ていることに気づく。そしてその疑いは、四の君のところに残していった中将の扇によって、決定的なものになる。

宰相中将は四の君と通じつつも、尚侍への思いを立ち切れずにいる。尚侍の住む宣耀殿の侍女をくどき落とし、中将はしのび込んだ。しかし尚侍はこばみ続けた。中将は、せめてものことに、尚侍に似た顔の中納言に会いたいと訪れる。暑い夏のことなので、男同士くつろいで語り合ううちに、二人は男女の関係になってしまう。二人は従来通りの友人の関係を取りつくろうことで合意し、秘かに男女として会うことを続けた。

やがて中納言は妊娠する。中将が四の君にも未練を抱いていることを知った中納言は、男の移り気から逃げるために、出産後に死のうと決意する。時に中納言は十九歳、右大将に昇進していた。父母や尚侍に別れの挨拶をした。

出産の日が近づき身重になった右大将は、中将（彼も権中納言に昇進していたが、便宜的に中将のままで記す）のすすめで、宇治に身を隠すことにする。そこで右大将は本来の女の姿に戻る。

京都では、右大将の失踪で大騒ぎになる。その事件をきっかけに、右大臣は娘の四の君と中将の密通を知り、彼女を勘当してしまう。

一方、左大臣は最愛の娘である右大将が失踪したので、心痛のあまり病気になった。尚侍は、姉の失踪と父の落胆を知って、本来の男性にかえって姉を探しに行こうと決意する。男姿になった尚侍は、供を連れて吉野山に向かう。途中、宇治川の近くで、姉の住んでいる風雅な家を見つけるが、その折にははっきりとは分からなかった。

七月、右大将は男の子を出産する。八月、連絡のついた姉と弟は、宇治で再会。弟は、姉が尚侍の役割をすればよいと提案するが、姉は出家の思いの方に傾く。結論を得ずに、弟は京都に帰った。左大臣は尚侍と会い、宇治の様子を聞き、それならば姉と弟がそれぞれ相手の立場になればよいと言う。

弟は宇治に戻るが、姉は中将との関係を清算し、子どもを残して出て行く決意を固める。四の君の再度の出産で中将が京へ戻った夜、姉と弟は宇治を離れて、吉野へ向かう。しばらく吉野に籠って役割交換の再教育を終えた後、二人は京都に戻る。

右大将（実は弟）は参内し、帝にも会うが、誰一人として見破る者はいなかった。右大臣家にも行き、四の君とも会う。右大将は、四の君に男女の交わりを求め、四の君は大いに驚く。が、やがて二人は真の夫婦となっていった。

一方、尚侍（姉）は東宮に出仕する。出産間近の東宮に、たくみな策を使って尚侍は、妊娠の相手は女装して通ってきた右大将だと説明する。そしてその夜、右大将を導き入れる。二人の説明を聞いて、東宮はすべてを悟った。が、その心は傷つくばかり。

帝はずっと尚侍に恋心を抱いていた。尚侍の出仕を聞き、女御として召そうと試みるが、父の左大臣は遠慮する。

十二月、東宮は男の子を出産、その顔は右大将とそっくりだった。直ちに若君を左大臣邸に運び、人に知られないようにした。東宮は父の院のもとに引き取られる。

新年になって、行事も終わった頃、帝はついに尚侍を抱く。その後二人は親密な仲になっていく。右大将は二条堀川に立派な屋敷を構え、そこに吉野の姉君を正妻として迎える。

中将は、右大将が以前の女ではないことを知り、困惑する。右大将はその疑いを封じるために、吉野の宮の姉君と結婚させる。

このあたりから、物語は大団円を迎えることになる。まず四の君が男の子を出産、今回は本当の右大将の子なので、左大臣も右大臣も大喜び。勘当も解かれる。続いて尚侍も男児を出産。それまで帝には子どもがいなかったので、東宮候補の誕生に、左大臣一家は喜びにわく。女東宮は病気にかこつけて、東宮の位を辞する。尚侍の生んだ若君が東宮となる。尚侍は女御となり、やがて中宮となる。

さらに年月が流れ、左大臣は出家し、右大臣は太政大臣となる。右大将（弟）は左大臣となって関白を兼ねる。大納言になっていた宰相中将は、内大臣兼右大将となる。帝は退位し、東宮が帝位につく。姉君はついに天皇の母＝国母になった。吉野の隠者の予言が成就したのである。

## 4　多様なイメージと読みを与える構造

以上が『とりかへばや』の梗概である。ここで、河合氏が作製した〝登場人物関係図〟を示しておこう（次頁）。

河合氏の著作『とりかへばや、男と女』では、この物語の筋書きを述べた上で、第三章から第五章にわたって、男性と女性、内なる異性、美と愛といった問題について、数多くの西洋と日本の物語を用いながら論じている。例えば、女性が男性に変身する話では、オウィディウスの『変身物語』の中の「イピスとイアンテ」や、山本周五郎の小説「菊千代抄」などが、取り上げられ分析される。それは当然のことながら、心理療法家としての河合氏の体験が背景にあってなされる分析な

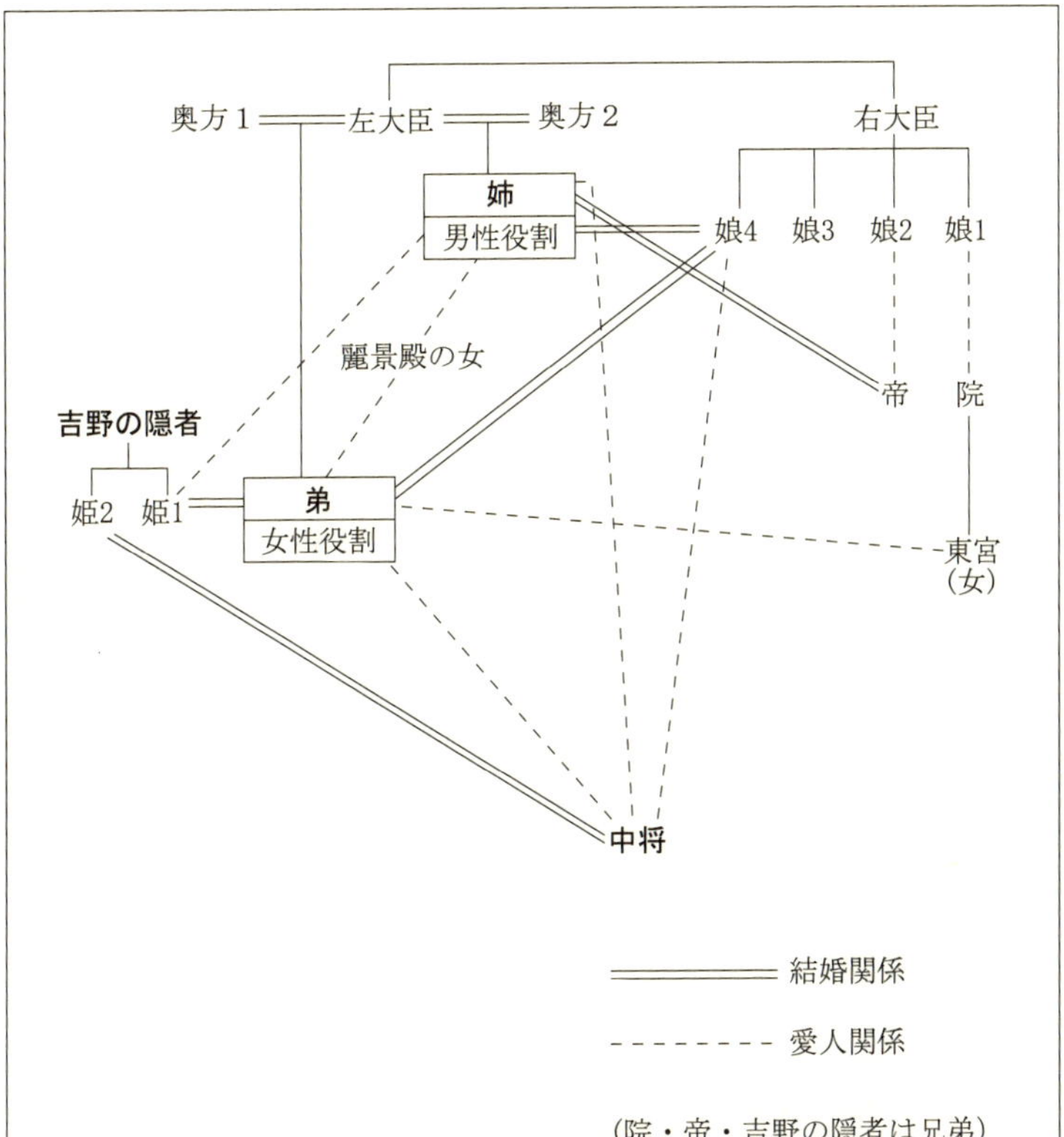


『とりかへばや』登場人物関係図

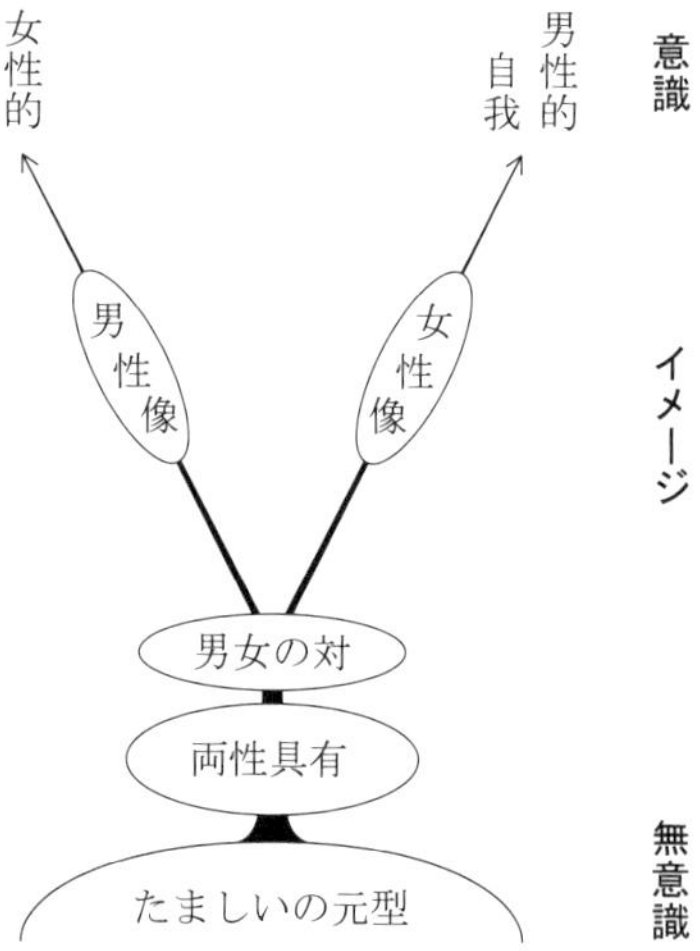


たましいの元型とイメージ

ので、実に興味深いものである。さらに、シェイクスピアの『十二夜』やホフマンシュタールの『ルツィドール』なども分析され、最後には塩野七生『愛の年代記』中の「女法王ジョヴァニナ」についても語られる。

また、「内なる異性」の問題では、アニマとアニムスや両性具有、たましいの元型などが論じられている。これらの問題については、すでにこれまでに見てきた（例えば「元型としての老若男女」、本書第四章参照）ので、ここでは触れない。ただ、河合氏が、「たましいの元型とイメージ」について、興味深い図をつくっているので、それを紹介しておきたい。これは第三章で見た、〝たましい〟についての議論（一六二頁―）を、『とりかへばや』を分析することによって、さらに展開させたものとして、見ることが可能であろう。

そして、「美と愛」では、『トリスタン・イズー物語』やゲーテの『親和力』などにおける男と女の問題が分析される。『親和力』については、河合氏がエラノス会議で『とりかへばや』について発表した際に、友人のギーゲリッヒ氏が、『親和力』と比較してみては、と示唆してくれたのだった。最後にモーツァルトの歌劇「コシ《（ママ）》・ファン・トゥッテ」（台本はダ・ポンテ。『変身物語』を参考にしたと言われる）を取り上げ、「たましいの美」について語る。

先にも書いたように、男と女の関係のさまざまなあり方について、具体的な物語の分析を通して語るところに、この著作の何よりもの面白さがある。しかしここでは、河合氏の物語論の展開が主題であるので、それらについては省略し、第六章「物語の構造」を検討することにする。

『とりかへばや』では、固有名詞が全く出てこない。姉君にしても、侍従、三位の中将、中納言、右大将と官位で呼ばれるだけ。ところで固有名詞が出てこないといえば、昔話でも同様である。「昔々あるところに、一人の男が居ました」というだけで、時間、場所、人物を特定することがない。「このことは、昔話がある個人の意識の状態とあまり関係のない話をしていることを示している。ある個人が何を考え何を感じたかを語るのではなく、多くの人間に共通の無意識のはたらきを語るのであり、昔話の登場人物は一人の人間というより、無意識のはたらきが人間のイメージをもって示されていると言ってよいだろう」。

とすれば、『とりかへばや』は、昔話と人間の心理のひだを書き分ける近代小説との、中間に位置すると言えるだろう。

次に、物語が展開される場所《トポス》について考える。河合氏は、中村雄二郎氏の『魔女ランダ考』におけるトポス論を援用しながら、『とりかへばや』における「濃密な意味」を持つ三つの場所、京都・宇治・吉野について、次頁のような図を作った。ここでまず注目されるのは、中将の動きである。第三巻に至るまで、色好みの彼は大活躍する。京都と宇治の間を何度も往復している。しかし、吉野まで行くことはないのだ。

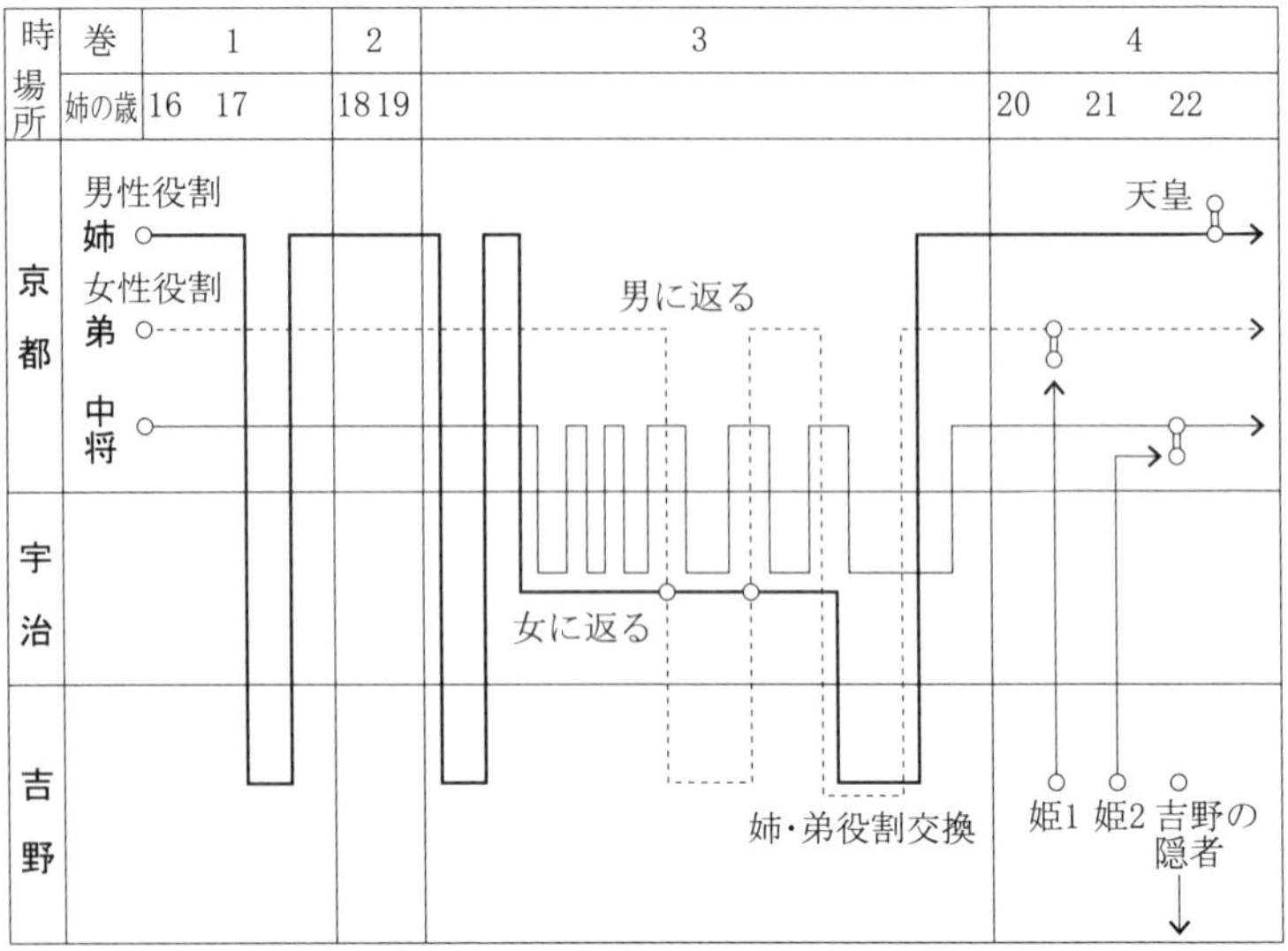


『とりかへばや』主要人物と場所

しかし、姉君も弟君も吉野に来ている。しかもそこでは、物語の展開にとって最も重要なことが行なわれていた。つまり、性役割の交換である。この重大な秘密を、中将は知ることができなかった。

さらに、吉野というトポスの持つ重要さを体現しているのが、吉野の隠者である。彼は帝の第三子でありながら、唐に遊学し、かの地の大臣の娘と結婚し二人の子どもまで作った。当時の状況を考えるなら、彼は「その存在がどこかでこの世ならぬものとかかわっていることを示している」。

そして、憂き世である京都と吉野を最初に結ぶのは、女性（右大将）である。後になって、男性の右大将は吉野の隠者の姉姫を京都に迎えた。また妹姫を宰相中将と結婚させる。ということは、「吉野と京都のつながりを何とか完成させたのである」。

とは言え、吉野の隠者はそれを機会に、さらに吉野の山奥へ身を隠してしまう。「すべてを知る者は、すべてがうまくいったとき、この世に留まってはならないのだ」。

宇治までしか知らなかった中将も、最後には吉野の妹姫と結婚することで、吉野につながる。しかし事の真相を知ることはなかった。「吉野の知は、何かに関する知ではなく、知ることの抑制という知であることを、中将は知ったのである」。

ところで、『とりかへばや』では、三カ所で夢について語られている。もっとも、実際の夢に関しては一カ所だけで、他は夢がうまく使われているのだ。それを見てみよう。

姉君の中納言が、妻の四の君の妊娠を知り、出家の志を抱き、まず吉野の隠者を訪ねようとした時に、ある人が夢見がおかしいと告げたので山寺へ行く、という口実にした。当時は、方違《かたたが》えとか物忌みとかが信じられていたので、こうした口実が成り立ったのであろう。

しかし、次に示す新尚侍（つまり姉君）の「夢の利用」は、手のこんだものであった。新尚侍が出仕すると、東宮は妊娠していた。東宮の世話係である東宮の宣旨は、その妊娠が不思議でならない。新尚侍は真相を知っているに違いないと思った宣旨は、問いつめていく。東宮も聞いているので、新尚侍としては、説明するが非常に難しい。新尚侍は次のように言った、と『とりかへばや』は記す。東宮の妊娠は思いもよらぬことだ。右大将が失踪したので病気になり、出仕ができなかった。ようやく参上できるようになったところ、「なんとまあ右大将がこっそりと、もしや東宮さまは御妊娠ではないかと夢を見たが、その後たしかめるべきつてもない状態なので、早く参上してその辺の事もお世話申しあげるようおっしゃってきたので、しだいに事情が理解できたのです」。それを聞いた宣旨は、「この女《かた》が同意して右大将さまをお導き申しあげたのだ」（桑原博史氏による現代語訳、『とりかへばや物語全訳注』講談社学術文庫）と想像し、納得した。

最後に、本当の夢について。右大将が失踪し、尚侍（弟君）が秘かに探しに出かける。そうした最中に、左大臣は次のような夢を見た。尊い僧があらわれ、「心配ごとは無事だという報せを明朝にも聞くだろう。前世のことが関係して、天狗が男を女に、女を男にして、あなたに嘆きをもたらしていたが、天狗の劫も尽きて、すべては正常におさまるだろう」（同）と言った。そこに弟君（尚侍）が帰ってきて、事情を聞き、すべてが分かった。そこで左大臣は、右大将と尚侍の役を交換すればよい、と提案した。これは、「共時的に外的現実と一致する印象的な夢である。この夢によって、吉野に生じた深い真実が、京都の左大臣にもたらされる」。

このような「深い夢」のことを知りながら、夢を利用していたのだから、当時の貴族のしたたかさが知れるというものだ。「ところで、ここに示した三つの夢の話はそのレベルを異にしていて、トポスとしての京都・宇治・吉野のレベルに相応しているような感じを受ける。つまり、夢にかかわる意識状態が順次に表層から深層へと深まっているのである。／このようなことを考えると、京都・宇治・吉野の三層の特徴を、ユングの言う、意識・個人的無意識・普遍的無意識の三層と対応させてみるのも、あながち牽強付会とも言い難いと感じられる」。

宇治で、右大将は女になり、尚侍は男になる。そして両者は出会うものの、真の出会いにはならない。吉野において、二人は確かな出会いを体験し、役割を交換し、京都に帰って行ったのである。これを図示すると次頁のようになるが、興味深いことに、これは先に示した「たましいの元型とイメージ」(三二六頁)に類似している。

ところで、『とりかへばや』には、さまざまな形の再婚が描かれている。それは、物語に登場する男女が、それぞれの心のなかの異性像を求めていく過程の、変遷を示すものでもあった。そう考えるならば、例えば左大臣は二人の夫人を東西に住まわせていたが、真の「北の方」を見出してはいなかったのだ、と考えることもできる。そしてその残された仕事を、姉と弟の二人が受け継いだのだ、と言うことも可能だろう。とするならば、弟君が吉野まで行って吉野の姉君を得たことには、大きな意味があるはずだ。

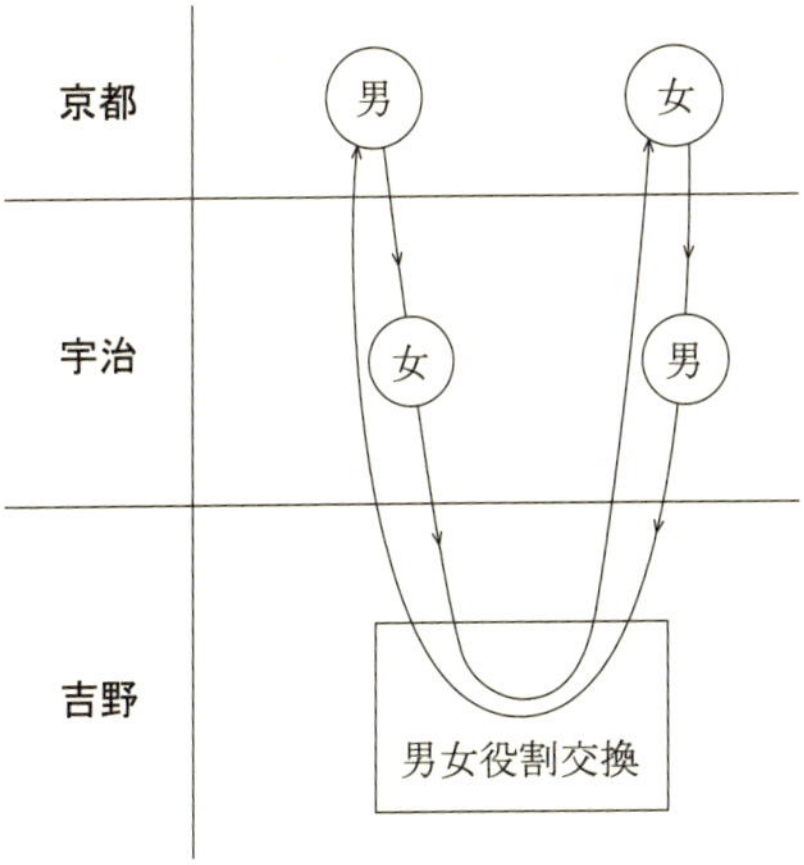

男女の軌跡とトポス

同様に、男性像の変遷について考えると、姉君の体験が興味深い。形の上での再婚ということで言えば、四の君との結婚があり、後に帝と再婚する。中宮になり、ついには国母になるのだから、めでたしめでたしである。

ところが、姉君は最初は男性として生きていたのだ。中将とのつき合いは同性としてのそれで、性的な感じはない。四の君との結婚は元々女同士のことで、ある意味では同性愛の段階だったとも言えるだろう。そのうちに四の君には中将の存在が大きくなり、姉君は苦しむ。やがて男性としての中将が、有無を言わせぬ形で侵入してきた。姉君はそれを、身体存在のレベルで知らねばならなかった。しかし時の経過とともに姉君は、そうした彼を待つ自分を発見する。とはいえ中将は、男性原理という観点からすれば、物足りない存在であった。この葛藤の悩みを助けてくれたのが弟君である。性的関係のない、強い男性の支えを、彼女は必要としたのだ。それによって、中将との関係を断つ。つまり、彼女はここで男性的な強さを自らのものにした、と言えるだろう。

このような多くの体験の後に、真の相手としての帝が現われる。「このような男性像の変遷を見てくると、西洋の昔話などの典型例として、男性の英雄が怪物を倒して乙女を獲得するという過程に比して、はるかにニュアンスに富み、複雑であることが了解されるであろう。ここに示した姉君の場合は、別に典型でも模範でもない。しかし、男性と女性の結びつきを考えるとき、それは一度で完成するものではなく、何度も分離と結合を繰り返すものである、とは言えるのではなかろうか」。

すでに見たように、宰相中将はこの物語で大活躍をした。ところが、最後には、本当のところが分からないと、悲しんでいる。三二八頁の図における中将の軌跡を見ると、彼は「近代自我のイメージのカリカチュア」のように思える、と河合氏は言う。「中将は多くの女性に関係し、何でもよく出来るし、よく知っている。世間を騒がせた右大将失踪事件の主謀者は彼である。自分こそがすべてを知っている人間と思った途端に、右大将（姉君）が彼の前から姿を消し、その謎はどうしてもとけなかった。それはつまり、彼が京都・宇治までしか知らず、吉野の存在を知らないからである。／吉野という奥深いところでは、彼の知らない秘密が存在している。そこでこそ、男女の役割交換が生じたのだ。二分法の発想はそこでは効力を失うのである」。

このような中将の姿は、自我を確立して強化してしまうと、たましいと切れてしまう人間を暗示しているのかも知れない。

また、第二章で見たように、キリスト教の父・息子・聖霊という三位一体に対して、わが国では、祖父・母・息子というトライアッドが重要であった。『とりかへばや』でも、左大臣—姉君—子ども（後に帝となる）というトライアッドの完成が語られている。それと同時に興味深いのは、吉野の隠者と姫（二人いるが、ここでは姉姫に焦点を当てる）のペアである。昔話では、西洋でも日本でも、老人と美女が「他界」に住んでいて、そこに若い男が訪ねて行くという話が多い。もっとも西洋の場合、男と女は結婚することになるが、日本では結婚しない場合が多い。あるいは結婚しても、後に別れてしまう。海幸・山幸の話でも、海底を訪ねた山幸彦は、海神（老人）と豊玉姫に会った。山幸彦と豊玉姫は結婚したものの、やがて姫は海底に帰ってしまった。

『とりかへばや』では、弟君と姫はめでたく結婚する。これはどうしてなのか。ヒントは、姉姫と恋愛関係になるのが、姉君と弟君の二人であることだ、と河合氏は言う。「この姉弟はもともと一体の存在が二つに分れたのではないかと思われるところがある。そして、このような結婚が生じるのは、この姉弟はそもそも京都よりは吉野に近い存在なのではないかと感じさせる。つまり、吉野から出て行った両性具有的存在が、二つに分れて、京都では姉と弟として住んでいる。その弟はこのような出自のため、他の一般的日本人と異なり、吉野の姫と結婚したし、姉は京都における最高位の人、帝と結婚することになった」。

これまで見てきたように、『とりかへばや』は、実に多様なイメージと読みを与えてくれる。多様な視点からの読み――例えば主人公を誰と考えるか――が可能である。逆に言えば、「ひとつの視点――たとえば近代自我――からのみ見ることを許さないのだ」。

そして河合氏は、この著作を次のように結んだ。「このようなことを考えると、『とりかへばや』にながながと語られていることも、ひょっとすると、人間の一瞬のイメージ体験なのではないかと思われてくる。一瞬の体験をわかりやすく話をするとひとつの物語になる。人間の心がどのように変化するか、成長するかなどというのではなく、人間の心の一瞬の在り様が『とりかへばや』という物語に語られているようにも思えるのである」。

## 5　物語論の展開

以上、『とりかへばや、男と女』の内容をごく簡単にではあるが見たので、本節では他の数多くの物語に対する河合氏の取り組みを確認しておくことにしよう。同時に、河合氏の関心と軌を一にするかの如く、一九八〇年代後半から明らかになる、哲学・思想界での物語に対する関心の高まりについても、少し触れておきたい。

河合氏は、『とりかへばや、男と女』が刊行される三年ほど前から、つまり一九八一年から、季刊雑誌『創造の世界』（小学館）を舞台として、国文学者や作家、哲学者などを相手に、具体的にそれぞれ一つの物語を素材にしながら、対談を行なってきた。なぜ、なにが、このような精力的な活動を可能にさせたのだろうか。

河合氏は前著で詳しく見たように、子どもの頃から「おはなし」が好きだった。長じてユング研究所で、フォン・フランツ女史より昔話の分析について教示を受けた。帰国後、本書で見てきたように、まずグリム童話を、続いて日本の昔話を分析し、それぞれ著作にまとめた。次に明恵の『夢記』に魅せられ、その分析を行なう過程で、「当時の男女の関係などを知るために、物語を読んでおく必要があると思い、あれこれと読みはじめた」（『物語をものがたる――河合隼雄対談集』、小学館、一九九三年、あとがき）。

そこで出会ったのが、『とりかへばや』であった。河合氏はこの物語に魅了されたが、これを本当に理解するには、他の物語も読んでおく必要があると考え、次から次へと読破することになる。それはもちろん、研究のためであったが、同時に面白くて止められなかったからだ。「戦争中だったり、理科系の学問をしたりしたので、日本の「古文」というのはほとんど学んだことがない」（同）河合氏だったが、結果として見れば、以下に見るように、信じられないほど多くの物語を読んだのであった。心理療法家である氏にとって、「日本の物語は、人間の意識を表層から深層まで移動させせつつ見た現実を描いているものとして、実に興味深い」（同）ものであり、それらは、日常的に行なっているクライエントの夢分析と相補的な関係にあると、位置づけられたのであった。

以下にまず、『物語をものがたる』で、どのような物語が取り上げられているかを見ることにしよう（カッコ内は対談者、敬称略）。

とりかへばや物語（桑原博史）、竹取物語（中西進）、能の物語・弱法師（白洲正子）、日本霊異記（山折哲雄）、寝覚物語（永井和子）、堤中納言物語（稲賀敬二）、とはずがたり（富岡多恵子）、小栗判官（梅原猛）、落窪物語（古橋信孝）、宇治拾遺物語（小峯和明）。

続いて、一九九七年刊の『続・物語をものがたる——河合隼雄対談集』（小学館）を見てみよう。古事記（田辺聖子）、御伽草子（今江祥智）、有明けの別れ（中村真一郎）、平中物語（古橋信孝）、宇津保物語（髙橋亨）、雨月物語（大庭みな子）、源氏物語(I)・(II)（A・ガッテン、瀬戸内寂聴）、今昔物語(I)・(II)（W・ラフルーア、佐竹昭広）、浜松中納言物語（永井和子）、松浦宮《まつらのみや》物語（池田利夫）。

この本の「あとがき」で河合氏は次のように書いている。

「物語」に関しては、これに注目する人が急に増えてきたように思う。その要因のひとつは、物語が「癒し」に深く関連していることに人々が気づきはじめたからであろう。W・ラフルーアさんとの『今昔物語』についての対談には、「民衆を癒す処方箋」というサブタイトルをつけているが、古来から、物語が癒しのためにどれほど役立ってきたか、はかり知れぬものがある。物語をつくることによって、あるいは、聴くことによって心が癒される。

そして、有難いことに、ここに取りあげている昔の物語が、現代人の癒しにも役立つのである。その事実が、心理療法家の私が、このような物語に関心をもつ最大の理由である。

さらに、二〇〇二年には『続々・物語をものがたる——河合隼雄対談集』（小学館）を出している。

これによって、日本文学の古典的な物語を巡る河合氏のフィールドワークは、三部作として完結することになった。またこの巻では、以下に見る如く、中国や朝鮮の物語も視野に収めようとしていることが特徴的である。

狭衣物語（大槻修）、住吉物語（三谷邦明）、伊勢物語（大庭みな子）、更級日記（ドナルド・キーン）、我身にたどる姫君（三田村雅子）、大和物語（光田和伸）、蜻蛉日記（河添房江）、中国史の女たち（井波律子）、朝鮮宮廷物語（梅山秀幸）、愉しき哉、ものがたり（田辺聖子）。

ところで河合氏は、このようなフィールドワークを行ないつつ、他方で同じ『創造の世界』を舞台にして、日本の古典文学に対する評論も手がけたのであった（一九九六年十一月―一九九九年二月連載）。それらに二章を加えて成ったのが、『物語を生きる――今は昔、昔は今』（小学館、二〇〇二年）である。その第八章は「紫マンダラ試案」で、後に『紫マンダラ』（小学館、二〇〇〇年）として結実する。

『紫マンダラ』については、次節以降で詳しく見ることにしよう。が、その前に、一九八〇年代以降の、物語論の隆盛について簡単に検討しておく必要がある。

まず、社会的な情況から見るならば、東西冷戦の終息と社会主義諸国の凋落の中で、「大きな物語」の有効性に疑義が呈されるようになった。最初に口火を切ったJ・F・リオタールは歴史に即して、「大きな物語」から「小さな物語」への視点移動の必要性を説いたのであったが、それを承けて「イデオロギー終焉」や「歴史の終わり」などといった俗流の理論が横行したことは、記憶に新しい。

しかし、それは真の意味での物語への着目であったとは、必ずしも言えないだろう。むしろ、そのような派手な議論とは直接にかみ合わぬ形ではあったが、二十世紀の人文科学の根幹に関わる問題として、すでに一九六〇年代より物語への関心が深められていたのである。

それは何よりも、R・ヤコブソンの言語学、とりわけ隠喩と換喩についての議論によって開拓された流れであった。ロシア・フォルマリズムと同じ空気を吸っていたヤコブソンは、当初から〝詩的言語〟（通常の伝達を主とする言語に対するものとしての）に関心を抱いていたが、失語症の研究を通して、ボードワン・ド・クルトネやクルシェフスキーからソシュールによって展開されていた研究を、さらに発展させた。そのようなヤコブソンの理論が、彼の亡命に伴って、ヨーロッパや後にはアメリカで、大きな影響を与えることになる。例えば、レヴィ＝ストロースやJ・ラカンらの仕事を見れば、その意義は明白であろう。またその後の記号論の隆盛も、ソシュールやヤコブソンにまでさかのぼることができる。

右の構造主義的な考え方は、二十世紀人文科学の底流となって、多方面にかつ深い影響を及ぼすことになる。河合氏も昔話や神話の研究で、伝播論では理解できない人間の本性に共通のものがあることを随所で論じているが、それはユングの言う普遍的無意識の問題であるとともに、構造論的思考の一例であると言えるだろう。

また、ウラジミール・プロップの昔話の研究や、ヘイデン・ホワイトの歴史叙述についての研究、さらには哲学者ガダマーの根源的隠喩化機能に関する仕事なども、新しい人文科学としての物語研究の基礎をなすものと考えられる。物語論に即して言えば、ポール・リクールの一連の仕事をあげることができる（『他者としての自己自身』、『時間と物語』など。詳しくは拙著『哲学者・中村雄二郎の仕事』補遺参照）。

わが国に目を転じるならば、物語への関心は、主として哲学者によって発展させられたと言ってよいだろう。中村雄二郎、坂部恵、野家啓一氏らは、それぞれ独自の物語論を展開している。それらについて詳説する余裕はないが、代表的な著作を二つあげることにしよう。まず、坂部恵氏の『かたり――物語の文法』（弘文堂、一九九〇年、後にちくま学芸文庫）から引用する。

〈かたり〉というような大きな言語行為の考察にあたっては、送り手、受け手をともに含めたその〈主体〉は、当然のこととして、個人のレベルをはなれて、より大きな共同体の〈相互主体性〉のレベルにまで、さらにときには神話的想像力の遠い記憶の世界にまでおよぶ下意識あるいはいわゆる集合的無意識のレベルにまで拡大深化されることがほとんど不可欠の前提となる。しかし、まさにこの領域こそ、さまざまの努力にもかかわらず、現代の哲学・人文科学がなお多くの未開拓といえる部分をのこしている当の分野にほかならないのである。

これを見れば、河合氏の試みが、いかに壮大な意図を秘めているものであるかが、分かろうというものだ。

次に野家啓一氏の「物語り行為による世界制作」（『思想』二〇〇三年一〇月号、後に岩波現代文庫『物語の哲学』に収録。なおこの文庫版は、一九九六年に刊行された単行本『物語の哲学――柳田国男と歴史の発見』岩波書店刊の改訂増補版である）から引こう。
この論稿で野家氏は、A・ダントー（『歴史の分析哲学』一九六五年）やW・B・ギャリー（『哲学と歴史理解』一九六四年）以来の物語論を概観し、自然科学は非人称的科学を理想とするので、極力物語的説明を排除しようとすると言う。そしてそれと対比する形で、次のように言うのである。

他方で人間科学に代表される人称的科学は、行為の説明や歴史的出来事の説明に見られるように、「なぜ」という人間的関心に応えることを主要な目的としている。それは法則的な一般化よりは、個別事例を範例とした受容可能な物語り的説明を目指しているのである。それゆえ、人称的科学においては、「誰が誰に向って何を語るのか」という発話のポジショナリティが問題とならざるをえない。人称的科学においては、話し手と聞き手の間の人称的な関わりと相互作用こそが物語り的説明を支える不可欠のファクターとなるからである。

最後に、河合氏とも深い関係を持っていた、中村雄二郎氏の著作『魔女ランダ考』における物語論に触れておこう。この本の第二章「演劇的知とはなにか」の中で、中村氏は、〈近代の知〉がいかに小説の形式とそこでの特徴的な言語の使い方に制約を加えているか、を明らかにしている。つまり、物語の秩序と法則は、「時間と空間のなかで起きたすべてのことを一本の糸＝〈物語の糸〉に通すこと」によって保たれるのだと言う（詳しくは拙著『哲学者・中村雄二郎の仕事』第六章参照）。
平たく言えば、物語が成立するためには、近代的な科学観、つまり因果関係に則った〈物語の糸〉を通す必要がある、ということだ。とすると、河合氏が言う、心理療法家の仕事はクライエントが自らの物語をつくる手助けをすることと、どのような関係にあるのだろうか。一つ間違えば、クライエントのつくる物語は、後期資本主義における〝小ブルジョワ〟的な、ありきたりのメロドラマに堕することにならないだろうか。

これに対する河合氏の答えは、本章の最初に述べた（三一六頁）、物語に関わる四つの重要な事柄のうちの、(2)物語をつくる場合、クライエントの腹に収まるまでいかねばならない、にある。つまり、物語をつくると言っても、それは頭で考えるのではなく、身体的に納得できるものでなければならない、ということだ。

〝腹に収まる〟とか〝胃の腑にしみる〟、あるいは〝腹の底から怒る〟といった日本語の表現には、人間の根源的な認識のありように関わる秘密が表現されている、といってよい。そしてこれは、日本語のみならず例えば英語にあっても、〝ガッツ〟(guts、内臓) は同様の意味合いで用いられているのだ。

この問題は、中村雄二郎氏が『共通感覚論』をはじめとする著作で展開した、世界認識のあり方に関する研究の、最後のいわば「本丸」に位置する課題としていたものであった（拙著『哲学者・中村雄二郎の仕事』あとがき参照）。それは、内臓こそが脳へと進化する最初の器官であったことからも、明らかである。最近の医学における研究（一例だけあげるなら福土審氏の『内臓感覚――脳と腸の不思議な関係』、ＮＨＫブックス、二〇〇七年）を見れば、人間の脳や世界認識に関わる興味尽きぬ研究の展開を知ることができる。

結論的に言ってしまえば、河合氏が〝腹に収まるまでいかねばならない〟と言う時、それは内臓感覚にまで至るほどの身体感覚が伴う必要を、説いていたのだと思われる。そして内臓感覚が意識的にコントロールできないものであることは、意識に関しても、〝無意識〟のみならず様々な意識のありようについて、考察の対象にしなければならないことを、意味するはずである。本書の第三章でみたような、河合氏の様々な知的冒険は、まさにこうした問題意識に発するものであったことが、ここに至ってようやく理解されるのである。

最後に、〝ナラティヴ・ベイスト・メディスン〟（ＮＢＭ）について触れておこう。主として一九九〇年代より心理療法と医療全般において、ＮＢＭが隆盛を見ていることは周知の事実である。河合氏の物語論もその流れに置いて考えることができよう。事実、『ナラティヴと心理療法』（森岡正芳編、金剛出版、二〇〇八年）に、河合氏は「物語の知・臨床の知――夢の物語」を書いている。

しかし、前著と本書で詳しく見てきたように、河合氏の物語論は、神話や昔話の研究の延長上に生まれたものであり、ＮＢＭの考え方に影響を受けたことがあったとしても、河合氏独自のものであったと言えるであろう。何よりも、少年時代以来の物語好きという河合氏の素質を抜きに、その物語論を語ることはできないからである。

## 6　『源氏物語』を読み直す

本節以降では、以上のような物語に関わる議論を踏まえた上で、河合氏が『源氏物語』をどのように読み解いたか、を明らかにすることにしよう。その作業は、とりも直さず、「新しい人間科学としての物語論」とは何かを示すことでもある。

具体的には、河合氏の著作『紫マンダラ』（小学館、二〇〇〇年、後に『源氏物語と日本人――紫マンダラ』として講談社＋α文庫に収録、二〇〇三年）に沿って論を進める。

一九九五年の春の二カ月間、河合氏はプリンストン大学の客員研究員として、アメリカに滞在した。その間、じっくりと『源氏物語』に取り組んだ。思い出せば、河合氏はプリンストン行きのしばらく前に、私のところへ突然電話をかけてきて、これから岩波に行くので、空いている小部屋がないだろうか、と尋ねてきたことがあった。理由を聞くと、二、三時間時間が空いたので、『源氏物語』を読みたいのだという。ということは、プリンストンに赴く前から、『源氏物語』に熱中していたのだろう。

プリンストン大学の図書館には、日本文学関係の本がたくさんあった。『源氏物語』についての本を片っぱしから読んだが、どうもしっくりとこない。そうしたなかで、ミシガン大学のアイリーン・ガッテンの論文「『源氏物語』における死と救済」（Aileen Gatten, "Death and Salvation in Genji Monogatari", *Michigan monograph series in Japan studies*, No. 11, Center for Japanese Studies, Univ. of Michigan, 1993）だけは、興味深いものであった。それは、この物語でその死の状況が詳しく記述されているのは、藤壺、紫の上、大君の三人であることを明らかにし、その意味を探った論文であった。

ちょうどプリンストン大学にガッテン女史が集中講義に来ていたので、河合氏は絶好の機会だと思い、対談をした（「源氏物語(I)――紫式部の女人マンダラ」『続・物語をものがたる』所収）。

帰国後、河合氏は、瀬戸内寂聴氏の『女人源氏物語』（全五巻、小学館、一九八八―一九八九年）を読み、わが意を得る思いをした。それで瀬戸内氏とも対談をする（「源氏物語(II)――愛と苦悩の果ての出家物語」、前掲書所収）。

つまり、河合氏は、日米の二人の女性の読み方に共感したのであった。『源氏物語』を読み解くには、女性の目が重要だったのだ。その理由は、これから述べることによって、自から明らかになるであろう。

そうしているうちに、河合氏は源氏物語の研究者たちから座談会に招かれることになった（三田村雅子、河添房江、松井健児の諸氏と「源氏物語　こころからのアプローチ」『源氏研究』四号、翰林書房、一九九九年）。そして、先行研究などについての教示を受けるとともに、自らの読みを発表するように励まされたのであった。

折しも当時、ユング派の女性分析家の手になる二冊の本が邦訳され、その解説を河合氏が書くことになる。一冊は、ナンシー・クォールズ－コルベットの『聖娼』（高石恭子・菅野信夫訳、日本評論社、一九九八年）であり、他はシルヴィア・B・ペレラの『神話にみる女性のイニシエーション』（杉岡津岐子他訳、創元社、一九九八年）であった。これらの本も参照しながら、河合氏は、かつてないユニークな『源氏物語』論を展開することになる。

以下、『紫マンダラ』に沿って、その展開を追うことにする。順序は必ずしも本どおりではないが、以下の如くになる。(1)なぜ『源氏物語』が誕生したか、(2)紫式部という女性、(3)光源氏の変貌、

(4)「個」としての生き方、(5)「女性の物語」。

河合氏の論を具体的に見る前に、最低限必要と思われる、『源氏物語』の梗概を述べることにしたい。思い起こせば、ほぼ半世紀以前、学生時代に、国文学者の小高敏郎氏の指導で一年間かけて、全五十四帖の原文を読破したことがあった。原文をどれだけ正確に読解できたかはなはだ心もとないだけでなく、全巻を通読したある種の達成感は残ったものの、本当の面白さはよく分からなかった。ただ、宇治十帖こそ大きな意味を持っているのではないか、という感想だけが残った記憶がある。ところが、半世紀後、古稀の年になって改めて読むと、実に興味深い物語であることを実感した。その実感を可能なかぎり込めて作ったのが、以下の梗概である。

どの帝の御代のことであったか、帝の寵愛を一身に受ける更衣《こうい》がいた。更衣の部屋の庭に桐が植えられていたので、桐壺の更衣と呼ばれた。やがて帝と桐壺更衣の間に、玉のような皇子が生まれる。第一皇子は、右大臣の娘である弘徽殿女御《こきでんのにょうご》が産んでいたので、更衣は事あるごとに目の敵にされた。更衣は病を得て、あっけなく死んでしまう。悲嘆にくれた帝は、皇子をめぐる様々な状況を考慮して、あえて臣籍に降下させ、源氏姓を与えた。美しい若君は、以後光源氏と呼ばれることになる。

やがて、左大臣の娘である葵の上を妻とする。しかし、高貴な身分の妻を持ちながら、光源氏はその美貌の故に多くの女性と関係を持つ。同世代の色好みである頭中将《とうのちゅうじょう》などの影響もあって、中流階級の女性、夕顔にまで手を出す光源氏であったが、時にはとても美しいとは言えぬ末摘花《すえつむはな》と関係を持ったりした。

このように光源氏は女性遍歴を重ねるのだったけれど、心から思慕していたのは父帝の后である藤壺の宮であった。そうした折に、光源氏は京の北山で、藤壺に似た女の子、紫の君に偶然出会う。そして強引に紫の君を自分の手許に引き取ってしまった。藤壺に対する強いあこがれは、やがて彼女との密通となり、藤壺は妊娠してしまう。源氏は二十歳になり、近衛大将に昇進していたが、心の中には深い苦悩を抱えているのであった。

左大臣家では、葵の上に素性の分からぬ霊がとりつき、大騒ぎになる。やがて、その正体は、源氏の恋人の一人である、六条御息所《みやすどころ》の霊であることが明らかになる。葵の上は若宮（夕霧）を出産するが、急に死んでしまう。

一方、美しく成長した紫の上と源氏は、ついに性的関係を結ぶ。紫の上は驚嘆したが、彼女に対する源氏の思いは高まるばかりであった。

桐壺帝は退き、朱雀《すざく》帝の御代になった。桐壺院は重い病いに冒され、死んでしまう。藤壺中宮は、源氏との間にできた春宮を気にかけつつも、出家した。桐壺帝の時代とは万事異なった宮廷の中で、源氏の位置は少しずつ揺らぎ始める。源氏の兄を朱雀帝に立てた右大臣家に権力は移り、源氏は身の危険を感じ、紫の上を都に残して須磨に退去する。須磨では、かつて経験したことのない寂しい生活を送る。が、やがて明石に住む入道の娘、明石の君と関係を持つことになった。

その頃都では凶兆が続き、朱雀帝は母である弘徽殿大后《こきでんのおおきさき》の反対を押し切って、光源氏を復帰させる。朱雀帝は退き、光源氏と藤壺の不義の子が、冷泉帝として帝位につく。かつての恋人御息所は死に、娘の斎宮を源氏は養女に迎え、冷泉帝の女御に推す。一方、源氏の子を出産した明石の上を、都に呼びよせ、姫君を自分のところへ引き取った。

　藤壺入道宮や太政大臣（元左大臣）も亡くなる。冷泉帝は自分の出生の秘密を、僧都から聞かされ、知ることになる。

　三十代の半ば、太政大臣になった源氏は、六条御息所の屋敷跡に六条院と呼ばれる大邸宅をつくった。そこを梅壺女御（前斎宮）の里邸とし、さらに紫の上、明石の君、花散里などを住まわせ、後に昔の恋人夕顔の遺児である玉鬘《たまかずら》を引き取る。源氏の息子夕霧は、いろいろとあったが、結局相思相愛の雲井雁《くもいのかり》と結婚することになった。また六条院からは、源氏が明石でつくった明石の姫君が入内する。

　四十歳を目前に、源氏は准太上天皇という地位に昇りつめた。源氏は朱雀院に請われて、朱雀院の三女、女三の宮を妻に迎える。紫の上は表情には示さないが、そのことで悩む。そうこうしているうちに、源氏が夕霧の友人として信頼していた柏木が女三の宮と密通し、妊娠させてしまう。そして薫と呼ばれるようになる不義の子が生まれた。源氏は薫を抱きつつ、自らの犯した罪に対する応報を、思わずにはいられない。柏木も源氏に対する恐れから病いになり、他界する。

　一方、夕霧は柏木の妻の落葉宮に思いを寄せる。実際に落葉宮と契ることはなかったが、妻の雲井雁とは絶縁状態となってしまう。落葉宮の母、一条御息所は夕霧と娘の関係を案じ、それが原因で急逝する。

　やがて、光源氏の生涯を通しての伴侶である紫の上も、源氏を残して死んでしまう。四十三歳であった。紫の上の逝去を悲しむ源氏。時は流れて、源氏もあの世へと旅立つ。

光源氏の生涯についての物語はここで終わり、『源氏物語』では以後、源氏の孫の世代に関わる物語が、宇治を舞台にして展開される。匂宮と薫の物語である。

薫は自らの出生に疑いを抱いていた。そのために若くして出家の思いを持ち、当時俗聖と言われて宇治に隠棲していた八の宮を訪ねる。八の宮には大君《おおいぎみ》と中君の二人の姫君がいた。ある時、薫は二人の姿を垣間見て、思いを寄せる。八の宮は自らの死期の近いことを知り、薫に二人の娘の後見を依頼する。それに応えて、薫は宇治に足繁く通った。八の宮の一周忌の折に、薫は大君に思いを伝える。しかし、父から結婚しない方がよいと言われていたこともあり、大君は薫を拒絶し、むしろ中君との結婚をほのめかす。

一方、薫から宇治の姫君たちについて聞いた匂宮は、宇治を訪れ、薫の手引きもあって、中君をわがものとしてしまう。どうしても大君と結ばれることのない薫。匂宮と中君との関係、そして薫との関係に心を痛めた大君は、はかなく死んでしまった。

傷心の薫は、不思議なことに亡き大君とそっくりの姫君、浮舟に出会い、心を奪われる。浮舟は大君、中君姉妹の腹違いの妹であった。薫は宇治に浮舟を住まわせ、いずれ京に迎えるつもりであったが、ここでも好色な匂宮は浮舟の存在を察知し、秘かに関係を持ってしまう。浮舟の母親は薫に娘を嫁がせようとしたが、薫と匂宮の間で揺れる浮舟は、どうしても自らの心を決めることができずに、宇治川に入水しようとした。

偶然に宇治を通りかかった横川《よかわ》の僧都らに助けられた浮舟は、僧都の妹尼の住む比叡山の麓、小野に連れて行かれて住むことになる。妹尼の温かい支援にもかかわらず、浮舟は出家することのみを志す。そして遂に、僧都の手によって剃髪した。ちょうどその頃、浮舟の生存を知った薫は、何とか浮舟に連絡をつけようと試みる。浮舟の弟の小君を使者として小野に送り込むが、浮舟はそれすらも拒む。小君の報告を受けた薫は途方に暮れてしまう。

五十四帖の『源氏物語』はこうして終わる。

## 7　紫式部という女性の物語

本節では、先に述べた(1)なぜ『源氏物語』が誕生したか、について述べる。

『源氏物語』は、突如として生まれてきたものではなかった。むしろ、平安時代における多数の王朝物語の最たるものとして生じたのである。『源氏物語』「絵合《えあわせ》」の巻に出てくる「物語の出で来はじめの親」といわれる『竹取物語』は、十世紀はじめ、あるいは九世紀の末に成ったと考えられている。それから約百年後に『源氏物語』が誕生するのだが、その間に『伊勢物語』『平中《へいちゅう》物語』『宇津保《うつぼ》物語』『落窪物語』などの大作が生まれた。すでに見た『とりかへばや物語』は、『源氏物語』以降の「後期物語」の一つである。他に『狭衣物語』や『寝覚物語』などがあるが、いずれも『源氏物語』を意識して書かれているという。

『源氏物語』が紫式部という女性によって書かれたことは、王朝物語群の中にあって、例外的な特徴である。「物語」には「世間話」という意味があるように、必ずしも作者が必要ではなかった。この作者が紫式部であるという事実こそ、『源氏物語』誕生の秘密を明らかにする、と河合氏は言う。

これまで見てきたように、人間は神話＝物語を必要とする。民族レベルでは神話が、より狭い地域では伝説が、さらに場所・人物と関係なく語られる場合には昔話が、必要とされた。つまり物語は人間の生存にとって必須の存在なのである。ヨーロッパなどのキリスト教文化圏では、『聖書』が物語であった。他の文化圏ではどうであろうか。日本の場合には、仏教の影響が考えられる。『源氏物語』でも様々の場面で仏教が影を落としている。しかし、それがヨーロッパなどのように、決定的な物語をつくったとは言えないだろう。

一方、それぞれの社会は、それぞれの時代に応じた「一般的物語」を持っている。例えば現代日本の場合、一流大学を出て有名企業に就職し、将来は部長かあわよくば重役になってというような出世物語があった。最近は経済事情の激変に伴って、若者の物語は多様に分散していくように見えるが、激烈な受験戦争や夜の居酒屋の情景を見れば、いまだに出世物語は生きているようにも思われる。

このように考えるなら、平安時代の日本社会、特に貴族の世界では、「物語」がつくり出されるために格好の条件が揃っていた、ということができる。その「一般的な物語」とはどのようなものだろうか。

当時の貴族社会では、身分が決定的に重要であった。上級の貴族たちにとっては、位が上がること、そして右大臣、左大臣、太政大臣《だじょう》になることが夢であった。同時に、自分の娘を入内させ、あわよくば彼女の産んだ子どもが天皇になることを夢見たのである。なぜなら、実質的な意味で権力を握っていたのは、天皇の外戚の祖父であったからだ。つまり、天皇の母は国母《こくも》であり、国母の父親は絶対的な権力者になる。

この間の事情を河合氏は次のように言う。「貴族の男性は自分の地位がだんだんと上がっていくという「物語」とともに、いかにして、素晴らしい娘をもち、それを天皇のところに入内《じゅだい》させ、男の子をもうけて天皇の外祖父《がいそふ》となるか、という一連の長い「物語」を生きようと一生懸命になった。／女性のほうは、これと同じく、いかにして内裏に入って、天皇の寵愛《ちょうあい》を受け、男の子を生んで、それが東宮《とうぐう》となり、天皇となるのを待つという物語を生きることになる。と言っても、女性の場合は受け身なので、親のアレンジに従って結婚するのだが、内裏に入ることになったときは、親たちと協力して前記のような筋道を生きようとするだろう」。

紫式部はと言えば、身分的に最初からこのような「物語」を生きることはあり得なかった。儒家の藤原為時の娘であり、夫の死後には藤原道長の娘、中宮彰子に仕える身であったからである。しかし、それだけに経済的には安定し、比較的自由な生活を送ることができたであろう。その意味では、平安時代にあって、数少ない「個人」の立場を持ち得る女性であったと思われる。「個人」としての立場を持ちつつも、社会の「物語」に参加できないのであれば、必然的に「自分の物語」を書くことになる。もちろんその前提として、彼女が並はずれた文学的才能の持ち主であったことがある。さらに、「仮名《かな》」を用いることができたのは、物語を書く上で非常に有利に作用したはずだ。役所の文書は漢文で書かれていたが、物語は仮名によって書かれた。したがって、女性である紫式部は仮名という武器を用いて、縦横に物語を書くことが可能であった。

とするならば、「『源氏物語』は光源氏の物語ではない。これは紫式部という女性の物語である」と言うことができるだろう。「全巻を読み終わったときには、光源氏の姿が消え、そこには一人の確固とした人間として存在している紫式部の姿があった」。「物語に登場する女性群像が光源氏という主人公の姿を際立たせるためではなく、紫式部という女性の分身として見えてきたのである。紫式部という一人の女性が、彼女の「世界」をこのようにして描ききったのだ、と思った」。これこそ河合氏が、『紫マンダラ』を執筆することになる最初の動機であった。

『源氏物語』に登場する数多くの女性たちが紫式部の分身であるならば、その多様性と豊かさを描くために、彼女は一人の男性が必要であった。「その男性との関係においてのみ、内界の女性たちを生きた姿で描くことができた」からである。つまり、紫式部は自らの世界を描くにあたって、自分を中心にするのではなく、光源氏という男性を中心に記述した方が、よりよく行くに違いないと確信したのであった。それは「女性の目」から見た男性の物語でもあった。

ところで、平安時代の男性と女性の関係はどのようなものであったのだろうか。この問を考えるためには、母権制から父権制への変遷を検討する必要がある。この際河合氏は、まず母権制、母系制、母性心理を区別して考慮することを提唱する。わが国の場合、縄文の土偶に地母神と見られるものが多数出土していることからしても、母権制から出発していると推察される。母権制は母親が権力を持つことであり、母系性は母―娘の系列で家族を継承するシステムである。母性心理とは、父性原理と母性原理を区別した上で、母性原理が優位であるような心のあり方を指す。

このように整理した上で、河合氏は「キリスト教文化圏と比較するとき、わが国は母権から父権、父系の制度へと変わってきながら、現在に至るまで母性心理を保持しているところに特徴をもっている」と言う。

完全に母権の時代には、右の三者つまり母権、母系、母性心理は一体化していたことだろう。やがて母系の時代になり、母―娘の一体感が形成される。しかしそれも、「個」の意識が生じることによって、自明のものではなくなってくる。その分離に際して、男性が登場する。その典型を、ギリシア神話のデーメーテールとコレーの物語に見ることができる（前著、第五章参照）。

すでに見たクォールズ＝コルベットは、さらに古いシュメールの時代に、娘が母になるためのイニシエーションとして、聖娼という制度が存在したことを明らかにした。聖娼とは、母権社会シュメールにおいて、大女神イナンナと夫ドゥムジの「聖婚」という考えから出発して、女性はイナンナと同化し大女神の霊力を得るために、神殿において未知の男に身をまかせることを意味した。そこでは霊性《スピリチュアリティ》と性《セクシュアリティ》は分離しておらず、女性は両者の共存に心からの歓喜を味わったという。

聖娼は、神殿という聖域で行なわれ、それ以外での売春行為とは明確に区別されていた。つまり、聖娼という霊性と性の一致の神秘体験を通じて、はじめて女性は大人になるのであった。そこでは男性は、非個人で無名な存在でしかない。

母権から父権への移行については、諸説あり簡単に整理を許すものではない。が、その間にあって、兄と妹、姉と弟の関係は重要であったろう。一例をあげるなら、日本神話におけるイザナキとイザナミの関係がある（前著、第五章参照）。いずれにしても、社会の進展に伴った武力や制度の誕生は、男性優位の方向に進むものであったはずである。職業は分化し、そのほとんどを男性が担当

父権社会の男女

する。そしてそのことによって男性のアイデンティティが形成されることになった。

女性はと言えば、父権社会において、そのような男性との関係のし方によって、上の図のように、母、娘、妻、娼というアイデンティティを形づくる。このような女性のあり方は、つい最近まで続いてきたと言えるだろう。

母権から父権への移行については、制度的にはそれなりにはっきりしているのであろうが、こと心理的な側面では相当複雑である。ユダヤ＝キリスト教文化圏では、唯一神としての天なる父が存在するので、比較的はっきりしている。が、例えば戦前の日本の場合にはどうだったか。建前としては父権社会だったと言えるだろう。しかし、心理的な面では、母の力は絶大だった。母―息子の一体感は強く、息子が成人して家長になっても、母に従うことが多かった。これでは純然たる父権とは言えないだろう。

それでは、『源氏物語』の舞台であった平安時代は、母権社会だったのか、あるいは父権社会だったのか。王権のあり方や官僚制を見る限り、父権的であった。しかし、招婿婚を見れば母系制の延長とも言えるだろう。光源氏の場合、葵の上は招婿婚で、子どもの夕霧は母方で育てられる。が、紫の上や女三の宮は源氏と同居している。また、母性の強さも特徴的であった。河合氏はこの特徴について、平安時代の物語には、武力の行使も殺人もほとんど出てこないことと関係しているのではないかと言う。例えばシェイクスピアの作品から殺人をとってしまったら、一体どうなってしまうだろう。

男女の関係についても、江戸時代ほど男尊女卑ではなく、古来からの「素朴的男女平等」の考え方であった、と研究者は言う。結婚に関しても、自由恋愛ふうのものから親の意向に従うものまで、多様であったらしい。当時の女性の少女期における結婚について、藤井貞和氏が「聖婚」と結びつけて論じているのは、興味深いことだ（『物語の結婚』、創樹社、一九八五年）。

性に関しても、キリスト教文化圏のように、おとしめられるものではなかった。霊性と性は分裂していない。ただ特徴的なのは、性関係を高める要素として美的な評価が優先されたことだ。互いに交わされる和歌（古典の引用などを含む）、それが書かれる書や用箋の美しさ、といったことに美的な洗練さが要求された。とはいえ、場合によっては男性が侵入し、一方的に関係を持ってしまうこともあったと思われる。『源氏物語』は、そうした関係のさまざまなありようを描いたものとしても、読むことができる。

## 8 「父の娘」

次に、(2)紫式部という女性、について見ることにしよう。

紫式部について河合氏があげる特徴は、「父の娘」と「内向の人」ということである。まず前者から述べる。父親の藤原為時は、越後守正五位下に任ぜられていた。受領《ずりよう》であり、高位の貴族とは言えない。『源氏物語』ではたびたび、〝受領ごときの……〟という表現が用いられている。ちなみに浮舟の継父も常陸守の受領であった。だから為時は、生真面目な学者・文人といった方がよいかも知れない。紫式部はこの父親から、文筆の才能と知識を受けついだ。その意味で「父の娘」であったが、母親についての記述は全く残されていない。

エピソードの一つに、父が彼女の兄に漢籍を教えていたところ、彼女の方が先に覚えてしまったというのがある。当時、漢字は男が使うものであったので、紫式部は父によって、男性的な思考力やものの見方を与えられたと言える。

結婚に関しては、当時にあっては相当異例であった。おおよそ二十六歳の時に、父と同じくらいの年齢の男性、藤原宣孝《のぶたか》と結婚しているのだ。通常、女性は十四、五歳で結婚するものであったので、きわめて晩婚であったと言えるだろう。宣孝との間に一女をもうけた。後に大弐三位《だいにのさんみ》と呼ばれるようになる娘である。結婚するまでに、男性と関係があったか否かは不明であるが、当時の状況からすれば、全くなかったとは思えない。

結婚生活は順調だったようだが、わずか三年しか続かなかった。宣孝が死んでしまったのだ。とすれば、幼子をかかえて紫式部は人知れぬ苦労をしたのではないだろうか。しばらくして、彼女は藤原道長の娘、中宮彰子のところへ宮仕えに出る。それは道長の意向によるものだったと言われている。つまり、道長は娘をより魅力的な女性に見せるために、紫式部を娘の局《つぼね》に迎え入れたのであった。その結果、紫式部は宮廷の生活の一部始終を見ることができたのである。『源氏物語』執筆の条件は整ったと言えよう。

一説によると、彼女は道長の愛人であったとされる。『紫式部日記』にも、二人の浅からぬ関係を示す歌の贈答が記されている。とするならば、二人の実際の関係がどうであったにせよ、心理的には彼女は「娼」の体験を持ったと言えるだろう。先の図（三五四頁）の、娘、妻、母、娼の体験を、彼女はしたことになる。

とすれば、「「内向の人」である紫式部は、自分の体験を外在する人たちとの関係として見るよりも、むしろ、自分自身の内界の多様性として受けとめたと思われる。そして、それは自分がいろいろな性格とか、側面をもっているというよりは、自分の内界にいろいろな人物がいるとして意識されたのではなかろうか。内向の深度が深くなると、誰しもそのように感じると言っていいだろう」。「ある女性が自分の内界のリアリティを確実にするために、一人の男性像が必要となる。あるいは、一人の男性像を核として、自分の内界が多様でありつつ、ひとつのものとして結晶してくると言ってもよい」。

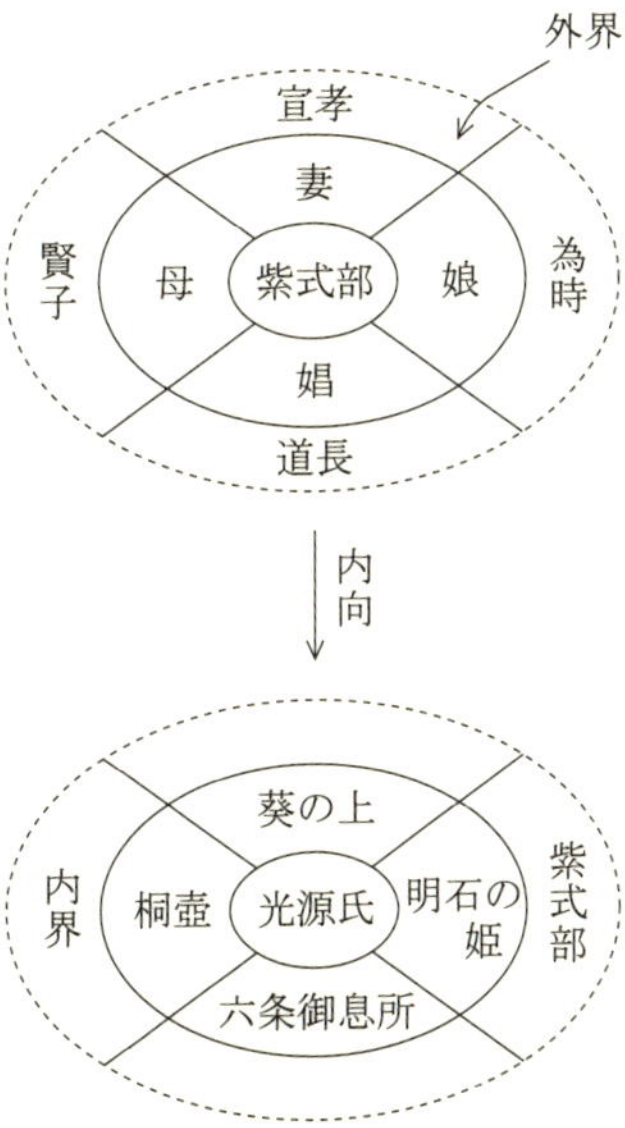


**紫式部の内向体験**

そうした過程を図示するならば、上のようになるだろう。彼女の、娘、妻、母、娼の体験は外的なことである。それを彼女自身のこととして内在化させ、内界の現実として体験する。そのプロセスは「物語」として語る以外に方法はなく、その中核に光源氏が登場する。「光源氏という内向の核となる男性像の出現によ

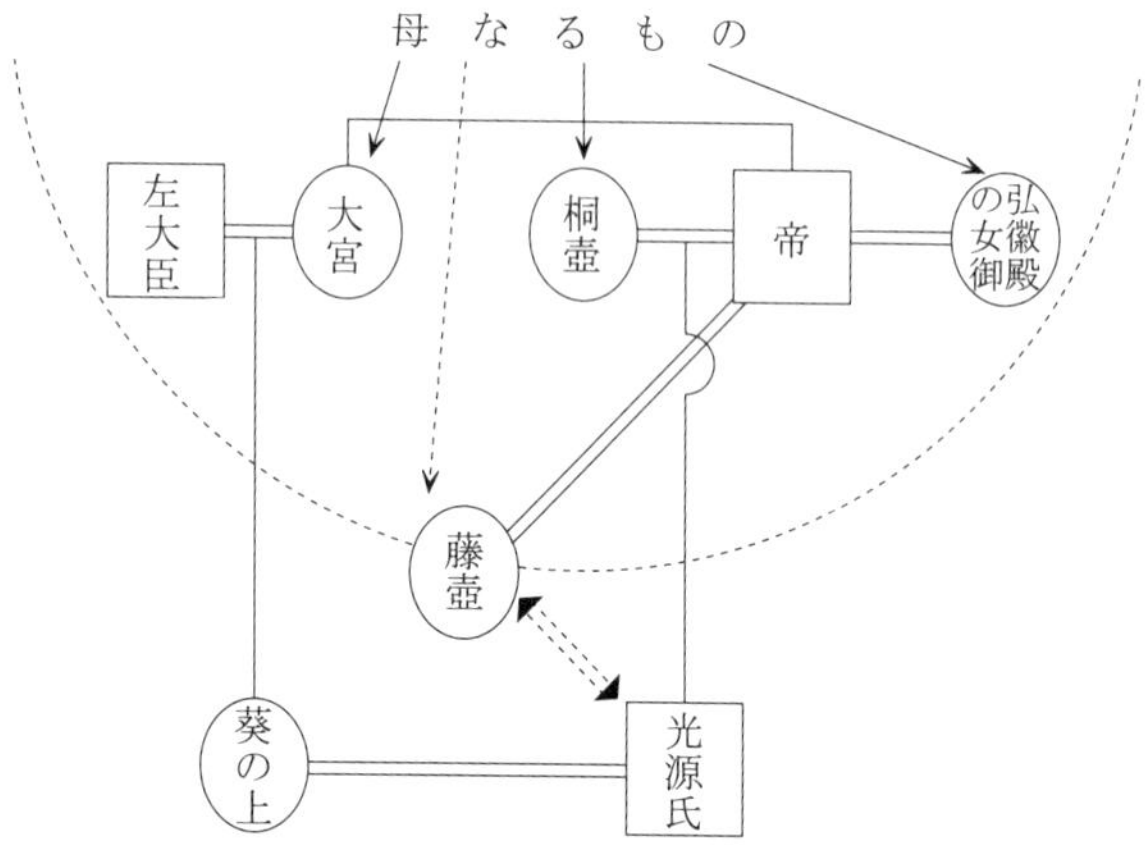


光源氏と母なるもの

って、彼女の体験が、他の多くの人々――現代人まで――につながってくるのである」。だから、『源氏物語』が紫式部の物語であるとしても、それは彼女の個人史に止まるものではあるまい。「歴史のつまらなさを彼女は「蛍《ほたる》」の巻で光源氏の口を借りて述べさせている。「物語」というものは、個人の経験した事柄を、普遍性へと接近させる」のだ。

次に、紫式部にとって、「母」とは何だったのだろう。実母との関係は薄かった彼女であるが、そして実生活における「母」の体験も決して多くはなかったにもかかわらず、彼女が光源氏に託して描いた「母」は、実に多様であった。しかもこれらの「母なるもの」は、冒頭の「桐壺」の巻にすべて出てくるのである。

桐壺は実の母親であるが、すぐに死んでしまう。その代わりに、『源氏物語』を通して源氏にやさしい母として接するのは、妻の母である大宮だ。これに対して帝の第一子を産んだ弘徽殿の女御は、恐母とも呼ぶべき存在である。父である帝の女としての藤壺は、母的なものであるとともに恋人であった。

すぐ舞台から消えてしまう桐壺であるが、その佳人薄命のイメージは、藤壺にも影を落している。桐壺のことを忘れられぬ帝が、彼女に似た女性として藤壺を見つけてきたのであるから、それは当然のことである。源氏にとっても藤壺は、「母にして恋人」であった。「多くの男性は、まず自分の母に愛人の姿を見いだすのだが、母親から分離していくときに、何らかの意味で母親と類似性を感じさせる女性を恋人として選ぶことが多い」。それはさらに、藤壺に似た紫上を源氏が強引に我がものとして育てることにもつながっていく。

不義の子を宿した藤壺は出産し、その子が次の天皇となり、自分は「国母《こくも》」になる。しかし、その栄光の中で、藤壺は出家してしまう。換言すれば、帝と源氏の間で悩んだ結果の出家とも言えるであろう。そしてこのパターンは、物語の最終場面における浮舟の場合と同じである。「藤壺は国母という地位にあがるし、彼女の性格には母性的な側面のあることがうかがわれるが、光源氏との関係で位置づけるなら、母にきわめて近い「娼」のところに置くことになろう」。

唯一人源氏に対して「母」を感じさせたのは、大宮だった。大宮は桐壺帝の妹として、左大臣と結婚した。娘の葵の上は源氏と結婚するし、頭中将と呼ばれた息子はやがて太政大臣にまで出世する。しかし、葵の上が出産後すぐ死んでしまったことは、大宮に深い傷を残した。源氏が須磨に退居しなければならなかった時にも、大宮は源氏に対して実の母のような惜別の思いを抱いたのであった。その大宮の母性性が最大限に発揮されたのは、孫の夕霧と雲居雁の恋愛から結婚に至るまでの過程においてである。それはまさに太母のように慈愛に満ちた態度で、二人の結びつきを成就させたのであった。

大宮と対極的な「母」は弘徽殿の女御であったが、彼女は源氏を死の世界に追いやろうとする恐母である。彼女は桐壺帝の女御で第一皇子を産み、その子が桐壺帝の後の朱雀帝となった。彼女は、源氏が自分の実子の栄達に邪魔になるのではと思い、事々に干渉するのであった。「賢木《さかき》」の巻で、源氏が彼女の妹、朧月夜《おぼろづきよ》と密会していることを知って、彼女は源氏を罪に陥し入れようと画策した。それに感づいた源氏は、自ら須磨に退いたのである。源氏が須磨に退居しても、彼女の怒りは収まらない。それを察知した宮廷の人々は、源氏に便りすることさえ控えた。

このように見てくると、紫式部は「母」について実に深く理解していたことが分かる。つまり、源氏の実母である桐壺を中心に、「母」のプラスとマイナスの様相を描いたのであった。

次に「妻」について。葵の上は、大宮のところで見たように、これ以上ない家系の持ち主である。誇り高く、美貌であり、端正であった。彼女は源氏を心から愛していたが、自分の方が四歳年上であることを「似げなく恥《は》づかし」と思い、源氏に甘えるような素振りを一切見せない。そこから夫婦の間に心のすれ違いが生じてくる。「若紫」の巻をはじめ、随所でその様子が語られている。

このような葵の上の近づき難さから逃れるかのように、源氏は葵の上の周辺の女性たちに手を出してしまう。中納言の君や侍女の中将の君たちである。そして極めつきの存在が六条御息所であった。彼女の生霊《いきりょう》が葵の上に取りつき、結局そのために葵の上は死んでしまう。「葵」の巻では、「もののけ」につかれた葵の上を次のように描く。

見舞いに訪れた源氏が、几帳《きちょう》の帷《かたびら》を引き上げて彼女を見る。その美しさに改めて心を打たれた源氏が、やさしい言葉をかけると、急に生霊の声になって「なげきわび空に乱るるわが魂《たま》を結びとどめよしたがいのつま」（嘆き苦しんだ私の魂が空に迷っているので、どうか下前の褄《つま》を結んでとどめて下さい）と言う。驚いた源氏は生霊に誰かとたずね、六条御息所であることが分かる。

ところで生霊とは何なのだろう。河合氏は、もし生霊の存在を信じないとすると、空に迷っている魂は葵の上のものではないか、あるいは彼女の魂が、六条御息所の生霊という形で苦しみを訴えているのではないか、と言う。すなわち、「深層心理学の表現を用いると、葵の上の無意識内の心的内容は、六条御息所の生霊という表現形態によって、もっとも適切に表現されている、ということになる。つまり、葵の上は無意識においては、六条御息所が源氏に対して感じたような恨みや怒りを強く感じていたのだが、彼女の誇り高さによって、それらを表面的に表すことはなかった。それがいま、六条御息所の生霊という形で顕在化してきていると考えるのである」。

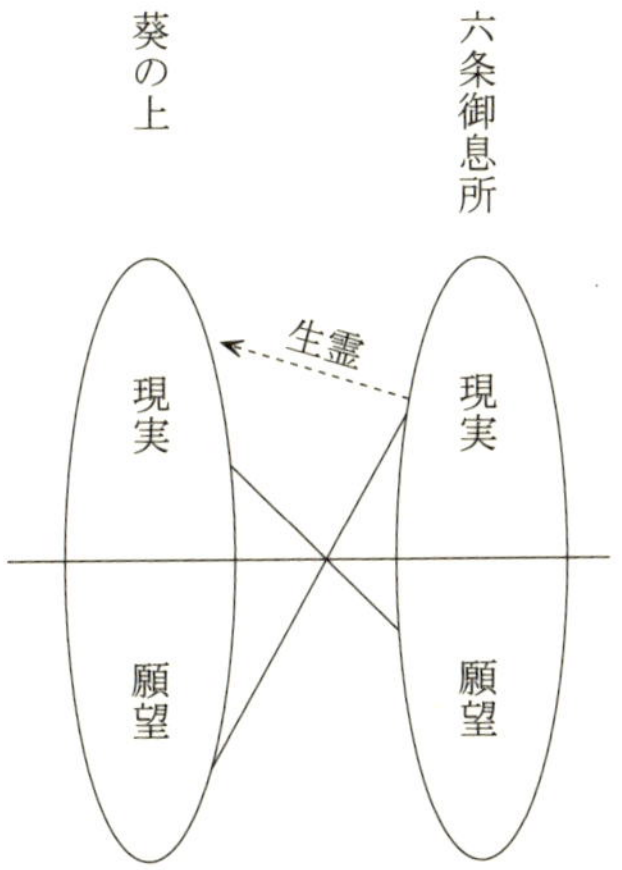


葵の上と六条御息所

「賢木《さかき》」の巻では、葵の上の死後に六条御息所が源氏の正妻になるのではという噂が立った、と述べられている。六条御息所は源氏より七歳も年上であったが、身分的に十分な資格を持っていたのだろう。とすれば、源氏の妻になりたいという彼女の願望は、葵の上の現実に具現されている、とも言えるのだ。逆に、葵の上の願望は無意識の次元で、源氏に対する恨みとなり、その強い思いは六条御息所の生霊の形をとって彼女に迫ってくるのである。

　それでは、末摘花の場合はどうだろうか。源氏はそもそも、頭中将との競いあいがきっかけとなって、強引に末摘花をわがものにしてしまったのだ。彼女は故常陸親王《ひたちのみこ》の姫君で身分は高いのだが、その鼻は「普賢菩薩《ふげんぼさつ》の乗物」つまり象のそれみたいで、おまけにその先が赤い。着ているものも立派なものだが古めかしい。贈答の歌も上手いとは言えない。源氏はすっかり興ざめしてしまう。

　ところが、彼女は源氏の妻だと思い込んでいるので、年末になると元旦用の晴れ着を源氏のところに送ってくる。源氏は辟易するものの、律儀に返礼の贈物をする。つまり、末摘花の存在は次のように図化できるだろう。源氏は彼女のことを「娼」だと思っているが、彼女は自分のことを「妻」と信じているのだ。紫式部は、このイメージのすれ違いを残酷なまでに描く。しかし「蓬生《よもぎう》」の巻では、源氏に忘れていた末摘花との関係を回復させている。とは言え、源氏は彼女を二条東院に住まわせ、けっして六条院に迎え入れることはなかった。それは、源氏が娼と妻との間の折り合いをそういう形でつけたのだ、と言えるかも知れない。

| | | |
|---|---|---|
| 妻 | | 娼 |
| 末摘花自らの姿 | ←→ | 源氏の見る末摘花 |

　二条東院と言えば、花散里もそこに住んでいた。彼女は桐壺帝の女御（麗景殿《れいけいでん》の女御）の妹である。源氏はなんとなく彼女との関係を続けているのであった。妻というより「家刀自《いえとじ》」（主婦のような存在）に近かったようで、それだけにくつろげる関係だったのだろう。須磨へ退居する前にも訪れていた。彼女との性的関係はなくなっていたものの、源氏はしばしば二条東院に立ち寄ってい

る。花散里はそうした関係を苦にすることなく、鷹揚に暮らしていた。源氏はそのような彼女を信頼し、息子夕霧の養育を託すことになる。

やがて六条院が完成すると、花散里もそこに移り、夏の町に住む。彼女はそこで、紫の上とともに仲よく暮らす。「両者間にはあまり嫉妬は湧かないようである。これは、花散里が「宿世なりける身」を悟り、家刀自としての役割に徹して、「女」として紫の上と張りあおうとしたりしないからであろう。賢い女性ということもできる。彼女は夕霧の養母役を引き受けるが、心理的に見ると、源氏に対しても母親の役割を果たしているとも言うことができる」。

最後に、明石の君について。花散里が家刀自的役割を果したとすれば、明石の君は源氏の子どもを生むことを分担したと言える。明石の君は、父の明石の入道の強い意向によって、源氏と結婚する。しかし彼女の側では、「身分不相応」という感をぬぐうことがなかなかできない。やがて源氏は許されて、京に戻る。明石父娘は悲しむが、どうしようもない。

ただ幸いなことに、明石の君は源氏の子を宿していた。そして女の子が生まれる。明石の父娘は思い切って上京し、大堰《おおい》（井）に邸を構えた。光源氏はその娘を、紫の上の養女として育てようと考える。明石の君は悩みに悩むが、娘の将来を思って、源氏に同意した。その選択は、ある意味で正しかったと言えるだろう。なぜなら、明石の姫は後に中宮となるからだ。明石の入道の希望は、その意味では叶ったとも考えられる。

とすれば、明石の君は源氏の妻ではあったが、「妻」としてよりも、「父の娘」として生きたとも言える。一方明石の入道は、望んでいた明石一族の繁栄が確実になった時、入山して俗界との関わりを断つ決心をした。「これが老人の知恵というものである」と河合氏は言う。それは、見方を変えるならば、娘の幸福のために父親が犠牲になったとも考えられることであった。

最後に「娼」について考える。先に見た葵の侍女の中納言や中将の君は、典型的な「娼」であった。それは、源氏と性的関係を持ってはいるが、「妻」として遇されることのない女性を指している。身分的に対等でない関係なので、源氏はかえって彼女たちに気安さを抱いていたように思われる。

ところが彼女たちの他に、『源氏物語』には、空蟬、夕顔、朧月夜といった「娼」が描かれているが、一人ひとりが非常に異なった存在である。つまり、紫式部は同じ「娼」であっても、自分の内界の女性群像として、実に見事に描き分けていると言えるだろう。

まず空蟬を見てみよう。源氏は「雨夜の品定め」の折に、左馬頭《さまのかみ》の言った「さて世にありと人に知られず、さびしくあばれたらむ葎《むぐら》の門《かど》に、思ひの外《ほか》にらうたげならん人の閉ぢられたらんこそ限りなくめづらしくはおぼえめ」という言葉を聞き、期待感を抱いていた。たまたま方違《かたたが》えのために訪れた紀伊守《きのかみ》の別邸で、源氏は紀伊守の父・伊予介《いよのすけ》の後妻と契ることになる。それが空蟬だった。一度は関係を持った彼女だが、再び会いたいと願う源氏を受け入れることはない。

源氏はなんとしても会いたいと思い強引に入り込むが、空蟬は薄衣を脱ぎ捨てて逃げる。源氏は、そこに寝ていた空蟬の継娘《ままむすめ》の軒端荻《のきばのおぎ》と契り、人違いと気づき空蟬の薄衣を持ち帰る。源氏の思いはつのるが、彼女は応えないので、「つれなくねたきものの、忘れがたきに思す」(「夕顔」)、つまりにくいとは思いつつも忘れられないのであった。

夫の任国への旅に同行する空蝉に対して、源氏は豪華な餞別を贈り、その際、例の薄衣も返す。そして再び任地での勤めを終えて上京する空蝉たちと、源氏は逢坂山で遭遇し、歌の贈答をする。やがて空蝉は出家し、尼となった彼女を、源氏は二条東院に引きとった。

このように源氏と空蝉の関係を辿ってみると、空蝉は自分の分を知り、心惹かれつつも源氏を拒み通したのであって、実にしっかりと芯の通った女性であることが分かる。それは「空蝉」という名と逆の存在であったとも言えるのだ。この空蝉を、先に見た末摘花と比べるならば、次のように図式化できる。興味深いことに、二人はともに二条東院に住んでいたのであった。

| 妻 | | 娼 |
|---|---|---|
| 末摘花 自らの姿 | ↔ | 源氏の見る 末摘花 |
| 源氏の見る 空蝉 | ↔ | 空蝉 自らの姿 |

次に夕顔について。ある時源氏は自分の乳母《めのと》の病気見舞に行き、垣根に咲く夕顔の花に心惹かれる。供の者に取りにいかせると、隣家の童が扇の上に花をのせて献じてくれた。その扇には、「心あてにそれかとぞ見る白露の光そへたる夕顔の花」と書かれていた。興味をそそられた源氏は、身分を隠して夕顔を訪れ、関係を持つ。夕顔も、空蝉とは違って、源氏を受け入れる。受動的で弱々しい彼女にすっかり魅入られた源氏は関係を続けるが、ある時とある廃院に彼女をつれて行き、自らの身分を明らかにした。彼女は自分のことは語らない。そのうちに「もののけ」が現われ、夕顔

はあっけなく死んでしまう。家来の惟光の助けによって、源氏は上手に事を処理して発覚しないようにした。

夕顔が内気なのにもかかわらず、最初に自分から積極的に歌を贈ったのは、どうしてなのだろう。河合氏は、それは「内向の思いきり」とでも称すべき行動で、「内向的な人は、平素は控えめで優柔不断であるが、自分の内なる動きを察した行動に出るときは、周囲の人を驚かせるような思いきったことをする」のだと言う。

空蟬は自分の「分別」によって強く行動した。一方夕顔は、「分別」をとり払ったところで強く行動する。ただその後は、ひたすら受身になってしまう。空蟬の場合は、積極的な拒否の姿勢に変化したのだった。

源氏が自分の正体を明らかにした後に、悲劇は起こった。これは日本昔話の「鶴女房」などのパターンと同じである。とすれば夕顔は、人間の日常的世界とは異なる次元の住人なのかも知れない。源氏は彼女をこちらの世界に連れてこようとしたが、もし無理にそうしたならば、今度は源氏が破滅してしまった可能性がある。

「この世」に留まることを続けた空蟬（もっとも最後には出家してしまうが）と、あくまで「異界」を志向した夕顔。紫式部は、六条御息所を中心に、この二人を配することで、「娼」の多様性を見事に描いた。それは「母」の場合の、桐壺を中心とする大宮と弘徽殿の女御の捉え方と、同様のものであって、まことに興味深い。とはいえ「娼」にはまた、これらとは異なるタイプがあることを、紫式部は忘れていない。

それは源典侍《げんのないしのすけ》と朧月夜である。二人とも源氏との関係を楽しみつつも、その妻になる気のない自由人と言えるだろう。源典侍は年をとっているが、色好み。宮中の女性にはあまり手を出さない源氏も、ついつい言い寄ってしまう。彼女は喜んで応える。二人の関係を朱雀帝にのぞき見され、そこからまた例の頭中将が源氏と張り合うべく現われる。この二人の立ち廻りはまことに興味深いが、ここでは省略する。ただ、ふざけてではあるが、頭中将が抜刀するシーンがあるのは、『源氏物語』では稀有のことであることだけを付言しておこう。この物語では、暴力はほとんど描写されないのだ。

朧月夜は右大臣の第六女にして、弘徽殿の女御の妹である。だから、やがて中宮になり、ついには国母になるという夢を描くことのできる身分であった。にもかかわらず、彼女は自由に生きた。「花の宴」の巻で、宮中の花の宴の後に、藤壺を探し求めていた源氏と彼女は結ばれる。その後も二人は関係を続けた。朱雀帝は二人の関係を知りつつも、容認していた。しかし、二人の密会は右大臣に見咎められ、姉の弘徽殿の女御に知られるに至って、問題は火を吹く。源氏は自ら須磨に退居せざるを得なくなるのであった。

源氏が須磨に行く前も滞在中にも、二人は消息を交わした。そして彼女は尚侍として帝の寵愛を受ける。源氏の復帰後、二人はひそかに結ばれた。やがて、朧月夜は出家する。「危険と隣りあわせの人生でない限り、彼女にとっては、あまり生きがいがなかったのであろう。そのことが、彼女をしてあえて「娼」の位置を取らせたことになるだろう。したがって、彼女の人生は危険に満ちつつも、明るく楽しいのである。このようなことを可能にしたのは、彼女が常に適切な対人距離を、源氏や朱雀帝などとの間に保ち得た、現実感覚と強さであったろう」、と河合氏は言う。

## 9 光源氏の変貌と紫マンダラ

本節では、(3)光源氏の変貌について述べる（『紫マンダラ』では、第四章「光の衰芒」に当たる）。前節では紫式部の分身を示すものとして、「母」「妻」「娼」について見てきたが、「娘」だけはほとんど触れられていない。

紫式部は、源氏に託す形で、自らの分身である女性像を描いてきた。ところが、「須磨」の巻あたりから、様相が変化してくる。つまり、それまで明確な人格性を附与されていなかった光源氏が、自律的な動きを始めだしたのである。ここに至って、『源氏物語』は複雑な構造を持ち始め、物語としての真の魅力を帯びてくることになる。ところが不思議なことに、物語の魅力が奥深いものになるにつれて、源氏の光は徐々に薄れていくのだ。

「須磨」以前の源氏は、一言で表わせば、〝恐れを知らぬ男〟であった。一夫多妻が許される世界であったとは言え、彼の行為には目に余るものがあった。朧月夜をわがものとした時の言葉、「まろは、皆人《みなひと》にゆるされたれば、召し寄せたりとも、なむでふことかあらん」には、〝私は誰からも許されている〟のだという傲慢さがにじみ出ている。

しかし、「須磨」の体験こそ、源氏の人生に転機をもたらすものであった。現在二十六歳と言えば、まだ青年に入るだろう。だが、十二歳で結婚し、大将の地位にある源氏は、当時の規準で見れば、まさに中年にさしかかっていた。地位も財産も、そして理想的な妻もいる。多くの女性たちも望み次第。そうした時に「中年の危機」に見舞われたのだ。

須磨では、「御前にいと人少なにて」、彼は寂しい日々を過ごさなければならなかった。一人で琴をかきならし、歌をつくり、絵をかいた。「釈迦牟尼仏弟子《さかむにぶつのでし》」と名乗り、経を唱えた。

そうした最中に、頭中将（この時点では宰相中将）がやってきた。誰もが弘徽伝の女御や右大臣を恐れて、手紙さえも出そうとしない時に、ライバルの彼が現われたのである。この意味で、頭中将は真の友人であったと言えるだろう。

源氏は明石の君に会い、妊娠させた。やがて彼は帰京を許され、その後はとんとん拍子に運命が好転する。ところで、この展開には夢が深く関わっていた。

まず、源氏の夢に父親である故桐壺帝が現われて、「住吉の神の導きに従って、この浦を立ち去れ」と言った。次に明石の入道も夢を見たが、その中で異様な者が「十三日に、船の準備をととのえて、（源氏のいる）浦に漕《こ》ぎ寄せよ」と言う。また朱雀帝は、夢の中で桐壺帝に睨まれて、眼病になってしまった。それで朱雀帝は源氏を許すことになる。とすれば、源氏が明石の君に会うことと、許されて帰京することの双方ともが、夢によってアレンジされたことになる。

「中年の危機」に関しては、「誰もがむずかしいと思っている危機が乗り越えられるとき、本人の努力によるよりは、このような偶然、あるいは奇縁と思われるようなことによる場合のほうが多いことをよく知っているので、紫式部の洞察には感嘆を覚える」、と河合氏は言う。

さて、「中年の危機」を脱した源氏は、かつての恐れを知らぬ男ではなかった。年相応に「娘」

に関わる男性になっていた。紫式部はその経緯を、秋好中宮、明石の姫君、朝顔、玉鬘、女三の宮との関係を通して、見事に描き出す。

源氏が許されて須磨から京都に戻った翌年、朱雀帝は退位し、新たに冷泉帝《れいぜい》が立った。伊勢の斎宮も交代し、前の斎宮（秋好中宮）とその母・六条御息所が帰京する。源氏はさっそく贈物などをして、自分の気持ちを伝えようとする。ところが、六条御息所は病いにかかり、突然出家してしまった。驚いた源氏が彼女の六条の邸を訪ねると、彼女は娘のことを源氏に託す。ただ、娘には手を出さぬようにと、釘をさされる。

数日後に六条御息所は死んだ。源氏は法事などをきちんととり行なったが、一方で娘に対しては、「今は心にかけてともかくも聞こえ寄りぬべきぞかし」、つまり今になっては、言い寄ることもできるのだ、と思うのであった。だが死んだ母親の言葉を思い出し、自制した。源氏は藤壺と相談して、娘を冷泉帝の中宮に出す。

ここでの「娘」は、すべて「父」（源氏）次第の存在である。父の後見がすべてなのだ。「絵合《えあわせ》」の巻では、かつてのライバル頭中将（権中納言になっている）と源氏は、ここでも娘の後見役として競合する。冷泉帝の寵愛あつき弘徽殿の女御（権中納言の娘）と秋好中宮は、絵を好む帝の前で絵合せの争いをした。甲乙つけがたい状況だったが、源氏が退居中に描いた絵日記のおかげで、秋好中宮の勝ちとなる。失意の最中に描かれた「父」の絵が、勝利をもたらしたのであった。

そう言えば、失意の間に出会った明石の君の娘の場合はどうだろうか。彼女は源氏の実の娘である。彼女は父の意のままに動き、幸せを手にする。このような「娘」像も、紫式部は分身の一人として持っていたことになる。明石の姫君は、父の意図に従って東宮に入内し、十三歳で若宮を出産する。その若宮は、夫が帝になった時に、東宮となった。つまり、これ以上望むことのできない幸福な生涯を送ったことになる。

次に、朝顔について。彼女のことが詳しく語られるのは「朝顔」（第二十巻）においてである。が、すでに「帚木《ははきぎ》」（第二巻）、「葵」（第九巻）、「賢木《さかき》」（第十巻）で触れられている。とすれば、年齢的に見ても、源氏とそんなに違いはないはずである。それなのに「娘」としてここで扱うのは、源氏の求愛に対して彼女が、「娘」であることを貫き通したからである。

朝顔という名は、言うまでもなく、源氏の愛を受入れたもののはかなく逝ってしまった、夕顔を意識して名づけられたものであろう。朝顔は、六条御息所の様子を知っているので、源氏の誘いには応じようとしない。歌の贈答などはするが、それ以上には進まないのだった。彼女は朱雀院の斎院になったので（「賢木」）、源氏としてはどうしようもない。斎院を退いた後には、叔母の女五の宮（桐壺帝、葵の上の母・大宮などのきょうだい）と桃園の宮の邸に住む。「朝顔」の巻はここから始まる。源氏は女五の宮を見舞うという口実で朝顔を訪ね口説くのだが、彼女は拒み続ける。

こうした朝顔を「娘」の一人として描いた紫式部は、次に玉鬘という「娘」を描くことになる。というよりも、秋好中宮と明石の姫君を描いた紫式部は、玉鬘を描くために、それらの中間点に位置するものとして、朝顔を構想したのかも知れない、と河合氏は言う。

玉鬘は、頭中将と夕顔の間に生まれた娘である。「玉鬘」の巻の冒頭は次のように書き出される。「年月隔《へだ》たりぬれど、飽《あ》かざりし夕顔を、つゆ忘れたまはず、心々なる人のありさまどもを、見たまひ重ぬるにつけても、あらましかばと、あはれに口惜しくのみ思し出づ」。つまり、いくら年月がたっても、源氏は夕顔のことを忘れられないのだ。そこに夕顔と似た玉鬘が登場するのだから、源氏としては心乱れるのは当然であろう。

彼女は夕顔の突然の死によって、乳母に従い筑紫に行き、そこで育てられた。成人すると肥後の土豪に求婚されるが、危く逃れて京都に戻ってきた。長谷観音で、偶然に彼らと紫の上の従者・右近が出会う。右近から夕顔の娘に会ったという話を聞いた源氏は、実父の頭中将に報せることもなく、玉鬘を自分のところに引き取ってしまう。そして彼女を六条院の花散里にあずけるように手配する。家刀自役の花散里は、源氏の要請に応えた。

玉鬘に会った源氏はその美しさに心を打たれ、思いを告白するが、彼女は全く応えようとしない。秋好中宮、朝顔、そして玉鬘。この三人は、源氏の強い求愛にもかかわらず、源氏と性的関係を結ぶことがなかった。ここには光源氏の変貌が、その光の衰芒（これは河合氏の造語）が見事に描かれていると言えるだろう。

そして最後が、女三の宮の登場である。出家することを決めた朱雀院であったが、心残りは娘・女三の宮の行く末である。そこで彼は、源氏に娘を託したいと思い始めた。が、一つだけ気にかかることがある。准太上天皇にまで登りつめた源氏は三十九歳だが、女三の宮は十三歳なので、年が離れすぎているのだ。

という訳で、朱雀院は源氏の息子・夕霧のことも考えた。年齢的にはぴったりだし、将来も保証されている。問題は、雲居雁と相思相愛の関係にあることだ。無理に女三の宮を押しつけても、うまくはいかないだろう。

結局、源氏が後見することになった。最初は単なる後見人としてなどと言っていた源氏であったが、最終的には結婚することを承知してしまった。これを知って、紫の上は大きなショックを受ける。源氏にはたくさんの女性がいたが、自分だけは特別な存在だと、彼女は考えていた。事実、源氏はそのように彼女を大切に扱ってきた。しかし、今回は違う。身分的には女三の宮の方が高く、したがって彼女が正妻の位置を占めることになるであろう。

だが、紫の上は気丈にも取り乱すことなく、源氏に接しているかに見えた。とはいえ、女三の宮と結婚しただけでなく、また朧月夜との関係を復活させる源氏に対して、さすがに紫の上は「中空《なかぞら》なる身のため苦しく」(「若菜下」)、つまり頼りにしていた源氏に裏切られ、宙に浮いてしまった思いがして苦しい、と感じざるを得なかった。

若い妻を得た源氏は、女三の宮を大切に扱ったものの、やはり心は紫の上の方へ傾く。そうした時に、頭中将(太政大臣になっている)の息子・柏木と女三の宮の密通が生じてしまう。柏木は女二の宮と結婚していたが、女三の宮に惹かれ、何とか垣間見られないかと機会をねらっていた。ある時、ちょっとしたきっかけで、彼は彼女の姿を見て、すっかり心を奪われてしまう。伝手《つて》をたどって恋文を送るが、応えはない。

そうこうしているうちに、紫の上が急病になる。必死に看病する源氏は、紫の上を二条院に移し、そちらに行ききりになった。この機会を捉えた柏木は、女三の宮の乳母子《めのとご》の小侍従の手引きで、強引に関係を持ってしまう。紫の上は一時危篤に陥り、大騒ぎになるが、なんとか持ち直す。それで

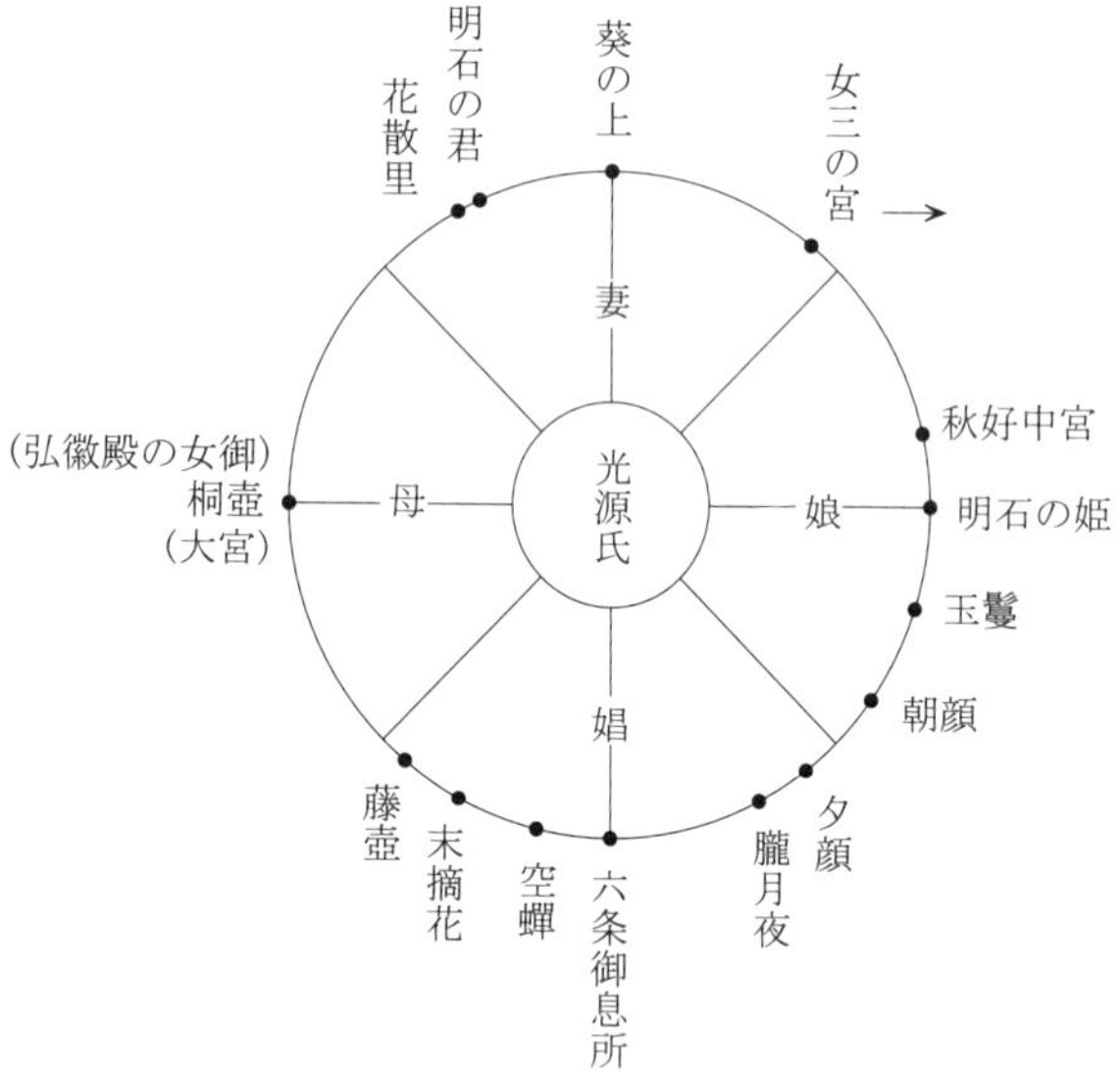


**女性マンダラ**

源氏は女三の宮を訪れ、その折に柏木の恋文を発見し、すべてを悟った。しかも女三の宮は妊娠していたのだ。

源氏が自分の密通のすべてを知っている、と小侍従より聞かされた柏木は愕然とする。女三の宮は苦しみに耐えかねて、男の子（薫）を出産した後に、出家してしまった。柏木は病いの床につき、やがて死んでしまう。

これまで述べてきたことをまとめる意味で、河合氏は上のような「女性マンダラ」をつくった。なお、紫の上については別途考えるので、ここには出てこない。

このマンダラが意味するところは、紫式部が自らの内界に住む多くの分身を語ることによって、全体として一人の女性存在を表現しようとした時、その中心に無人格的な光源氏という男性を据える必要があった、ということである。それぞれの女性は、異なった性格を持ちつつ、対立したり同類であったりしている。そしてそれらは、全体として統合性を持ったものとして、表現されているのだ。とすれば、このような世界を構築した紫式部の、人間としての豊かさが分かるというものである。

　ところで、マンダラは二次元のものばかりではない。チベットでは三次元のマンダラがつくられるし、金剛界曼荼羅と胎蔵界曼荼羅にしても、それらを向かいあった壁にかけて観想することがあるように、多次元的にもなり得るものである。このように考えるなら、紫式部は、本来二次元マンダラを完成させようとしていたのかも知れない。しかし、女三の宮の出現は、「それを完全に打ち破り、マンダラを完成させるには、新たな工夫が必要であることを示したのである。／女三の宮は明らかに源氏から離れていく。それまでに出家した女性たち、あるいは、源氏との性的関係を拒否した女性たちにも、その傾向はすでに見られた。つまり、光源氏という異性との関係において自己を規定することに反発が生じてきたのである。男性との関係において、自分は妻か母か娼か娘か、などと考えることなく、女性であること、を求めて紫式部はそのマンダラを深化させることを余儀なくされたのである」。

　さてここで、先のマンダラにはなかった紫の上につい

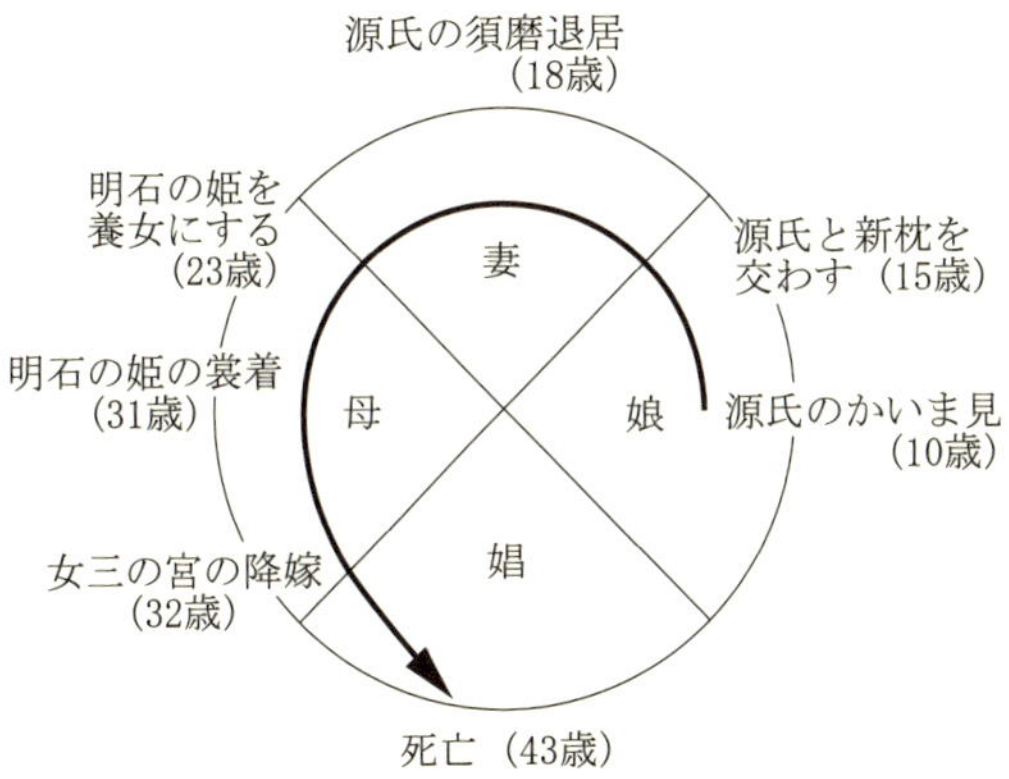


**紫の上の軌跡**

て考えてみよう。河合氏は前頁のような図を描いた。彼女の父親は兵部卿宮（式部卿宮）である。母は按察大納言《あぜちのだいなごん》の娘であったが、紫の上の幼少時に死んでいる。その意味では、彼女も父の娘だったと言えよう。

後になって、源氏が須磨に退居している間は、二条院の管理の一切をまかされていた。また、ついに子どもを持たなかったことも含めて、彼女は父性的な要素も持っていたようである。とすれば彼女は、「源氏にとって、両性具有的な永遠の女性のイメージをもって登場していることが感じられる」。

ここで改めて紫の上の軌跡を辿りなおすことはすまい。ただ、三十七歳の時に自分の人生を振り返って、「ものはかなき身には過ぎにたるよそのおぼえはあらめど、心にたへぬもの嘆かしさのみうち添ふや、さはみづからの祈りなりける」（「若菜下」）と源氏に言った言葉だけは、記憶しておくことにしたい。「娘、妻、母という領域の経験の後で、彼女は娼の経験を晩年に味わうことになる。これは彼女にとって耐えがたいことであったろうが、明石の君のことを知ったときのようには、彼女はたじろがなかった」。「紫の上の心は女三の宮の降嫁を知ったときに決まっていた。彼女は娼の世界に入るというよりは、もうこの世を離れていたのだ。娼の世界はしばしば聖なる世界に通じるものである。彼女はその世界に一人で入っていった。これまではなんと言っても源氏が拠りどころであった。しかし、長い経験の後に、いかに秀でているとは言え、一人の男性を拠りどころにして生きることの無意味さを感じたのに違いない。彼女は彼女一人であちらの世界に行くことを決意したのだ」。

紫の上は、出家したいと源氏に伝えたが、どうしても聞き入れてもらえない。いろいろ理由があったとはいえ、源氏の本音とすれば、紫の上に出家されてしまったら、自分はどうしていいか分からない、ということだったろう。「ここに男性との絆《ほだし》を切って一人で生きようとする女性と、女性なしには生きておれない男性の姿が明瞭に示されている」。

紫の上は死んだ。その後の源氏は、まさに脱殻《ぬけがら》のような存在でしかなかった。「雲隠」の巻には、何も書かれていない。源氏の死がいかなるものであったか、全く分からないのだ。ただ暗示されているだけなのである。「すでに明らかにしたように、二次元平面に展開する女性のマンダラは一応のまとまりをもつにしろ、完成とは言えなかった。この世界を十分に生きた紫の上は、この世を去った。とすると、光源氏の存在意義はなくなってしまう。彼の最初の出現が非人格的であったように、その終わりも同様のことになる。したがって、彼は消え去っていくが、その個人としての死の様相は語ることができない」。

## 10　宇治十帖における女性の生き方の追求

『源氏物語』において紫式部は、自らの女性としての多様性や多面性を、源氏を中心とするマンダラとして表現しようと試みた。しかし、「須磨」のあたりから様相が変わり始め、物語自身がそのマンダラから逸脱し出す。とすれば、紫式部もマンダラを、より深化したものとする必要性を感じたのではなかろうか。

それは、「男性に依って、その存在のあり方を規定するのではなく、女性が個としての存在をそのままに感じとること」を次の課題とすることでもあった。宇治十帖はそうした課題に応えるために書かれた、とも言えるであろう。

本節では、『紫マンダラ』第五章（「個」として生きる）を見ることにしよう。

「雲隠」以後の三巻、つまり「匂宮」「紅梅」「竹河」では、源氏が死んで以降、どのように物語を組みたてるか、紫式部（別人だという説もあるが）は苦慮しているように見える。しかし、「宇治」というトポスとそこに住む姫君たちという構想が一度定まると、物語はダイナミックに展開し始めるのだった。それは、光源氏という男性像が、薫と匂宮という二人のそれに分裂して話が進展していく、とも読めるものである。宇治十帖における物語展開のダイナミズムを十全に理解するために、ここではその前史として、源氏の息子である夕霧という男性について、見ておくことにする。

当時の貴族の男女関係は、きわめて特異なものであった。結婚は親が決めるもので、当事者である男女は、原則的に相手の顔を知らない。歌の贈答などを行なうものの、顔を合わす訳ではない。婿が女性のところへ通ってくるのだが、夜のことで顔は見えない。三日目になってようやく、「ところあらわし」として互いに顔を見合い、餅を配って、結婚が正式に成立する。

もちろん、女性を垣間見て心を惹かれ、通うということはある。とはいえ、その場合女性は男性の顔を知らない。西洋中世のロマンティック・ラブという形態は、平安時代の貴族間ではまず起こり得ないことであったろう。

ところが、夕霧と雲居雁は違っていた。二人は幼い時から、一緒に遊んだりしていたのだった。

やがてもの心がつくようになると、夕霧に恋心が芽生える。雲居雁もそれに応じ、相思相愛の仲になった。しかし源氏（この時は太政大臣）と雲居雁の父・頭中将（この時は内大臣）のライバル意識から、二人は引き裂かれてしまう。それを温かく包み込んで、二人の仲を回復させたのは雲居雁の祖母の大宮であった。

この二人の関係は、きわめて西洋のロマンティック・ラブに近いと言えるだろう。つまり紫式部は、源氏に託して様々な男女関係のありようを描いた後に、ここで初めて男女の一対一の関係を示したのだ。もっとも二人のその後は、ロマンティック・ラブとは無縁なものになっていくのだが。

「横笛」の巻では、夕霧が「新しい男女関係の構築」によって、父である源氏に対抗しようとする。しかし、その父子対立という軸は、夕霧と頭中将との方へ移り、源氏と夕霧、頭中将と柏木の二組の父子関係という複雑なありようを呈することになる。

西洋のロマンティック・ラブの場合、そこに必然的に生じるのが「悲劇と疎外」である。多くの例で、ロマンティック・ラブは悲劇か結婚で終わる。たとえ結婚しても、ロマンティック・ラブは長く続けていくと、「悲劇と疎外」に陥る可能性がある。柏木の女三の宮への愛は悲劇で終わっているし、夕霧と雲居雁の場合は、相思相愛の関係が「疎外」へと変貌してくるのであった。

やがて夕霧は、落葉宮に心惹かれるようになる。落葉宮は拒み続けたが、夕霧は強引にわがものにしてしまった。雲居雁は怒って実家に戻ってしまう。最終的には、源氏の死後、六条院が荒廃しないようにとの思いもあって、かつて花散里がいた東北の町に、夕霧は落葉宮を住まわせる。それまで自分が住んでいた三条殿には雲居雁が住む。そして夕霧は、「夜ごとに十五日づつ、うるはしう通い住みたまひける」という形で、結着をつけたのであった。

夕霧の男女関係のあり方は、源氏のそれとはずいぶん異なるものになってきた。しかし、それに満足することのできなかった紫式部は、宇治十帖で新しい男女関係のあり方、とりわけ女性の生き方を追求しようとしたのだ、と思われる。つまり、物語の舞台を京都から宇治へ移すことによって、よりダイナミックな進展を見ることになる、と確信を抱いたのではないだろうか。

とするならば、なぜ宇治なのか、という問題が浮上してくる。トポスの問題についてはすでに見たが、宇治の場合には歴史的にも地理的にも、とりわけ重要な「歌枕」であった。つまり、「ゲニウス・ロキ」（土地の精霊）を濃厚に感じさせる場所であるのだ。

宇治は都の南に位置し、初瀬詣《はつせもうで》の道の途中にある。したがって、都を俗の世界と考えるなら、宇治は半俗半聖の地だということができる。それは宇治に住む八の宮が「俗聖《ぞくひじり》」と呼ばれることと対応している。ある研究者によると、当時京都から宇治まで、牛車で二時間弱かかったというので、都から日帰りすることも可能な微妙な位置にあった。宇治十帖は、その特徴を実にうまく生かしている。

都の北には山々があり、宇治十帖の終わりの土地である小野の里や、さらに奥には横川《よかわ》がある。つまり、南の宇治と北の小野は対をなしているのだ。また、東西の対としては、西の大井の明石の上邸と、東の夕顔の連れて行かれた山寺があげられる。この意味では、平安京を中心とした一つのマンダラともいえる訳である。さらに、そのマンダラの中には、六条院という東西南北の町をそなえたマンダラがあったことも、まことに興味深いことだ。紫式部の構成力の素晴らしさには、感嘆せざるを得ない。

宇治に舞台を移した物語には、薫と匂宮という二人の男性が登場する。この二人の関係は、源氏と頭中将の再来と見ることも可能だろう。しかし、薫と匂宮のきわめて錯綜した女性関係からすれば、むしろ源氏という男性像がこの二人に分裂したのだ、とも言えるのである。そう考えれば、薫は内向型で匂宮は外向型であることも、もっともだと思えてくる。

薫は自らの存在の根底のところで、言葉にできない不安を感じている。それは、彼の歌「おぼつかな誰に問はましいかにしてはじめもはても知らぬわが身ぞ」に、よく表現されている。そんなこともあって、薫はその若さにもかかわらず、早くから出家の志を抱いていた。女性関係にも消極的である。

一方、匂宮は実に積極的に、女性に対して接触を試みる。その意味では匂宮の方が、源氏の華麗さと派手な女性関係という素質を受けついでいると言えるだろう。薫は、それに対して、源氏の影の部分を背負っていると見ることが可能だ。

この二人が、宇治というトポスで物語を展開することになる。最初に宇治への回路をつけたのは、薫であった。宇治には「俗聖」と称される八の宮が、娘二人とひっそりと暮らしていた。出家の気持ちを持つ薫は、ある時八の宮の噂を聞き、手紙を書く。そして宇治に会いに出かけた。薫にとって、源氏が死んでしまった今では、八の宮はよき父親像として受け止められていたのではないだろうか。したがって薫は、足繁く宇治に通うことになる。

三年という月日が流れたある時、宇治を訪れた薫は、偶然に二人の娘が楽器を合奏しているのを聞き、心を惹かれて簾《すだれ》ごしに挨拶した。垣間見た姫君たちの美しさは、八の宮への敬愛の思いとともに、さらに頻繁に薫を宇治に向かわせることになった。

薫から美しい姫君たちの話を聞いた匂宮は、初瀬詣の中宿りという名目で宇治に赴く。薫も加わり、管弦の遊びを楽しんだ。匂宮は姫君たちに歌を贈ったが、返事はなかった。八の宮は、娘の運が開けるかもしれないという思いと、危険を案じる思いの間で、悩む。その結果、信頼が置けそうな薫に娘たちの未来を託すことになる。

そして念仏三昧の道を求めて、八の宮は山に入った。その際娘たちに、軽々に男性の誘いにのらないように、それで後悔するよりはここの山荘で一生過ごす方がよい、と繰り返し言いきかせた。この父親としての八の宮の態度は、明石の入道のそれとは正反対である。

山に入った八の宮は、やがてそこで死亡する。薫は八の宮の依頼通りに、娘たちの後見をするが、同時に姉の大君に対する思いはつのるばかり。しかし彼女は、父親の忠告もあって、応じようとはしない。ある時薫は、ついに彼女の簾の中に侵入するが、大君の態度は変わらず、結局結ばれないままに一夜を過ごした。大君は薫に対して、妹の中の君と結婚することをすすめる。しかし大君への思いを断ち切ることのできない薫は、姫君の女房・弁の君に頼み込んで、大君の寝所に忍びこむ。中の君と一緒に寝ていた大君は感づいて身を隠す。侵入した薫は、中の君と知って落胆するが、言葉を交わすだけで別れた。

この場面は、空蟬のケースを思い出させる。しかし、源氏は相手が空蟬ではなく軒端荻と知りつつ関係を持ったのに対し、薫は中の君と契ることをしなかった点で、決定的に違う。ここでも薫は、源氏とは異なる男女関係を求める男性として描かれている。

一途に大君を想う薫。薫を嫌うわけではないが、その想いに応えない大君。二人が結ばれることは、ついになかった。大君は、「あはれと思ふ人の御心も、必ずつらしと思ひぬべきわざにこそあめれ。我も人も見おとさず、心違《たが》はでやみにしがな」、つまり性的関係を中心にすると好きと言っていても必ず心変わりするのだから、そのような関係を抜きに心のつながりで生きた方がよい、と考えていたのだ。薫は大君の心を理解することができなかった。大君は「性の回路」を通らない関係を期待していたのだが、薫はそれが分からず、二人の関係はすれ違いをくり返す。

思い余った薫は、匂宮を手引きして、中の君と契らせた。そうすれば、大君は自分と結婚してくれるだろうと計算したのだが、それは大君の軽蔑を買うだけであった。

匂宮は中の君と関係を持ったものの、皇子という身分柄からして、そうそう通う訳にもいかない。大君は、やはり匂宮は信頼できないと思い込み、病いの床に伏してしまう。そして薫の看病の甲斐もなく、死んでしまった。河合氏は言う。「せっかくの薫の誠実な結婚の申しこみをひたすらに拒否する大君の姿の中に、葵の上、空蟬、紫の上らの女性が源氏に対してもった反感、怒り、恨み、などが凝縮して示されるような感じも受けるのである」。ただ、その大君の強い意志も、その背後に「父の意志」があったことは、否定できないのである。

ここに至って、紫式部がこの物語において最後に造形した女性像が、浮舟という存在であった。

大君と薫がめでたく結婚したのなら、『源氏物語』は分かりやすい大団円を迎えることになったであろう。しかし紫式部はそうしなかった。あたかも、この物語の前半の作者と宇治十帖の作者は別者である、という説が浮上するように仕掛けたかの如くに。瀬戸内寂聴氏は河合氏との対談（『源氏物語(II) 愛と苦悩の果ての出家物語』）で、紫式部は宇治十帖を書く前に出家したに違いないと語っている。河合氏も、「源氏の死を語ったところで、紫式部が心理的に出家したと推測している。そのような異なる水準に達した上で、作者は浮舟という人物を生みだすことができたのであろう」と言う。

以下、浮舟の話を追ってみよう。匂宮は夕霧の娘六の君と結婚したこともあって、中の君の方は夜離《よが》れが続く。そうした折に薫がやってきて、簾の中に入って中の君と添い臥すが、何事もなく別れた。薫の中の君に対する想いはつのるが、彼女は応えようとしない。ある時、中の君が、大君に似た異母妹が訪ねてきた、と薫に言った。

薫は、宇治にいる弁の尼君から、浮舟の素性を聞く。浮舟は、八の宮がおつきの女房・中将の君に生ませた子であった。しかし八の宮が認知しなかったので、中将の君は連れ子として、陸奥国《みちのくに》の守と結婚。彼は後に常陸介《ひたちのすけ》となり、最近上洛してきた。中将の君が二十歳ぐらいと思われる浮舟をつれて、挨拶に来たという次第だった。

薫は権大納言・右大将となり、帝の娘である女二の宮と結婚し、自邸に迎え入れていた。しかし大君のことを忘れることができない。そうした折に宇治を訪れた薫は、たまたまやってきた浮舟たちと行きあわせる。襖《ふすま》の穴からのぞき見すると、「何ばかりすぐれて見ゆることもなき人なれど、かく立ち去りがたく、あながちにゆかしきも、いとあやしき心なり」（「宿木《やどりぎ》」）、つまり、とりわけすぐれて見える訳ではないが、心惹かれる人だった。

その後いろいろなことがあって、中将の君は、中の君に浮舟の庇護を依頼し、中の君の邸に住まわせてもらうようにした。しかしここでも匂宮に発見され、言い寄られる。難を逃れた浮舟を、ここでは危ないと、中将の君は三条の自分の小屋に引き取った。それを知った薫はそこを訪ね、一夜を過ごした。そしてすぐ宇治に連れて行き、共に楽しむのであった。

匂宮は浮舟のことが忘れられない。しかし彼女がどこにいるのか皆目見当がつかない。そのうちに、宇治から中の君に送られてきた手紙を見た匂宮は、浮舟の居場所を知ってしまった。直ちに宇治に向かった匂宮は、山荘内に侵入し、のぞき見をする。浮舟であることを確認した匂宮は、薫の声音《こわね》をまねて、うまうまと入り込んでしまう。そして浮舟と関係を持つ。匂宮は翌日も留まった。事情を知った女房の右近は、あたかも薫が来ているように見せかけた。

浮舟は薫の愛を受け入れていたのだが、匂宮のことも「こまやかににほひ、きよらなることはこよなくおはしけり」と思ってしまった。二人の男性の間で、浮舟は次第に身動きがとれなくなってくる。二人とも浮舟を京都に移そうと言ってくるので、浮舟の心は乱れに乱れた。

薫は、浮舟と匂宮の関係を知るが、それに対して何かの行動を起こすことはしない。せいぜい浮舟に対して、心変わりを非難する手紙を出すだけ。浮舟は、手紙の宛先が違っているのでは、と苦しい返事をしたためる。

右近や侍従が事態の深刻さを知って、いろいろと忠告するが、浮舟はどうしたらいいか分からない。ついに死ぬことに心を決めてしまう。娘について不吉な夢を見た母親が、手紙とともに浮舟の無事を祈って御誦経《みずきょう》のためのお布施を送ってきた。浮舟は、近くの寺での守りの鐘が響く中で、入水する。

しかし、「浮舟は死ななかった。いや死んで、再生したのである」。

これから先の物語を、詳しく辿る必要はないだろう。ただ、初瀬寺に母を伴って参詣に行った帰路の横川の僧都に助けられたこと、そしてその時一緒にいた妹の尼君の住まいに連れて行かれてそこに住むことになったこと、だけを確認しておこう。

小野の住まいには、尼君の娘婿である男が出入りし、浮舟に関心を示す。しかし、彼女は全く応えようとしない。出家の志がたかまる一方なので、横川の僧都も困り果てる。結局、彼女は出家してしまった。出家してはじめて、「ただ今は、心やすくうれし」と思うのであった。「世に経《ふ》べきものとは思ひかけずなりぬるこそはいとめでたきことなれと、胸のあきたる心持したまひける」（俗世間でどう生きて行くかを考えないですむようになった、とすっきりした気持ちになった）（「手習」）。翌日、手習いをして、浮舟は次の歌を書きつけた。

亡きものに身をも人をも思ひつつ棄ててし世をぞさらに棄てつる

つまり浮舟は、「死と再生を二度繰り返した、とも言うことができる。そのような過程を経てこそ、彼女は最後に強い意志を示すことができたのである」。

小野の里に浮舟がいることを知った薫は、浮舟の異父弟である小君に手紙を持たせて、浮舟の家へ行かせた。僧都も出家を翻意するように、手紙を託す。しかし、浮舟の心は変わらず、はっきりと拒絶したのであった。今か今かと小君の帰りを待っていた薫は、なすすべなく思いに沈むばかり。

『源氏物語』最後の「夢浮橋」は、次の文章で終わっている。「いつしかと待ちおはするに、かくたどたどしくて帰り来たれば、すさまじく、なかなかなりと思すことさまざまにて、人の隠しすゑたるにやあらんと、わが御心の、思ひ寄らぬ隈なく落としおきたまへりしならひにとぞ、本にはべめる」。

浮舟は、男性との関係から、自分が母、妻、娼、娘のうちの何なのかと考えるのではなく、一個の人間としての生き方を見事に示したのであった。こうした女性像を創造した紫式部が、ここに至るまでにどのような過程を辿ったか、河合氏は上のように図示している。紫式部は、個としての女性のイメージを体現する浮舟に、最初はひたすら受動的な生き方をさせた。「浮舟は最初は大君とは対照的と思われたが、実は大君の後継者として、その強い意志力を最後にきっぱりと見せてくれ

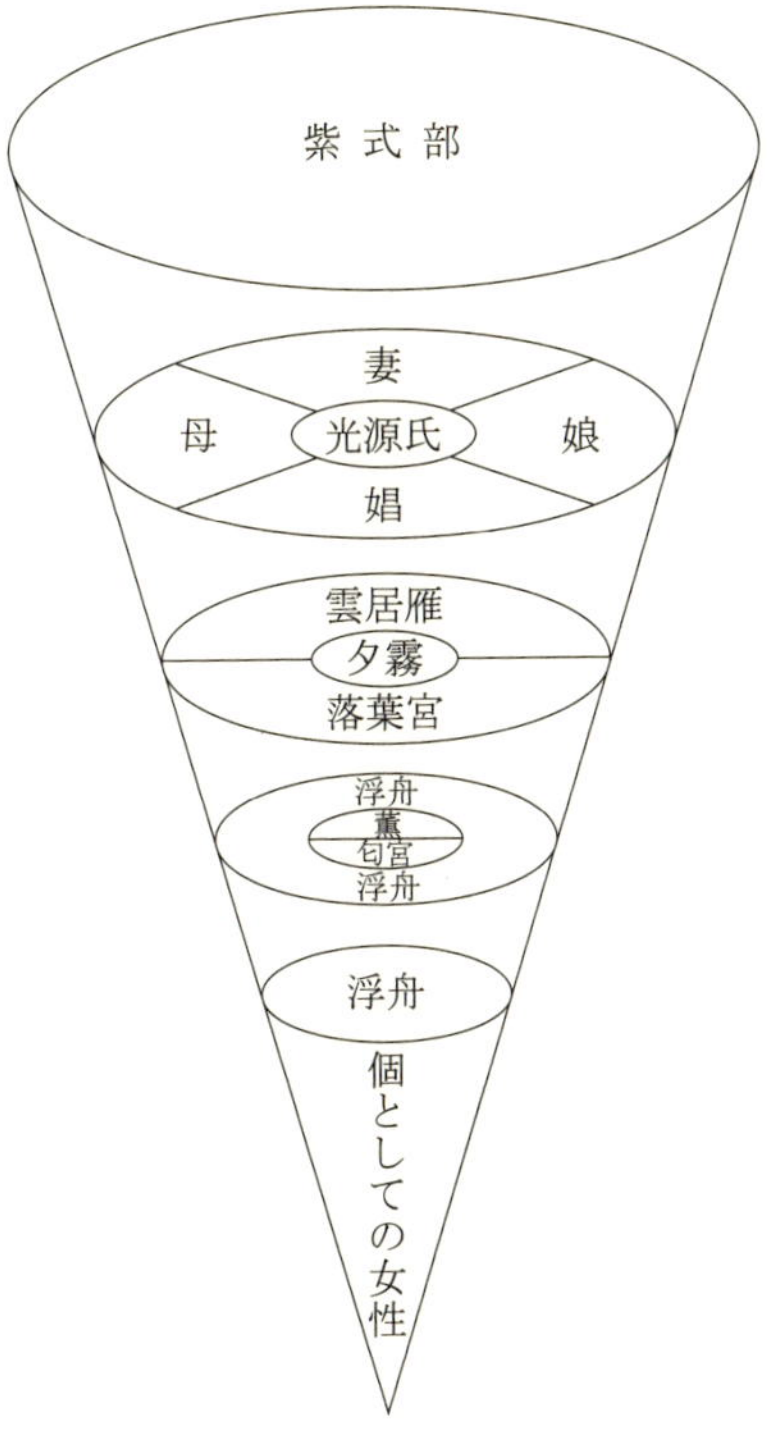

紫式部の個性化

る。しかし、その強さを獲得するためには、個人的な母子関係を超える母なる世界へのひたすらな下降を経験しなくてはならなかった」。「再生後の浮舟の厳しさは、見事なものである。薫とか小君とかの関係によってではなく、自分の中から生じてくるものを基盤にもって個として生きる。このような態度は、当時の男性の中では他と異なり、道心をもって生きようとする薫にも理解できなかった。そして宗教者の横川の僧都も同様であった。彼は浮舟の境地を理解できず、世俗的な幸福観に従って還俗をすすめ浮舟の拒否にあっている。横川の僧都でさえ、という思いがする」。

## 11　物語の冒険

最後に、「女性の物語」について考えよう。『紫マンダラ』を通して見た上で、再び同書第二章（「女性の物語」の深層）の後半部分に立ち帰ることにする。

すでに見たように、西洋における近代自我の発生は、きわめて特異な現象であった。E・ノイマンは、その確立の過程を最もよく表現するものとして、「英雄神話」をあげた。その基本的な構成は、英雄の誕生、怪物退治、女性の獲得である。それは、同時に父権意識の確立の過程でもあった。そしてその意識は、「科学技術という武装によって、全世界を席捲した。そのような意識の頂点に立つアメリカは、グローバリゼーションの名のもとに、地球全体に対して自分の考えが正しく、普遍的であることを認めさせようとしている」。

このようなアメリカ社会において、女性たちはどのように生きようとしているのだろう。多くの女性たちは、「父権の意識」を身につけることによって、男性と同等の仕事ができることを証明しようと努めてきた。その結果、女性は幸せになったのだろうか。近年、「成功」を収めた女性たちは、さらに踏み込んで考えるようになった。シルヴィア・B・ペレラはその著『神話にみる女性のイニシエーション』の中で、「社会的に成功を収めた女性である私たちは、通例『父の娘 daughters of the father』――つまり、男性本位の社会にうまく適応している女性――であり、私たちのものであった豊かな女性性の本能やエネルギー・パターンを拒絶してきました。ちょうど同じように、文化もこれをことごとくもぎ取り、傷つけてきました」と書いている。

ここでペレラの言う「父の娘」とは、もちろん個人的な親子関係のことを指すのではなく、「父権制の娘」とでも言うべきものである。またペレラは、「父権制の娘は、母との関係が薄い」とも言う。彼女たちは、母や母性に対して拒絶感を持つことが多い。それらに近づくと、男たちに奉仕させられたり、自分たちの個性が破壊されてしまうのでは、と恐れるからだろう。あくまで母からは独立した存在である、と思いたいのだ。しかし気がつくと、父や夫の価値観に縛られていた、ということがあるかも知れない。つまり「父権」を生きさせられていて、私は何者なのか分からない、という場合もあるかも知れない。

それでは、父権と母権を両立させることは、果たして可能なのか。この問題に対して、万人に共通の解答はないはずである。それぞれ異なった社会にあって、それぞれの個人は、男性であれ女性であれ、それぞれの答えを自分で見出していかなければならないのではないだろうか。

河合氏は生涯を通して、この問題を考え続けた。その主たる道筋は、前著で見たように、神話の中にそのありようを探ることであった。そしてそこで得た、人間に共通する普遍的なあり方を基本に置いて、日本人としてのありようを、昔話から『源氏物語』に至るまでの数多くの物語の分析を通して、さらに詳しく探ったのである。

そこに浮かび上がってきたのが、キータームとしての「女性の意識」であり、「女性の物語」であった。それは、ノイマンの「(男性の)英雄神話」が近代人の自我と意識を明らかにする際に非常に有効であったように、現代のわれわれの自我と意識を自問する時にきわめて重要な示唆を与えてくれるものである。

病いに倒れる直前に至るまで続けられた河合氏の「物語の冒険」は、ついに河合氏自身の物語になった。その意味で、河合氏は物語を生きたのだ、と言えるであろう。

# 終章　物語を生きる

思えば、丹波篠山に生をうけた物語好きの少年は、何と遠い道のりを歩いてきたことだろう。

少年は、軍国主義の風潮の中で、どうしてもそれになじむことができなかった。物語や映画で見る自由な西洋の雰囲気に憧れ、そこで描かれるロマンティック・ラブに心を奪われた。家族でシャンソンを歌って楽しみ、クラシック音楽の素晴らしさに夢中になった。自らフルートを学び、兄弟でカルテットをつくって室内楽を演奏した。大学のオーケストラでは、難しい交響曲にも挑戦した。

軍国主義への反発は、何よりもその非論理的なものの考え方に端を発するものであった。だから少年は、西洋的な合理主義こそ第一に学ぶべきものだと考えた。科学的思考の最たるものは数学であると確信した少年は、大学で数学科に入ることを選択する。しかし、数学の世界で第一級の研究者にはなれないと自覚した少年は、ここで転身を決意した。

子どもたちに教えることが好きだったので、高校の数学教師になろうと思う。それだったら第一級の教師になれる、と考えたからだった。教師になった彼は、楽しくて仕方がなかった。教師生活を堪能した。

ところで子どもたちの相談に親身になって乗っているうちに、彼は彼らの心理状態についてもっと知りたいと思うようになる。それで教師をする傍ら、大学院で心理学を勉強した。勉強しているうちに、当時の〝科学的〟心理学に満足できず、ロールシャッハ・テストに関心を抱き始める。つまり、臨床心理学への目が開かれ始めたのであった。

たまたま大学の心理学の講師の口があったので、高校教師への思いを残しつつ、臨床心理学者への道を選ぶ。がむしゃらにロールシャッハを研究しているうちに、それがきっかけとなって、アメリカのUCLAのクロッパー先生のところへ留学することになった。クロッパー教授の信頼を得るにつれて、先生が敬愛しているC・G・ユングのことを知る。ユングについて勉強しているうちに、先生の仲間でもあるユング派心理療法家のシュピーゲルマン氏の分析を受けることになった。

クロッパー先生とシュピーゲルマン氏は、彼の資質を見込んで、スイスのユング研究所に推薦してくれた。準備のために日本に帰国した彼は、一年後に家族と共にチューリッヒへと向かう。三年間かけて、彼はユング派の心理療法家としての資格を取得した。

帰国した彼は、それまでの蓄積を一気にはき出して、何冊かの本を出版する。それは、その時点に至るまでの彼の研究の総括であった。と同時に、心理療法家としての仕事を本格的に開始するための橋頭堡づくりでもあった。

そうした総括の上に、彼がまず取り組んだのは、昔話の研究であった。グリムを中心とする西洋の昔話の分析から始めて、次に日本昔話の研究をした。それが終わる頃から、いよいよ彼の研究の本丸とも言える神話研究に本格的に着手しだす。ユング研究所の資格取得論文をまとめて以来、ずっと胸に秘めてきた課題であった。

神話研究と昔話研究を通して得られた彼の日本文化論は、その独創性が高く評価された。以降、彼は心理療法はもちろんのこと、教育問題、文学作品（児童書も含む）の解読などの多くの分野で、大活躍をすることになる。

一九八〇年代半ば頃より、彼の関心は「物語」に焦点を合わせ始めた。それは心理療法における物語の有効性から出発したものであったが、そこに止まることなく、物語への関心は広がっていった。

同時にこの頃から、エラノス会議やトランスパーソナル学会など、国際的舞台で活躍するようになる。日本文化や日本文学についての彼の講義には、多くの外国人が聴き入った。強い手応えを得た彼は、さらに深く日本の伝統の中に物語を探ろうと試みた。一つには仏教への関心であり、他の一つは古典の研究であった。前者からは『明恵　夢を生きる』が、後者からは『とりかへばや、男と女』や『紫マンダラ』が生まれた。

言うまでもないことだが、彼の神話や物語の研究は、心理療法のあり方をより深化させるためのものであった。神話や物語の研究が進めば進むほど、それは心理療法に大きな影響を与える。その深化された心理療法は、ひるがえって神話や物語研究をさらに洗練されたものにする。つまり相補的な関係にあった。

彼は、心理療法は科学と宗教の接点に成立するものだ、と考えた。単に科学的にクライエントを対象化して接するのでは、真の心理療法は成り立たないはずである。どうすればクライエントの全存在に寄り添う形で、クライエントに自分の物語を語ってもらうことができるか。そのために、心理療法家は可能な限り多くの物語を知っておく必要があるだろう。同時に、例えば超越や死といった宗教的次元の問題も絶えず配慮しなければならない。

とするならば、このようにして成り立つ心理療法とは、従来は存在しなかった、新しい人間の科学をつくることと同等ではないか。彼はそのように考えて、最晩年に至るまで、日本古典の物語を研究し続けたのだろう。

神話と物語を、最後の最後まで追究するという彼自身の物語は、二〇〇六年に終わりを迎えた。病いに倒れたのである。しかし、新しい人間科学としての心理療法にあって、療法家はクライエントと共に物語を語る作業を行なうために、可能な限り多くの物語を知っておく必要があることを、身を以て証明した彼の足跡は、決して消え去ることがない。またその足跡は、「個から普遍に至る道筋」を明らかにすることでもあった。

その意味で、彼は彼自身の物語を十全に生き切った、と言えるであろう。

河合隼雄氏が逝ってから三年後、二〇〇九年四月下旬のある日、来日していたシュピーゲルマン氏夫妻と隼雄氏のご遺族、少数の友人たちは、河合氏の墓参に行った。お参りを済ませて墓地から出てくると、大きな虹が空にかかっていて、皆びっくりしたという。

私は、この話を嘉代子夫人から聞き、また樋口和彦氏の手紙によって知ったのであったが、驚きと同時に深い感銘を覚えずにはいられなかった。

前著で書いたように、河合氏の生涯がシュピーゲルマン氏との約束を果たすためのものであったとするならば、大空の虹は「僕はあなたとの約束を守りましたよ」と、微笑みながらシュピーゲルマン氏に語りかける河合氏以外の何ものでもない、と私には思われたからである。

またそればかりでなく、河合氏の最大の願いが、「はじめに」で書いたように、西洋と東洋の本質的な相互理解とそれに基づく人間同士の確固たる結びつきにあるとするならば、大空にかかった虹の姿は、まさに河合隼雄氏自身を象徴するものであったろう。かつてクロッパー先生のことを異質なものをつなぐ〝ブリッジ〟（橋）のようだと讃嘆していた河合氏は、自身が見事な〝架け橋〟になったのであった。

# あとがき

これでやっと、河合氏との約束を果たすことができた。といっても、実際に河合氏と約束した訳ではなく、三年前に河合氏が逝ってしまわれた折に、私が自分自身に対して誓っただけのこと、つまり仮空の約束にすぎないのだが。

河合隼雄という一人の人間が、どのような生涯を送り、どんな仕事をしたか。それを明らかにすることは、河合氏の著作活動に深く関わった私にとって、当然の義務であるかのように思えたのだった。

義務を遂行しようと努めているうちに、それは義務ではなくなり、私自身の願いに変わっていった。日本人として稀有の生き方を貫いた河合氏の、真の姿を捉えたいという、強い願いに。河合隼雄論の第一部に当たる『河合隼雄　心理療法家の誕生』は、私自身が行なった河合氏へのインタビュー（『未来への記憶』上・下、岩波新書、二〇〇一年）を手がかりにすることができた。加えて、河合嘉代子夫人や河合雅雄氏をはじめ、多くの方々に助けていただくことができた。

しかし、第二部に当たる本書については、どなたの助けも仰ぐことをしなかった。河合雅雄氏や樋口和彦氏は、いつでも助力を惜しまない、と言って下さっていたのだが。それは、この第二部はそのすべてが私の解釈であるからだ。もちろん、私は自分の解釈にそれなりの自信を持っている。しかし、違った見方をすれば、当然、異なった側面が見えてくるはずだとも思う。それ故に第二部に関してだけは、自分一人で行なうべきだ、と考えたのだ。

とすれば、私に残された唯一の道は、河合氏の著作を徹底的に読み込む以外にない。自分が編集した本を含めて、くり返し読んだ。何回も読むうちに、不思議なことに、河合氏の声が聞こえてくるようになった。例えば、片子について書かれた文章は、河合氏の肉声となって、私の中に入ってきた。あたかも、懐かしい声を実際に聞く思いがしたのであった。

結局、ここでも最終的には、河合氏ご本人に助けてもらったのだと思う。いったい私は、どのように河合隼雄氏にお礼を言えばよいのだろう。

河合氏の著作からの多数の引用、図版の使用、私信の公開などを許可して下さった嘉代子夫人に深く感謝する。夫人は、なかなか先の見えない原稿の進行を見守って下さった。

トランスビュー社の中嶋廣氏には、今回もまた編集の労をとっていただいた。的確な編集作業にどれだけ助けられたか分からない。校正の三森曄子さん、装幀の高麗隆彦氏にもまたお世話になった。あつく御礼申し上げる。

数日前に、小惑星探査機「はやぶさ」が、七年間の宇宙の旅を終えて、地球に戻ってきた。それは科学・技術の素晴らしさを示す、圧倒的な出来事だった。やがて太陽系誕生の謎も解明されていくことだろう。

一方、河合氏は人間の内なる宇宙を、たった一人で冒険し、多くの仕事を残した。ユングを先達としつつ、河合氏はとりわけ日本人の心の謎に肉薄したのであった。「はやぶさ」と同様、河合氏に心からの拍手を送りたい。

二〇一〇年六月

大塚信一

# 人名索引

## ア



## イ



## ウ



## エ



## オ

**大塚信一**（おおつか　のぶかず）

1939年、東京生まれ。63年、国際基督教大学卒業。同年、岩波書店入社。雑誌『思想』、岩波新書編集部を経て、「岩波現代選書」「叢書・文化の現在」「新講座・哲学」などを企画・編集。また84年、編集長として季刊誌『へるめす』を創刊、学問・芸術・社会にわたる知の組み換えと創造を図る。97年～2003年、代表取締役社長。現在、つくば伝統民家研究会（古民家再生コンサルティング等）代表、社会福祉法人日本点字図書館理事、東アジア出版人会議最高顧問。著書に『理想の出版を求めて――編集者の回想1963-2003』『山口昌男の手紙―文化人類学者と編集者の四十年』『哲学者・中村雄二郎の仕事―〈道化的モラリスト〉の生き方と冒険』『河合隼雄　心理療法家の誕生』（いずれもトランスビュー）がある。

河合隼雄　物語を生きる

二〇一〇年一〇月五日　初版第一刷発行

著　者　大塚信一

発行者　中嶋　廣

発行所　株式会社トランスビュー

東京都中央区日本橋浜町二－一〇－一

郵便番号一〇三－〇〇〇七

電話〇三（三六六四）七三三四

URL http://www.transview.co.jp

印刷・製本　中央精版印刷



ISBN978-4-901510-94-3　C1011